《南开话语研究》系列丛书　　总主编　田海龙　丁建新

连环话新闻话语研究

冯德兵　著

A Discourse Analysis of Visual Narrative News

Feng Debing

南开大学出版社

NANKAI UNIVERSITY PRESS

天　津

图书在版编目(CIP)数据

连环话新闻话语研究 / 冯德兵著. — 天津：南开
大学出版社，2024.11.
　《南开话语研究》系列丛书
　ISBN 978-7-310-06530-1

　Ⅰ.①连… Ⅱ.①冯… Ⅲ.①新闻语言－研究 Ⅳ.
①G210

中国国家版本馆 CIP 数据核字(2023)第 237912 号

连环话新闻话语研究
LIANHUANHUA XINWEN HUAYU YANJIU

南开大学出版社出版发行
出版人:刘文华
地址:天津市南开区卫津路 94 号　邮政编码:300071
营销部电话:(022)23508339　营销部传真:(022)23508542
https://nkup.nankai.edu.cn

天津创先河普业印刷有限公司印刷　全国各地新华书店经销
2024 年 11 月第 1 版　2024 年 11 月第 1 次印刷
230×155 毫米　16 开本　17.75 印张　2 插页　256 千字
定价:88.00 元

如遇图书印装质量问题,请与本社营销部联系调换,电话:(022)23508339

总　序

　　话语在我们的研究中不仅指语言的运用，而且被认为是社会实践的一种形式，与社会事实存在着塑造和被塑造的辩证关系。在当下社会，新媒体不断在人们生活中渗透，并与控制交际内容和方式的权力交织在一起，更使得话语在构建社会事实中的作用凸显。因此，我们认为，话语是社会科学领域中一个不可忽略的研究课题。

　　实际情况也是如此。话语成为社会学家、哲学家以及语言学家的关注所在。诚然，不同领域对话语的关注有所侧重，但是这些侧重也造成一些偏颇。例如，社会学传统的话语研究缺乏对话语进行细致的语言学分析，而语言学传统的话语研究则喜欢对话语的内部结构进行分析，很少将这些分析深入到政治和社会的话语层面。

　　《南开话语研究》系列丛书提倡对话语的跨学科研究，重视语言学的研究方法（如话语分析、社会语言学、系统功能语言学、语料库语言学、认知语言学）与其他社会科学研究方法的结合（如社会学、哲学、历史、经济、法律、管理等等）。丛书旨在探索话语与社会的复杂关系，特别是认识话语在中国社会政治变革中所起的重要作用。

　　《南开话语研究》是一个开放的丛书系列，由南开大学出版社出版用中文或英文撰写的专著和主题文集，也出版有助于进行话语研究的读本。丛书出版获得天津商业大学外国语言学及应用语言学重点学科资助，并得到天津外国语大学语言符号应用传播研究中心的支持，特致谢忱。我们期待着这个系列丛书能够对话语的跨学科研究有所推动，对中国社会科学的繁荣有所贡献。

丛书主编：田海龙　丁建新

2012 年 5 月 4 日

Series Preface

Discourse is seen as an element of social practice, which is not only socially shaped but also socially shaping. The dialectics of discourse and society makes it possible that discourse becomes the replica of reality, and this is all the more salient in the post-modern society where new media works together with power over and control of the ways and sources of communication. Based on this understanding of discourse, we believe that discourse is one of the concerns of social sciences.

And indeed this was the case. Discourse has attracted the attention of sociologists, philosophers, as well as linguists. While it is necessary to note that they have different shades of emphasis, it is important to see the side-effects of these emphases. For example, the sociological tradition of discourse studies lacks detailed linguistic analysis of discourse, and the linguistic tradition often limits the analysis of discourse within the intra-structure of the discourse, rarely relating this linguistic analysis to the discourse facet of politics and society.

Nankai Discourse Studies Series (NDSS) favours an interdisciplinary approach to discourse, that is, it highlights the integration of the linguistic research methodology (e.g. discourse analysis, sociolinguistics, systemic functional linguistics, corpus linguistics, cognitive linguistics) with the research methodology of social sciences such as sociology, philosophy, history, economics, law and management. The book series aims to explore the complexity of discourse in relation to society, in particular, to the socio-political transformations in contemporary China.

Nankai Discourse Studies Series (NDSS) is an open book series by Nankai University Press. It publishes both Chinese and English monographs and themed edited volumes. It also publishes introductory textbooks that prepare students for the research on discourse studies. We thank TUC and TJFSU for funding and supporting this publication and expect this series to facilitate the interdisciplinary approaches to discourse and to contribute to the prosperity of social sciences.

Series editors: Tian Hailong and Ding Jianxin

《南开话语研究》系列丛书

总主编　　田海龙（天津外国语大学）
　　　　　　丁建新（中山大学）

　　《南开话语研究》系列丛书视话语为社会实践，倡导对话语的跨学科研究。出版的专著和主题文集探索话语与社会的复杂关系，致力于认识话语在当代中国社会政治变革中所起的作用。丛书也出版有助于进行话语研究的读本。

《南开话语研究》顾问委员会

（以姓氏拼音为序横排）

曹　青（英国杜伦大学）　　　　　　陈新仁（南京大学）

Paul Chilton（英国兰卡斯特大学）　　窦卫霖（华东师范大学）

杜金榜（广东外语外贸大学）　　　　纪玉华（厦门大学）

李　艺（南开大学）　　　　　　　　刘承宇（西南大学）

苗兴伟（北京师范大学）　　　　　　欧阳护华（广东外语外贸大学）

钱毓芳（浙江传媒学院）　　　　　　施　旭（浙江大学）

王晋军（云南大学）　　　　　　　　王　玮（澳大利亚悉尼大学）

王振华（上海交通大学）　　　　　　Ruth Wodak（英国兰卡斯特大学）

吴宗杰（浙江大学）　　　　　　　　辛　斌（南京师范大学）

尤泽顺（福建师范大学）　　　　　　张　青（美国亚利桑那大学）

Nankai Discourse Studies Series

General Editors:

Tian Hailong (Tianjin Foreign Studies University)

Ding Jianxin (Sun Yat-sen University)

Nankai Discourse Studies Series (NDSS) views discourse as social practice, and promotes interdisciplinary approaches to discourse. It publishes monographs and themed volumes that explore the complexity of discourse in relation to society, particularly to the socio-political transformations in contemporary China. It also publishes introductory textbooks that prepare students for research on discourse studies.

Advisory board (in alphabetic order）

序　言

　　杭州师范大学冯德兵教授将他的专著《连环话新闻话语研究》电子稿发给我，热情地邀请我写篇序言。此时此刻，我很是为冯德兵教授取得的学术成果高兴。可是，当初打开文稿第一眼看过去时，还以为题目写错了，将"连环画"写成了"连环话"，读下去才发现这是一个谐音梗。原来"连环话"取"连环画"的谐音，指以连环画的形式记录、报道和评论社会热点问题的"连环话新闻"，是一种"流行于网页或社交媒体上的，以漫画或图文结合的形式报道、评论或解释社会热点话题的一种新的网络新闻话语类型"。

　　该书第一章"绪论"开头部分的这些文字，对于任何研究话语与新媒体的人来说都具有极大的吸引力，而我更是涌起一探究竟的好奇。抱着极大的兴趣读完该书，方发现这本著作的研究课题极具新意。它通过对"连环话新闻"这类新闻话语中的文体风格、情态表达、图文连接、页面构图进行系统考察，在新闻话语的视觉化、娱乐化和会话化等方面勾勒出连环话新闻不同于传统新闻的语类特征。不仅如此，它还运用视觉语法、视觉叙事语法、图文关系等理论，对诸如图表类、图标类、漫画类这些典型的连环话新闻文本进行多模态话语叙事分析，从而认识连环话新闻的一般话语结构和实践特征，妥妥地将这本专著定格在"新闻传播与话语研究"的学科领域。

　　我一边阅读一边在想，现在的媒体技术更新换代，发展速度非常快，不用说新闻机构在新技术的裹挟下不断推出新的新闻报道方式，就是在日常社会生活中，我们普通人也是得益于新媒体技术，可以随时随地发布消息和接收信息。《连环话新闻话语研究》聚焦融媒体时代新闻报道在制作手段和传播方式等方面与传统纸媒新闻的区别，以丰富的案例展现出融媒体时代的新闻表现形式已不像传统纸媒那样依赖文字，不仅摈弃了传统纸媒长篇累牍式的报道方式，而且以图文并茂的方式和会话式的文体风格改造了传统纸媒的刻板面孔，给新闻报道增加了许多娱乐元素，使新闻报道更加喜闻乐见，也使新闻传播的效果大大增强。作者以"连环话新闻"为题展开深入研究，可以说是触摸到了新媒体技术促使新闻报道产生变化这一发展脉搏，而且将这种感性的触摸提炼为具有学术意义的研究课题，不能不说这与作者所具有的学术积淀和学术敏感性密切相关。

我在阅读过程中产生如此感想是有依据的。《连环话新闻话语研究》这本书不仅是描述新闻报道在融媒体时代出现的新变化，更难能可贵的是运用视觉语法等理论框架对这些现象进行深入的阐释。例如，在第六章第四小节分析文字和图像这两种主要符号模态之间的关系时，就借鉴了罗兰·巴特关于"锚定、示例和接力"的论述、马丁内克关于"图文语义关系"的论述、理查德·詹尼和该书作者关于"图文指称关系"的论述、曾巧仪（Chiao-ITseng）提出的"图文衔接理论"以及冈瑟·克瑞斯等学者提出的"页面布局理论"。这些理论框架有效地阐释了"连环话新闻"意义产生的机制和过程。除此之外，该书对新闻叙事风格的讨论、对现实照片再现真实问题的讨论以及通过这些讨论达成的对"连环话新闻"娱乐性、会话性和视觉性特征的认识，都是基于相关的理论和框架。如果说选择"连环话新闻"进行研究是基于学术敏感，那么，能够把"连环话新闻"意义产生的机制分析透彻则是要靠深厚的学术积淀来完成了。

我一向提倡，话语研究要体现深刻的社会关切，要从社会政治经济活动中发现课题，同时要为深刻认识话语在社会政治经济活动中的作用提供智力支持。同时，我也认为，话语研究是一种学术研究，它有着自己的研究范式和理念，也有着自己的研究路径和方法。具体到批评话语研究而言，可以毫无悬念地说，它是基于后现代主义话语理论的一种语言学研究范式，视语言运用为社会主体再现和构建社会事实的手段和策略。因此，话语研究，特别是批评话语研究，其学术贡献更多的不是表现在它参与解决社会问题的程度上面，而是体现在它帮助人们理解语言运用在社会政治经济活动中因人而异和动态变化的建构作用上面。

　　阅读《连环话新闻话语研究》，可以看到它的学术价值正是这样体现出来的。能够在出版前读到这本著作很是荣幸，因此，也愿意将其纳入我和丁建新教授主编的《南开话语研究》系列丛书出版。这是一个开放的丛书系列，主要出版基于省部级以上立项课题的专著和主题文集，旨在倡导和推动将话语视为社会实践的跨学科话语研究。相信这本书的出版会进一步丰富话语研究领域的研究成果，也会进一步拓宽新媒体研究的理论视野，更会进一步深化人文社会科学的跨学科研究传统。祝愿这本倾注着作者心血的专著给新闻传播学、社会语言学以及话语研究等不同学科背景的学者和学生带来不同寻常的启迪。

　　是为序。

田海龙

天津外国语大学教授、博士生导师

中国语言学会社会语言学分会名誉会长

中国英汉语比较研究会话语研究专业委员会秘书长兼副会长

2024 年 2 月 8 日

目 录

第 1 章

绪　论

1.1　连环话新闻的兴起

本书旨在考察连环话新闻话语中的多模态现象。连环话，谐音"连环画"，表示以连环画的形式记录、报道或评论社会热点话题。连环话新闻则是以"连环话"的形式出现在网页或社交媒体平台上的、针对社会热门话题进行报道、评论或解释的一种新的新闻话语类型。换言之，连环话新闻就是以漫画的形式或连续的漫画式图片、图表、图标等，对社会热点新闻话题进行描述和讲解，力求用简明扼要、通俗易懂的语言或图片讲述比较艰深的热点信息或知识。这种新闻源自凤凰网财经栏目上的一档财经栏目。该栏目专注于为普通民众进行"泛财经领域"科普，通常以"一张图看懂财经"的表现形式，用"接地气"、听（看）得懂的语言和视觉表达方式，讲述经济领域的专业知识，解释社会生活中出现的新的经济现象和事件，力求使无财经专业背景者也能轻松看懂财经新闻。该栏目一经出现，就受到各大新闻网站的追捧，成为时下最具活力的网络新闻话语类型。

连环话新闻的主要话语形式为：精简的文字+连环的漫画式图片/图表/图标，经常以"一张图看懂/读懂/带你了解……"的标题出现。连环话新闻一般具有以下一些特征：（1）内容专业、深奥，但语言简单、明了。通常采用最简单、最直白的话语，讲述最复杂、最晦涩的专业知识、规则和原理。（2）文字简洁、灵活、生动，具有较强的视觉化效果。传统的新闻报道一般采用统一的文字，比如统一的字体、统一的黑白颜色、统一的排版，等等。连环话新闻则不同，它的文字表达不仅言简意赅，还根据不同的内容、场景和用途，呈现出大小不一的字体、色彩丰富的画面、形式多样的图形。（3）以漫画式的图像或图表为特色。连环话新闻中几乎每一页都会穿插不同的漫画、图表、图标，这些图片不但形状诙谐风趣，而且通俗易懂。更重要的是，这些图片迎合了人们面对文字密集型新闻时的"恐惧"心态，能够有效地吸引读者。

首先，连环话新闻的出现与媒体技术的革新不无关系。麦克卢汉认为，媒介就是信息。虽然这种说法带有技术决定论的色彩，但不可否认的是，新媒体技术的快速发展和迭代更新对当今时代的新闻传播产生了深远的影响。随着自媒体传播等新技术、新形式的出现，传统媒体"内容为王"的价值逻辑正在被消解，媒体的内容价值规则已经被改写。现代数字技术使网络传输系统兼容文字、图片、声音、视频等传统媒体手段，加速促进了新旧媒体的互动与融合。例如，广播和电视新闻可以通过网络传播或下载，并根据事件的发展和受众的反应实时更新。报纸新闻可以利用网络博客、短视频、网络评论等信息，不断丰富自身的传播内容、方式和渠道，最大限度地吸引潜在受众。如果说电视新闻挤压了报纸新闻的传播空间，在线新闻和社交媒体新闻则在传播速度和广度上使电视新闻变得相形见绌（冯德兵，2023；D. Feng & Wu, 2018）。社交媒体技术不仅造就了用户原创内容（Users Generated Contents，UGC）的出现，还为新闻在网络上的传播提供了新的平台与路径。这种新兴的新闻制作与传播模式大大提高了用户的参与度和关注度。不仅如此，物联网时代的到来以及大数据挖掘技术的快速发展为新闻报道提供了丰富的素材和便捷的获取方式。虽然智能机器人不能取代真正的记者，但它促进了新闻内容在生成、撰写、制作和编辑等方面的高度融合。这些趋势加剧了传统媒体面临的挑战，促使它们加速向自媒体、数字媒体等新兴媒体形态转型。

其次，快节奏的生活、工作方式使连环话新闻得以广泛传播。一方面，以衣、食、住、行为主的传统消费正快速向以教育、医疗、旅游、娱乐等领域为主的消费转变。与电视、广播、报纸、杂志等传统媒体相比，人们越来越多地通过社交媒体和新闻聚合应用获取资讯。

传统媒体不再被视作唯一权威的新闻来源。吸引年轻人的大多数新闻都是关于明星娱乐、历史文化、生活百科、博客、短视频和一些不断兴起的网络新奇事物。通过印刷媒体、广播、电视等媒介传播的严肃新闻则成为上述信息的"背景"或"间接来源"。另一方面，在工作繁忙、生活压力不断增加的快节奏生活中，人们已经习惯了快餐式的阅读。大多数人尤其是年轻人往往通过手机、平板电脑甚至听书等方式进行碎片化阅读。他们总是急匆匆地上下班、谈公务、吃便当，不愿意花时间阅读大篇幅的内容，更不用说看新闻了。很多新闻报道虽然增加了精美的版面设计，但效果并不好。因为人们根本就没有认真地阅读过一则完整的新闻故事。相反，网络新闻则因为新闻内容短小精悍、言简意赅、生动形象，能够吸引大量的阅读群体。

总之，随着互联网技术的兴起，基于新媒体技术的网络新闻、图片新闻大量涌入我们的日常生活。信息传输已经从"渠道稀缺"的旧时代进入"平台泛滥"的新时代。人们不再满足于报纸新闻和通过无线电波或天线传输的信息，而是通过光纤、宽带或无线网络了解或阅读世界各地的资讯。各类新闻平台或应用软件的出现大大增加了人们对新闻资讯的选择空间，促使广播公司不得不不断尝试新的传播形式和呈现方式，以最大限度地吸引受众。面对信息的"狂轰滥炸"，人们对事物的认知开始趋于表面化和简单化，不再愿意花时间阅读书刊或报纸上复杂而晦涩的文字。读图新闻正好迎合了这一趋势，逐渐成为人们阅读和获取新知识、新信息的重要形式。读图新闻在内容、形式、技术等方面都发生了深刻的变化，图片和视觉符号在新闻传播中变得愈加突出（冷小红，2015；杨季钢，2015）。连环话新闻就是这种形势下诞生的新兴新闻形式之一。

1.2　新闻话语研究

早期的新闻话语研究主要针对报刊和广播电视新闻。报刊新闻研究一般涉及新闻的语言特征、价值取向、社会文化意义等话题。在语言方面，西方学者倾向于透过新闻语言形式审视新闻背后的意识形态意义（如 Fairclough，1992、1995；Fowler，1991；Fowler et al.，1979；

van Dijk，1988），国内学者则倾向于探讨新闻语言的本体特征（如陈家根，1987；黄匡宇，2000；邹家福，1990）。在新闻价值方面，早期比较有影响的研究来自约翰·加尔通（Johan Galtung）和玛丽·鲁基（Mari Ruge）的《外国新闻的结构：四份挪威报纸对刚果、古巴和塞浦路斯危机的报道》("The structure of foreign news: The presentation of the Congo，Cuba and Cyprus crises in four Norwegian newspapers"，（Galtung & Ruge，1965）一文。该文认为，新闻价值是一系列新闻报道的遴选标准，如频率（frequency）、影响力（threshold）、明确性（unambiguity）、重要性（meaningfulness）、一致性（consonance）、突发性（unexpectedness）、连续性（continuity）、兼容性（composition）、精英国家（elite nations）、精英人物（elite people）、人文性（personification）、负面性（negativity）等。后续研究对新闻价值不断深化，总结出更多新的指标和判断标准，如阿伦·贝尔（Bell，1991）提出的选择性（co-option）和连续性（continuation），托尼·哈尔卡普和迪尔德丽·奥尼尔（Tony Harcup & Deirdre O'Neill，2001，2017）提出的好消息（good news）和娱乐消息（entertainment news），莫妮卡·贝德纳雷克（Monika Bednarek）等人提出的正面性（positivity）、最高等级（superlativeness）等（Bednarek & Caple，2017；Bednarek，Caple & Huan，2021；Caple et al.，2020）。徐宝璜是国内最早研究新闻价值的学者，他在1918年发表的《新闻学大意》中以"新闻的价值"为题，论述了新闻价值的五大要素，即接近性、显著性、时效性、重要性、趣味性（徐宝璜，2016[1918]）。随后，国内学者不断探索、拓展新闻价值的内涵与外延，提出了更加符合我国国情的一些新闻要素，如时新性、时效性、重要性、趣味性、真实性、接近性、显著性等（陈力丹、焦中栋，2008；高工，2016；郝雨，2006；童兵，2014；杨保军，2003，2016）。在社会文化方面，早期的研究主要来自于英国伯明翰大学的当代文化研究中心。该中心倡导以批判精神为导向，从文化角度考察媒介与大众传播。该传统后期分化为文化批评和批评语言学两大流派（田海龙，2013、2016）。前者从传播学角度聚焦新闻的社会文化意义（Allan，2010；Carey，1989；Fiske & Hartley，2003），后者则从语言学角度揭露新闻话语中蕴含的社会不平等现象（Allan，2010；S. Hall，1980、1988；田海龙，2013、2016、2023）。

针对广播电视新闻话语的研究主要涉及播报结构、图文关系、话语结构和新闻采访等。针对播报结构的研究主要包括新闻节目的编排和主题结构（冯德兵、高萍，2014）、新闻的制作标准和价值理念等（艾红红，2008；周小普、黄伟，2003；周小普、徐福健，2002；Boyd，2000；White & Barnas，2010）。图文关系一般从多模态视角探讨新闻中语言和非语言符号的互动，如图文连接（van Leeuwen，1991、2005）、图文指称（冯德兵，2015；D. Feng，2016b）、图文互补（Marsh & Domas White，2003；Tasić & Stamenković，2015），以及图文之间的地位与权重（Martinec & Salway，2005；Painter et al.，2013）。在话语结构方面，一般考察广播电视新闻的文本结构及其不同于报刊新闻的话语特征和表意功能（D. Feng，2016a、2016b；Lorenzo-Dus，2009；Montgomery，2007；Montgomery & Feng，2016；Tolson，2012）。对新闻采访的研究主要采用会话分析的范式，对采访中互动双方的行为方式和话轮序列结构进行探析（Ekström，2016；Ekström & Patrona，2011；Greatbatch，1986；Heritage，1985；Hutchby，2011；Shalash，2020）。

1.3　网络新闻研究

随着互联网技术的不断更新，以新媒体技术为依托的网络新闻如潮水般涌入我们的日常生活。学界的研究重心也相应地由传统媒体向网络媒体平台倾斜，从事网络新闻研究的队伍不断壮大，研究领域不断拓展，涵盖了媒体融合、互联网+、新媒体治理、数字全媒体、大数据挖掘等诸多领域。这里仅围绕本书的核心概念——网络新闻话语做简要梳理。

国内早期的网络新闻研究主要聚焦理论探索。杜骏飞早在 2001年即出版《网络新闻学》一书，对网络新闻的传播模型、语言思想等进行了论述。随后，彭兰出版了《网络新闻学原理与应用》（2003）一书，系统论述了网络新闻传播的形成过程。上述研究带动了大量后续研究，比如网络新闻的传播途径、话语表达方式及其影响（杜骏飞，2009；段业辉、杨娟，2006；高钢、彭兰，2007；林纲，2006、2009、2010；彭兰，2012）。以语料库为辅助的新闻话语研究是国内近几年的热点。学者们借助语料库分析工具，对海量的新闻数据进行分析，以检验或证伪新的理论或观点（李娜，2017；陆璐，2021；邵斌、回志明，2014；吴让越、赵小晶，2022；熊文新，2022）。这些研究成果或探讨新闻语料库的建设（胡江，2016；李静，2018；唐青叶、史晓云，2018；严世清、赵霞，2009；杨娜、吴鹏，2012；赵秀凤、田海龙，2023），或借助语料库软件分析新闻的语言特征和传播效果（方格格，2018；李静，2018；林元彪、徐嘉晨，2020；刘明，2014；吴让越、赵小晶，2022；钟馨，2018），因而形成了基于语料库的新闻话语研究热潮。

国外针对网络新闻话语的研究更加多元、深刻（如：Beers Fägersten，2017；Giles，Stommel，Paulus，Lester & Reed，2015；Herring，2013；Matheson，2016；Meredith，2019；Rauchfleisch & Schäfer，2015）。他们或从网页的排版布局、图文结合等方面入手探讨网络新闻的议题设置、舆论引导等（Blom & Hansen，2015；Bou-Franch，2013；Dixon & Williams，2015），或借助多模态话语分析工具考察新闻中的超链接、图像、视频等新媒体现象（Ahlstrand，2021；Caple & Knox，2012、2015；Di Renzo，2020；Knox，2016；Pérez-Arredondo & Cárdenas-Neira，2019；Thurlow，2017；Thurlow & Mroczek，2011），发现了许多新现象，提出了许多新观点。另外，政治议题也是国外学者关注的焦点。他们或借助传播理论讨论网络热点事件及其社会影响（Bhatia，2016；D. Feng & Wu，2018；Montgomery et al.，2014；Ruotsalainen et al.，2019；Tong & Zuo，2014），或从公共领域、框架理论视角探讨政治议题在新闻中的话语建构（Bhatia，2016；Gleiss，2015；Lunt &

Livingstone，2013；Rauchfleisch & Schäfer，2015），如探讨网络评论话语对记者身份、舆论导向、新闻制作等方面的影响（Matheson，2016；Meltzer，2015）。

尽管如此，上述国内外研究仍然存在理论探索不够深入、数据分析不够细致、主观性解读偏多等问题。实际上，网络新闻与传统媒体新闻有诸多不同。除文字、图像外，网络新闻还涉及超链接、视频等一系列多模态符号，仅关注单一的语言文字或视觉图像都不能全面系统地剖析网络新闻话语的本质特征。本研究的对象"连环话新闻"是一种新兴的网络新闻话语类型。连环话新闻文本既涉及文字内容，也包括图像、图表、超链接、排版等多种非语言符号信息，且新闻的呈现方式主要遵循连环画叙述的风格，即以图文共同推进的形式展开。换言之，连环话新闻不但具有多模态话语的特征，还模仿了图画书或绘本中的视觉叙事风格。我们认为，多模态话语分析理论如冈瑟·克瑞斯（Gunther Kress）、特奥·范·勒文（Theo van Leeuwen）的视觉语法（Kress & van Leeuwen，2006）和克莱尔·佩因特（Clare Painter）等人提出的视觉叙事语法（Painter et al.，2013），能够为连环话新闻的研究提供与之比较契合的理论依据和分析框架。

1.4 多模态话语研究

多模态话语研究起源于系统功能语言学。该理论认为语言是社会化的符号系统，其意义通过概念、人际、语篇三大元功能实现（Halliday，1978、1985；Halliday & Matthiessen，2014）。冈瑟·克瑞斯等人认为非语言符号也具有概念、人际和语篇功能，应和文字一样纳入语言符号的研究之中。这一理念集中反映在克瑞斯和范·勒文的《阅读图像》（Kress & van Leeuwen，2006）一书中。该书以视觉语法为研究对象，提出了视觉符号的概念（即表征）、人际（即互动）和语篇（即构图）分析框架。《阅读图像》的面世为多模态话语研究指明了方向，激发了大量后续研究，相关成果层出不穷。主要成果包括超多模态研究（Lemke，1999、2002）、行为/移动研究（Martinec，2000a、2000b、

2013），以及凯·奥哈洛兰（Kay O'Halloran，2004）针对数学符号的研究。图文关系研究更是硕果累累，如图文互补框架（Royce，1998、2007）、图文语义连接（van Leeuwen，1991、2005）、图文衔接关系（Liu & O'Halloran，2009；Tseng，2012、2013）、图文语义逻辑关系（Martinec，2013；Martinec & Salway，2005），以及图文指称关系（D. Feng，2016b；Janney，2010）。值得一提的是，佩因特（Clare Painter）、马丁（James R. Martin）、昂斯沃斯（Len Unsworth）三位学者经过数十载的研究，在2013年出版了《解读叙事图像》（Painter et al.，2013）一书，该书以视觉语法（Kress & van Leeuwen，2006）为基础，勾勒出适用于视觉叙事话语的多模态新语法理论。该理论以系统功能语言学三大元功能为基石，将视觉叙事的人际意义划分为聚焦、情感和氛围系统，将概念意义划分为人物、事件和背景系统，将语篇意义划分为融合和互补系统。该书的出版推动了多模态话语研究向"视觉叙事"的转向（陈曦、潘韩婷、潘莉，2020；滕达、苗兴伟，2018；赵秀凤、李晓巍，2016；周俐，2014）。

此外，针对多模态语篇的量化研究也大量出现。为了建立可操作的多模态语料库，部分学者开发出一种可扩展标记的语言（即Extensible Markup Language，XML）。这种语言可以对非语言符号资源进行标记，从而使建立大型的多模态语料库成为可能。例如，托莫·希帕拉（Tuomo Hiippala）根据芬兰赫尔辛基大学的旅游宣传册建立了一个小型的多模态语料库，并通过建模将空间位置、修辞结构等信息转换为XML语言，实现从对文本的线性分析到立体分析的转变（Hiippala，2014、2015）。他还开发了一个新的标注模式，用于描述小学教科书中的图表表达方式，并将该标注模式应用于现有图表数据的分析之中（Hiippala，2016、2017）。部分学者还通过眼动实验来验证多模态话语意义的解读效果。多模态话语研究领域的权威期刊《视觉传播》（*Visual Communication*）在2012年第3期专栏介绍了多模态眼动实验研究的最新进展（如：Boeriis & Holsanova，2012；Bucher & Niemann，2012；Gidlöf et al.，2012；Morrow et al.，2012；Müller，Kappas & Olk，2012）。此后，类似研究相继出现，形成了针对多模态意义识解的研究热潮（如江波、王小霞、刘迎春、高明，2018；孟艳丽、李晶，2014；Boeriis，2021；Holsanova，2014；Julio et al.，2019；Lobinger & Brantner，2015）。此类研究从认知模式和推理机制出发，通过考察被试在实验中对多模态符号的感知和识解，检验多模态语篇的可读性，有助于推动多模态话语研究从"意义生成"向"意义接受"的转变（冯德正、Low，2015）。

国内的多模态话语研究起步较晚，直到最近 20 年才开始系统探索其理论基础、分析方法等根本问题（如：陈瑜敏，2010；顾曰国，2007；胡壮麟，2007；杨信彰，2009；张德禄，2017；张德禄、穆志刚，2012；朱永生，2007）。不过，该研究范式近年来在我国发展迅猛，短短几年便形成了一定的规模，取得了长足的发展，如同济大学的多模态与特殊人群话语研究团队（黄立鹤，2015；黄立鹤、杨晶晶，2020、2022a、2022b；黄立鹤、杨晶晶、刘卓娅，2021），研究领域主要涵盖教育教学（陈瑜敏，2010；雷茜、张春蕾，2022；王珊、刘峻宇，2020；张德禄、李玉香，2012）、认知隐喻（冯德正，2011；顾曰国，2007；潘艳艳，2011；张辉、展伟伟，2011；赵秀凤，2011）、理论建构等（冯德正，2011；张德禄，2009、2017；张德禄、王正，2016）。

本研究主要针对连环话新闻中多模态符号的表达形式（即话语结构）和功能（即话语实践）进行考察，因此关注的重点是新闻话语的意义如何被表征和建构。我们在分析时主要遵循视觉语法（Kress & van Leeuwen，2006）和视觉叙事语法（Painter et al.，2013）的研究方法和分析框架，并融合了图文关系研究的相关成果（D. Feng，2016b；Martinec & Salway，2005；Royce，2007；van Leeuwen，1991、2005）。

1.5　本书的内容、目的与意义

本书主要考察连环话新闻的多模态话语结构和实践特征及其与社会文化语境的关系。具体而言，本书将以系统功能语言学理论为基础，以视觉语法和视觉叙事语法为分析框架，结合图文关系研究的最新成果，以凤凰网、人民网、新华网等中文新闻网刊载的连环话新闻为例，分析连环话新闻的一般话语结构和实践特征，如信息的娱乐化、视觉化和观点化等现象，并在此基础上构建连环话新闻话语的意义表达系统及其与社会文化语境之间的关系。为此，本书将主要针对以下问题进行考察：

（1）连环话新闻的本质是什么？

（2）连环话新闻具有哪些话语特征？

（3）连环话新闻的话语特征是如何被建构或表征的？

（4）连环话新闻的话语特征反映了哪些社会文化背景？

本研究具有以下理论和现实意义。在理论上，首先将网络连环话新闻这一新的话语类型带入研究范畴，为探讨新兴的网络新闻话语提供新的路径和方法。其次，本书在分析语言的同时强调非语言符号资源，为网络新闻研究提供多模态话语分析的框架和视角。最后，本书聚焦连环话新闻的话语结构体系，将文本分析与社会文化解读相结合，为多模态话语研究的纵深发展奠定基础。

从现实角度看，首先，本书有利于揭示当下中国的公共话语样态，为认识、利用、创新网络公共话语提供参考。其次，本书将为网络新闻报道提供理论支撑，有利于促进网络新闻的采写与创新。最后，本书有助于推动多模态话语研究和新媒体研究在我国的发展。

1.6 研究框架、数据与方法

本书主要围绕以下两条相互渗透的脉络展开（见图 1-1）。脉络一：话语的结构特征（语言形式、非语言形式、符际关系）——话语的实践特征（如文体风格、情态表达、图文连接、页面布局等）——话语的社会文化意义（话语与社会文化语境的关系）。脉络二：话语的表征意义（叙事结构、分类结构、分析结构、人物关系、事件关系和背景关系等）——话语的互动意义（情态、语气、身份、权力、聚焦、情感、氛围等）——话语的构图意义（信息值、框架、凸显性、阅读路径、符号的融合与互补等）。

图 1-1　连环话新闻话语的研究脉络

以上脉络均呈现为阶段性特征，但具体分析时并不局限于何者先何者后。脉络一的分析将贯穿于脉络二的各个环节，主要围绕语言符号和非语言符号的话语结构和实践特征，梳理话语的表征意义、互动意义和构图意义，揭示连环话新闻的话语形式、功能及社会文化意义。

本书的数据主要来自人民网、新华网、凤凰网以及其他新闻网站上的连环话新闻文本。具体信息表 1-1 所示。

表 1-1　本研究的数据来源及分布

新闻网站	财经新闻	时政新闻	社会文化新闻	科技新闻	合计
人民网	19	20	10	10	59
新华网	20	16	19	10	65
凤凰网	40	10	10	10	70
其他	20	10	19	10	59
合计	99	56	58	40	253

针对上述语料，我们主要采用文本分析、比较分析和个案研究的方法。文本分析主要采用多模态话语分析的相关理论如视觉语法、视觉叙事语法以及图文关系等相关理论，对连环话新闻中多模态符号的形式与功能进行考察。比较分析主要涉及将传统的新闻话语比如电视

广播新闻话语、报纸新闻话语等与连环话新闻话语从话语结构和话语实践两个方面进行比较，揭示二者之间的异同，凸显连环话新闻的特有属性。个案研究主要通过归纳总结的分析工具或框架，对典型的连环话新闻文本，如漫画类、图表类、图标类、连环话新闻等进行考察，揭示连环话新闻的一般话语结构和实践特征。

1.7 本书结构

本书共 8 章。第 1 章为绪论，主要针对本书的研究问题、研究内容、研究文献以及研究的目标、意义、方法、思路、结构和数据做简要介绍。第 2、3 章是理论基础和分析框架。第 2 章着重介绍多模态话语分析的理论渊源，即社会符号学。内容包括对社会符号学的概念、定义、术语进行阐释，以及针对社会符号学中的符号资源及其属性和语境进行论述，一方面为本书划定在社会符号学中的位置，另一方面为本书的研究和数据分析奠定理论基础，并对相关术语进行界定。第 3 章着重阐述本书的分析框架，即多模态话语分析方法。具体而言，本章围绕克瑞斯和范·勒文（Kress & van Leeuwen，2006）的视觉语法和佩因特等人（Painter et al.，2013）的视觉叙事语法展开。根据系统功能语言学的三大元功能，分别从表征意义、互动意义和构图意义三方面论述多模态符号尤其是视觉图像符号的意义表达系统即实现方式，为本书建构综合研究框架。

第 4 章至第 7 章为本书的主体部分，主要包括对连环话新闻的语体风格、情态表达、图文连接和页面构图等方面的考察。第 4 章讨论连环话新闻的语体风格。本章聚焦连环话新闻的主要文体风格即"快餐文化"话语，首先对多模态语篇的风格及其类别进行论述，在此基础上勾勒出对连环话新闻话语风格的分析框架。其次从叙事风格、标题风格、专家风格、时髦风格、评论风格等方面对连环话新闻中的文体风格进行分析。第 5 章讨论连环话新闻的情态表达。首先，本章对语言情态和视觉情态进行了界定与区分。其次，以克瑞斯和范·勒文（Kress & van Leeuwen，2006）的话语情态取向为基础，分别从自然取向的照片、抽象取向的图片、科学技术取向的图表、感官取向的画面等角度，对连环话新闻中的情态表达进行分析，揭示连环话新闻为了彰显新闻话语的真实性而采取的有针对性的情态表达方式。第6章讨论连环话新闻的图文连接关系，主要包括图文连接的理论建构和连环话新闻的图文连接关系。前者由文字连接关系、图像连接关系、图文连接关系构成，后者包括漫画类和图表类两种图文连接关系。漫画类图文连接关系涉及图文详述与延伸、图文偏正关系、图文提升关系和图文投射关系。图表类图文连接关系主要包含文字详述、图文分布、图文互补和文字详解。第7章讨论连环话新闻的构图。首先论述图像的构图方式，包括引导线构图、三分法、黄金分割线、黄金螺旋线。其次讨论图文的空间布局，包括水平布局、垂直布局、向心布局、第三维度和视觉叙事的页面布局。最后，我们以上述理论为依托，从图片构图和图文布局、图文融合三个方面详细考察连环话新闻中的构图特征。图片构图主要考察连环话新闻的三种不同的构图类型，即漫画式构图、图表式构图、图标式构。图文布局主要涉及文上图下、图上文下、图片居中、图文交叉、中心环绕和网络结构。图文融合主要包括话语投射和图文扩展两种类型。

第8章为结论部分，包括对全书内容及研究发现进行总结，在此基础上探讨连环话新闻话语的话语特征及其成因和影响，并对本研究的意义与局限进行论述，对今后的网络新闻发展提出展望。

第 2 章

社会化的符号

2.1　符号的定义

费迪南德·德·索绪尔（Ferdinand de Saussure，1974[1916]：16）认为，符号学是一门研究社会生活中的符号的学问，即对符号意义进行研究的学科。他称其为"Semiology"，该词来自希腊语中的 semeion 一词，即"符号"。在索绪尔看来，符号（sign）是具有社会和心理意义的物体和事物，包括语言符号（如语音、单词等）、视觉符号（如图像、形状、标识等）。符号意义的形成离不开三个基本元素，它们是符号、能指和所指。这三个元素之间好比一个等边三角形。在三角形正上方的角可以表示为符号（sign），在底部的两个角分别为能指和所指。符号的意义由符号的能指和所指相互作用而成（冯德兵，2015；隋岩，2010）。能指（signifier）表示一种指代或象征符号，它是看得见、摸得着或听得见，即能够感知到的、具有一定物理属性的存在物。比如，就一面旗帜而言，能指可以是用来指代长方形、星星或表示旗帜的图片或标志，或者旗帜本身。能指通过符号所具有的指示、象似或象征功能，指向现实世界或心理世界的事物即心理概念，即所指（signified）（冯德兵，2015；隋岩，2010；Peirce，1958）。比如，这里的旗帜可能指代具体的事物，如一面红旗、中国国旗、红色绸缎、旗帜图标，等等；或指代某种抽象的概念，即象征意义，如"活力""党性""机构""国家"等（如图 2-1 所示）。

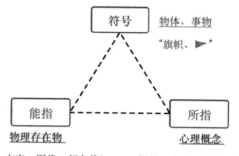

图 2-1 "旗帜"符号的指称关系

正如笔者所论述的（冯德兵，2015），当我们看到"狗"这个汉字时，就会从该字的象征意义联想到其所指称（狗）的概念。[①]在这里，汉字"狗"为能指，（狗）的概念则是所指。同理，当我们将图像作为一种视觉符号时，通过将视觉图像的颜色、线条、形状、布局等进行组合（即能指），就会形成某种象似意义，或在此基础上通过该象似意义进一步指向某种抽象意义，这种象似意义或抽象意义就是视觉符号的所指。

2.2 符号的组合与聚合关系

众所周知，语言是能够传递意义的一种社会化的符号系统（Saussure，1974[1916]）。当人们通过语言传递或获取信息时，总是按照语言符号的先后顺序展开（冯德兵，2015）。单词的构成如此，句子、段落、篇章均是如此。以句子为例，当表达"社会符号学是一门有趣的学科"时，需要按照中文的语法规则和表达习惯，从左到右依次发出构成该表达式的每一个汉字或词组，即"社会"+"符号学"+"是"+"一门"+"有趣的"+"学科"。除了词组之间可以适当调整外（如"有趣的学科，社会符号学是一门"），词组内部的结构乃至词组之间的顺

---

① 皮尔斯（Peirce，1979）认为，符号主要包括象征、象似和指示意义（详见下文）。

序都不宜随意打乱，否则，传递的信息就会走样。索绪尔（Saussure，1974[1916]）将语言符号的这一特征称为语言的组合关系（syntagmatic relation），即语言符号通过横向组合而获得意义（冯德兵，2015：125）。此外，语言符号还具有聚合关系（paradigmatic relation），索绪尔称其为联想关系（associative relations）（Saussure，1974[1916]：121）。所谓聚合关系，表示每一个符号都可能被同一位置上的其他符号所代替。换言之，当生成一个语句或语段时，不但需要注意语句或语段的先后顺序，还要针对同一位置上的不同符号进行选择，以找到最适合的符号，构成此情此景下特有的语句或语段。譬如，在句子"社会符号学是一门有趣的学科"中，我们可以用"语言学""生物学""天文学"等代替"社会符号学"，也可以用"有""包含""呈现"等动词替代"是"，还可以将"有趣的"替换成"复杂的""艰深难懂的""理想化的"等形容词。"学科"一词也可以用其他名词或名词词组替换，如"科目""课程""电影"。当然，每一处变动都会带动其他部分相应变化，从而形成不同的表达。比如，当选用动词"包含"时，该语句的剩余部分则应和"包含"在语法和语义上相匹配，如"社会符号学包含许多有趣的理论和知识"。

其他非语言符号也有组合和聚合关系。以连续图像为例，这类图像不仅包含每一个图像内容的构图，还涉及图像与图像之间的排列组合。就图像内部而言，图像的构图一般涉及画面中前后、左右、内外、远近、上下的分布与排列，即组合关系，以及对点、线、面的选择和对颜色、形状和光影的选择，即聚合关系（冯德兵，2015；Kress & van Leeuwen，1998、2006）。就图像之间的序列而言（比如电视画面或电影镜头的推进，以及连环画叙事等），图像和语言一样，也具有组合关系和聚合关系。这里的组合关系主要表现为前后图像的排列，这种排列体现为图像之间的衔接关系（Tseng，2012、2013）、视觉指称关系（冯德兵，2015；D. Feng，2016b；Janney，2010）、影视叙事结构（Metz，1974；Tseng & Bateman，2012）或视觉图像的连接（van Leeuwen，1991、2005）。聚合关系则表现为图像或镜头的选择，不同的选择会导致出现不同的蒙太奇效果（Eisenstein，1977[1949]；Eisenstein &

Gerould，1974；Pudovkin，2015）。选择相似的图片一般表现为一定程度上的差异和相似性，选择相反的图像则表现为相反即对比（Eisenstein & Gerould，1974；D. Feng，2016b；Pudovkin，2015；van Leeuwen，1991）。

此外，不管是电视、电影还是连环画或绘本，都不是单纯的图像叙事和文字叙事，而是多种符号混合的多模态语篇。在这样的语篇中，不仅涉及文字或图像本身的组合与聚合关系，还涉及文字与图像以及其他符号的组合与聚合关系。以连环话新闻为例，由于连环话新闻一般以图像+文字的方式，模仿连环画的推进模式展开，我们主要对此类新闻中的图、文组合关系和聚合关系进行描述。从组合关系看，连环话新闻的文字一般通过词、短语或句子的形式，按照它们出现的先后顺序展开。图像则多数时候以单独的图片或图标的形式出现，较少出现连续几个图片共现的情况。因此，仅从图像通道来审视连环话新闻中的组合关系并不可取。实际上，连环话新闻中的图像和文字是相互配合、相互补充、彼此渗透的。正常情况下，图像的出现大致是根据文字信息的推进而展开的,其中文字在组合关系上起着主导的作用，图像则起着衬托、支撑或示例文字的作用（Barthes，1977；Martinec & Salway，2005）。从聚合关系看，不仅包括文字的选择，也包括图像的选择。宏观上，新闻记者需要选择新闻类型（解释新闻、评论新闻、报道新闻）、文本结构（提问+回答、时间先后顺序、社交媒体互动）、模态选择（文字、图像、图表、颜色、字体）。微观上，记者需要对字、词、句、时态、语气、情态等做出选择，对图像的光影、形状、颜色、字体大小、框架等做出选择，并将前后左右的图像进行选择与排列。同时，还需要将图文结合起来考虑，不管是图像还是文字，二者必须相互兼容。每一个文字符号都能够对应相应的图像；同时，每一个图像信息都能大体上支撑对应的文字信息（冯德兵，2015）。

2.3　符号的指称意义

美国早期的符号学家查尔斯·皮尔斯（Charles Peirce，1979）认为，符号意义的产生是符号的释义过程。符号的释义过程是符号、客体和释义三个元素相互作用而产生的。符号是指称客体的事物，如声音、图像、文字、物品等。客体是被指称的对象，既可能是具体的事物，也可能是抽象的概念、感受等。释义则表示符号感知者对符号意义的识解过程。在该过程中，感知者通过符号的象征、象似或指示功能，识解符号指向的客体（冯德兵，2015；李涛，2011）。这里的象征、象似和指示意义是符号最基本的三种指称功能（Peirce，1979）。

象征（symbolic）意义表示符号是任意的，所指和能指之间没有任何理据或关联。大多数的语言文字都属于象征符号，因为单词或汉字本身与它们所指代的事物之间没有关联。以英语单词"book"为例，为什么读音为[buk]或拼写为 b-o-o-k 的单词就表示书籍？词源学家们到现在为止也没有发现它们之间是否存在某种联系。同理，中文的"书"在发音和书写上与其意义似乎找不到什么关联。况且，不同地域的人们对"书"的发音也不尽相同。这些示例均说明，具有象征意义的语言文字符号在其形式和意义之间没有任何理据或关联。之所以形成某种读音和拼写，均是人类社会日积月累、约定俗成的结果。这种通过任意性和约定俗成而形成的意义就是符号的象征意义（冯德兵，2015：126）。几乎所有的语言符号都经历了任意选择、积淀、认可、约定俗成的演变过程，属于最具代表性的象征符号。语言的象征性使人类的沟通和交往成为可能。

图像符号的象征意义也随处可见。视觉隐喻的研究为我们提供了大量具有象征意义的图像符号，如商业广告中的图片隐喻（Forceville，1994、1996、2002、2016）、新冠疫情公益广告（D. Feng & Wu, 2022）、广告牌中的图像隐喻（W. D. Feng, 2019），等等。以新冠疫情公益广告为例，图 2-2 看似一幅手拿注射器的画面。但是，不难发现，图片作者在这个注射器上叠加了一个枪管。这样，枪的特征（比如杀死敌人的武器、快速发射子弹等）就被映射到注射器上，似乎在说，这是一把枪，而非注射器，因此形成了"注射器是机枪"的视觉隐喻（D. Feng & Wu, 2022）。通过上述隐喻，便会自然地将拿着注射器的手看作医务人员的手。因此解读出如下含义：医务人员正在将注射器当作武器，抗击冠状病毒。由于枪支等武器通常是战士们在战争中使用的工具，通过此画面中的隐喻表达，暗示了"抗击新冠疫情便是战争"的含义，强调了抗击新冠疫情工作的严酷性。

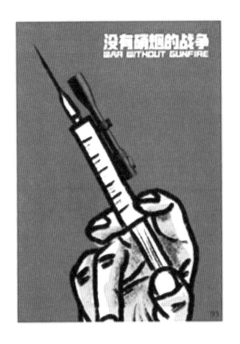

图 2-2 "没有硝烟的战争"（转引自 D. Feng & Wu，2022）

符号的象似（iconic）意义表示符号的能指和所指在形状、声音、意义等方面有相似的特征。比如，英语中的拟声词 coo-coo-coo 和汉语中的 wo-wo-wo 等在声音上分别和杜鹃和公鸡的叫声相似；英语单词 eye、汉字"目"、葡语 olho 等都从形态上与眼睛象似（冯德兵，2015）。特别值得一提的是，中文的象形文字与其所指涉的事物在形态上大多存在象似性关联，如汉字"山"的形状与真实的山峰相似。不过，比起语言文字来，视觉图像在象似意义上更具有优势。毕竟，图像或画作本身就是与原事物"象似"而存在的。当然，视觉图像也具有象征和指示意义。比如，随着时代的变迁，在不同时期和地域出现了各种具有象征意义的印象派艺术家，如中国的写意画、西方的印象主义画作（Kress & van Leeuwen，2006；详见本书第 3、6 章）。如例 2-1 中，该例为电视新闻节选。画面（见例 2-1，54）呈现的是茂密的杂草即能指。这与现实世界中的草原即参照物及人们大脑中"草原"的概念即所指在形状上形成象似性，具象化地呈现了干涸的湖底和一望无际的大草原景象，与第 4a 和第 5a 行中文字部分提到的"一望无际的湖面……长满了苔草""大草原"等概念形成呼应关系。

例 2-1（转引自冯德兵，2015）[①]：
4a │原本一望无际的湖面（.）现在变成了长满│
54 [中景：茂密的杂草]（表示对画面的说明）
5a │苔草的大草原（.）湖水的退缩（.）│

符号的指示（indexical）意义表示根据所指事物所处的语境而确立的符号信息，比如语言中的"这儿""那儿""昨天""现在"等。指示意义依赖语境而存在，随着语境的变化而变化（Scollon & Wong Scollon，2003）。它一般通过直示语和指示表达得以实现（冯德兵，2015）。直示语（deixis）属于语篇外指称，表示话语参与者在话语交流时所处的空间或时间位置信息。根据说话人和听话人的所处位置，可以分别区分为距离上的远、近和中立，形成时间和空间上的直示语，如时间副词或介词短语："现在/now""过去/in the past""将来/in the future""这儿/here""那儿/there"以及带有定冠词 the 的部分表达式，还包括指代事物的指示代词如"这个/this""那些/those"等。不仅如此，直示语还包括部分人称代词，如"我/I""你们/you""他们/they"。指示表达（demonstratives）属于语篇内指称，表示随着上下文的变化而出现的用于指代某事物或概念的符号意义。根据能指与所指的远近关系，指示表达一般包括指示代词如"这个/this""那些/those""那里/there"等。现实生活中的许多现象均可被视为具有指示意义的符号，比如沙滩上的脚印表示有人来过、乌云表示大雨将至、冒烟预示山火，等等。图像符号的指示意义最常见于各种图示或图标中，如箭头、问

---

① 该例为电视新闻节选，其中[]表示对图像的说明，││表示对有声文字的转写。

号、国旗，等等。连环话新闻中有大量类似图像的指示意义表达，如图表、部分表情符、各种图标式画面等（详见本书第7章）。

2.4 社会符号学

作为符号学领域的一个分支，社会符号学（social semiotics）是一种研究人类交际即意义作为社会实践的方法。它专注于分析和描述在不同背景下形成的符号资源及如何组织这些资源以创造意义。社会符号学作为一种方法、分析视角和研究策略，旨在调查社会现实与符号、文本和话语之间的系统关系（Wong，2019）。该概念最初出现在韩礼德（Michael Halliday）的《作为社会符号的语言》（*Language as Social Semiotic: The Social Interpretation of Language and Meaning*）（Halliday，1978）一书中。韩礼德认为，语言是一种符号系统，通过不同的语言符号即表达形式，如名词、词组、小句等，执行各种不同的语言意义即社会功能，如信息功能、指称功能、表达功能、美学功能、情感功能、元语言功能等。韩礼德根据这些功能的指向，将它们概括为三大元功能，即概念功能、人际功能、语篇功能（Halliday，1978）。概念功能（ideational function）表示人们通过语言符号来再现或建构经历、经验及其关系，一般通过小句的及物性系统实现。概念功能可以进一步区分为经验功能（如语言的及物性结构）和逻辑功能（如及物性小句即过程或行为之间的先后或因果关系）。人际功能（interpersonal function）表示通过语言符号来再现或建构人与人之间的关系、身份、地位等，一般通过语气系统和情态系统实现。语篇功能（textual function）表示通过语言符号再现或建构小句的组织结构和篇章的组篇结构，一般通过信息结构、主位结构和衔接手段等实现（Halliday，1978，1985；Halliday & Hasan，2014；Halliday & Matthiessen，2014）。随后其他学者纷纷从不同角度研究语言符号和非语言符号的三大元功能，并提出了各自略有差异的术语（见表2-1）。

表 2-1　三大元功能的不同表述

作者 （发表时间）	研究对象	元功能		
韩礼德 （Halliday，1978）	语言 /Language	Ideational /概念	Interpersonal /人际	Textual /语篇
克瑞斯、范·勒文 （Kress & van Leeuwen， 2006[1996]）	图像 /Images	Representation /再现	Interaction， modality /互动与情态	Composition /构图
莱姆克 （Lemke，2002）	网址 /Websites	Presentational /呈现	Orientational /取向	Organizational /组织
奥图尔 （O'Toole，1994）	美术绘画 /Fine arts	Representational /再现	Modal /情态	Compositional /构图

　　社会符号学不仅探索语言和交际的代码的指称关系，还研究这种指称关系是如何在社会实践过程中形成并传播的，因此是对索绪尔有关"符号作为能指和所指"概念的进一步扩展。社会符号学调查特定的社会和文化环境中的人类活动的意义指称实践，并试图将意义的生成过程解释为一种社会实践。从这种意义上讲，社会符号学不仅研究符号本身的指称意义，即索绪尔（1974[1916]）或皮尔斯（1979）所称的符号学，还研究意义产生和传播的社会维度，以及人类在塑造个人和社会意义及解释过程中的社会行为和实践过程（van Leeuwen，2005）。具体而言，社会符号学侧重于考察所有符号资源的社会意义的生成、传播和识解过程，无论这种资源及其意义来自视觉、语言、听觉、嗅觉或触觉（Thibault，1991）。换言之，它不仅研究语言符号的意义，还研究非语言符号的意义及其实践，如图像、声音、音乐、排版、建筑等，以及意义背后所承载的社会文化实践。而且，任何意义和符号体系的出现，都是某种社会权力关系的反映。随着权力的转移，我们使用的语言和其他被社会接受的意义系统就会相应发生变化。

2.5　符号资源

　　符号资源的概念同样来自韩礼德的《语言作为社会符号》（Halliday，1978）一书。韩礼德在书中指出，语言的语法不是代码，也不是生成正确句子的一套（语法）规则，而是"创造意义的资源"（resource for making meanings）（Halliday，1978：192）。在此基础上，范·勒文（van Leeuwen，2005：4）将符号资源定义为"我们用于交际的行为和人为制品（artefacts）"，即交际资源。交际行为表示我们在交往过程中的行为举止或言语行为，如皱眉、耸肩、招手等，或命令、提议、赞美、威胁等言语行为。人为制品表示人工制作的装饰品、工具或其他物品，特别是在历史上或文化上有趣的装饰品、工具或艺术品等，以及制作这些物品的材料和资源，如颜色、形状、纸张等。例如，皱眉是一种交际行为，通常表示当事人对某事物"不满意"；红色是一种制作或建造某种物品的资源，一般表示制作者对相关事物发出的"危险"信号（如台风等级）或中国文化中对美好生活的祝福与预言（在中国文化中，红色有"红红火火"的意思）。这里的皱眉和红色均可看作具体语境中的符号资源，它们能够根据具体的语境传递具体的社会文化意义。

索绪尔（1974[1916]）认为，符号是能指和所指的结合体，是预先给定的，不受其功能或用途的限制与影响。但在范·勒文（van Leeuwen，2005）看来，索绪尔的符号概念太过关注符号本身的意义，而忽略了社会语境可能对符号意义的产生带来的影响。范·勒文（van Leeuwen，2005）认为，所有的符号都是一种可观察的、能够促进意义产生的符号资源，它具有一种符号潜势，能够在合适的语境条件下生成某种意义，即意义潜势（meaning potential）。韩礼德（1978）认为，意义潜势就是语言的选择。在特定情景下，我们对语言的选择决定了我们的交际意图即意义的表达。语言就像一个无形的大网，里面充满了无数种可供选择的可能性即意义潜势。我们一旦做出选择，语言所具有的潜在意义便得以显现、确定。社会符号学者（如：Kress & van Leeuwen，2006；Lemke，1989；Thibault，1991；van Leeuwen，2005 等）认为，不只是语言，几乎所有的符号资源都具有这种意义潜势，范·勒文（van Leeuwen，2005）称其为符号潜势（semiotic potential）。符号潜势表示通过符号资源的形式或结构创造或投射意义的可能性。以红色为例，不同语境下的红色能够产生各种不同的潜势意义，如危险、幸福、光明、温暖等。

这种潜势既可能是理论上的，也可能是现实存在的。理论上的符号潜势（theoretical semiotic potential）由符号已经存在的（past）意义和当前语境下潜在的（potential）意义结合而成。以树叶为例，树叶的已有意义包括"光合作用""遮挡烈日""吸收雨露"等，但我们可以将树叶原有的意义与当前的语境结合起来，充分利用树叶的功能，使其产生潜在的意义。比如下雨时，我们可以利用树叶防雨水的功能将树叶看作一把雨伞。对蚂蚁而言，落在水面上的一片树叶（树叶的漂浮功能）可以作为它们通往彼岸的桥梁。成千上万的树叶也许可以因其产生的风能而被用于发电。总之，树叶可能有的、还未被利用的、理论上的用途都可能在特定的语境中被看作一种符号潜势。现实存在的符号潜势（actual semiotic potential）表示对使用者而言已知的或已经使用过的潜在用途。比如，桌上摆放的餐叉的符号潜势是：可以被用来作为吃饭使用的工具；或抽象一点，表示"就餐"的一种象征符号。

符号资源不只限于语言、颜色和图片的运用。我们所做的几乎每一件事都可以以不同的方式来完成，从而形成特定的符号资源库。以走路为例，不同的人、来自不同的地方或机构的人，其走路的姿态必然不同。男人的走姿不同于女人；士兵的列队走不同于普通人；大人的走姿不同于儿童；上班时的行走不同于饭后的散步；诱惑的步态不同于气宇轩昂的大踏步走，等等，从而形成以"走姿"为符号的符号资源库。符号潜势库（the inventory of semiotic potential）表示符号潜势意义的集合，是符号潜势在过去、现在和将来所具有的用途清单库。以计算机的潜势库为例，计算机可以设计成各种类型，如台式的、便携式的或平板的；折叠的或曲面屏的；民用的或军用的；白色的、灰色的或黑色的；智能的或机械的；语音输入的或键盘输入的；等等。用户可以通过探索计算机的各种可能的样态、用途、颜色或形状，学会使用计算机，并进一步学习、了解一些特定的行为、属性或活动的规律。

那么，面对如此多的"计算机"潜势，应如何确定它的具体含义呢？这主要取决于该符号资源所使用的具体语境，如：谁是使用者或设计者？在何时何地使用或设计的？具有什么样的背景？有何种交际目的或任务？以社交媒体互动中的微笑表情符为例（见图 2-3），一般来说，该表情符在社交媒体中至少包含以下几种意义潜势：回复、微笑、无助、皱眉、嘲笑、应付等。

表面意义：表示开心。

实际含义：表示鄙视、嘲笑、或者讨厌。

图 2-3　微笑表情符的含义

那么如何确定该表情符的具体含义呢？这需要我们针对具体情景进行分析。图 2-4 截取自一段微信群自发组织的学术论坛互动话语。在该互动中，一位参与者（姑且称为 A）在另一位参与者（姑且称为 B）做完报告后向其索要参考文献。

图 2-4　互动中的表情符

A 发出索要请求后（"老师，请问您有参考文献吗？"），使用了一个微笑表情符。从上下文看，B 是作报告的老师，A 是听报告的人。从 A 的问话可知，A 与 B 之间属于一般的学术同行，但并非亲近的朋友或熟人（比如使用第二人称尊称"您"）。在这种身份关系下，当 A 向 B 公开索取资料时，势必会对 B 的负面面子造成一定影响（P. Brown & Levinson，1987）。于是 A 在索取请求结束时插入了带"微笑"的表情符，从而缓和了这种负面面子威胁，使索取的行为变得更加礼貌而容易被对方接受。正是这种比较礼貌的行为，很快便获得了 B 的认同。B 即刻回应了 A 的请求，且同意将参考文献提供给 A。该分析表明，尽管某些符号资源拥有多种潜势意义，但只要将其置入具体的语境，就能够根据语境信息对其意义加以确认。就本例而言，这里的微笑表情符表达了 A 对 B 的一种善意，主要起着缓和负面面子威胁的作用。

2.6　意义潜势与可供性

意义潜势与事物的可供性有着类似的特征。可供性（affordance）概念是由美国生态学家、心理学家詹姆士·吉布森（James Gibson）于 1966 年首次在《作为感知系统的感官》（*The Senses Considered as Perceptual Systems*，1966）一书中提出。此后，他在《视知觉生态论》（*The Ecological Approach to Visual Perception*，2015[1979]）中专章论述了这一概念，将其界定为"为动物提供的，可供利用的环境资源"。吉布森用如下例子对该概念进行了阐释：相对某一动物而言，如果有一块接近水平、平坦、能够容纳该动物活动的平面，且该平面足够坚硬，以至于能够承载该动物，简言之，该平面对该动物而言就是可供性环境。对该动物而言，可供性必须具备如下属性：水平、平坦、延伸、坚硬。唯如此，才能成为该动物站立、行走或奔跑的可供性环境（Gibson，2015[1979]）。

根据上述分析，我们可以将可供性看作供使用者利用的、潜在的某种环境资源。这种资源是已经存在的，即给定的事物。但这并非表明具有了这种资源，它的可供性就存在了。其可供性还需要满足另一个条件，即使用者对可供性的感知。只有当使用者感知到可供性时，它才能显现并成为现实（Gibson，2015[1979]）。因此，对于不同的感知者，他们可能会注意到同一环境的不同可供性。这完全取决于感知者的需求、兴趣和其所处的情景语境。

从这种意义上讲，可供性与前文论述的"意义潜势"具有十分相似的属性，即它们都是表示潜在的、可供利用的用途或意义。不过，二者也有明显的差异。首先，概念适用的范围不同。可供性属于认知心理学领域的概念。其可供性是否存在，取决于可供性的可感知性和可观察性。只有当可供性被感知时，这一属性才能发挥作用。意义潜势来自社会符号学，是符号资源所具备的一种系统属性，即符号意义是在符号系统中进行选择的结果。符号系统由各种意义潜势构成，当选择发生时，意义便得以生成。

其次，意义潜势一般关注的是已经存在的意义，无论该意义是否被明确承认，而可供性则包括已经存在的意义和尚未被识别而等待被发现的意义。意义潜势是在已有规则或约定俗成的基础上对符号资源进行组合、排列、选择而产生的新的意义。可供性则可能完全是崭新的某种资源条件，突然被使用者发现而被利用。比如，可以将树叶摆放成蝴蝶的形状，从而创作出蝴蝶式的树叶标本或图案。又如，对蜗牛而言，浮在水面上的一片树叶可以成为它在水面漂流的载具。二者都是我们没有使用过但在特定环境中具有树叶的新用途，即相对于特定使用者的一种可供性。

2.7 符号意义的研究路径

作为研究人员，应该如何针对符号资源及其社会文化意义（即潜势意义）开展研究呢？范·勒文（van Leeuwen，2005：3）为我们提出了可操作的"三步走"分析路径，即建库、描述、语境化。

其一是建库。我们需要对符号资源进行整理，并形成符号资源库，该过程包括收集、分类、框架、归类、解释等。以红色为例，首先，我们可以通过拍照、复制、截屏等方式，从各类出版物、公共广告牌、网络、电视节目等媒介或载体上收集各种表示红色的图片，并对这些图片的来源、上下文语境和背景进行说明、描写。其次，根据交际目的，需要确定具体选用的资源集合。范·勒文（van Leeuwen，2005：

6）认为，"究竟什么样的集合最合适，取决于使用资源库的目的"。以克瑞斯和范·勒文（Kress & van Leeuwen，2006）的框架系统为例，他们的目的是归纳出视觉图像中的所有框架特征。在他们看来，框架表示视觉元素之间的连接和断开关系（Kress & van Leeuwen，2006：203-204，210）。为此，他们对所有与"框架"相关的元素进行了比较与归类。首先，他们将"框架"意义分成"连接"（connection）和"断开"（disconnection）两大类，并对二者进行界定。表示"连接"的元素包括框架线、图形框架装置如建筑物、树木等的边缘形成的边界，以及各元素之间的空白、颜色的不连续性，等等。实现"连接"的技巧包括矢量、颜色、视觉"韵律"等方面的差异性。他们将"断开"界定为视觉构图中元素与元素之间相互分离，可以通过颜色差异、空白、框架线等框架元素实现。断开意味着分离、独立、对比或对立。连接则表示以某种方式聚在一起，如团结、连续、互补等（见图 2-5，详见第 6 章）。

图 2-6 是对"框架"的符号资源的举例说明。从总体看，该图中的图像和文字之间因为颜色不同而形成相互断开的两种元素，图像和标题之间的空白也起到了分开彼此的作用。因此可以各自独立表达意义。

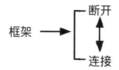

图 2-5　框架系统（改编自 Kress & van Leeuwen，2006：210）

我们也可以从图中找到表示"连接"的元素。比如，大体相同的蓝色背景表示左右图像板块之间的"连接"关系：左边表示表示包装好的口罩，右边则是对这些口罩功能的说明。值得一提的是，右图中有关口罩功能的介绍至少体现出三种框架意义。首先，作者根据相对较远的距离，将口罩具有的 6 种不同功能彼此分开，如"更柔软""更亲肤""更舒适"等，使这些功能彼此独立显示，因此显得更加清晰简洁，使读者一眼便能了解口罩的这些功能。与此相对的是，每个功能的表达都以图文彼此较短的距离将它们聚拢在一起，图文之间因此形成一种"连接"关系，使每一个功能都能够通过图文共现的方式凸显出来（Painter et al.，2013）。第三种"框架"意义的表达方式体现在右图右上角带文本框的口罩图片。带白色边框的圆圈文本框将一只清晰显示三层防护的口罩呈现出来，使口罩的功能得到了再聚焦（refocalized）和强化，能够给人以深刻的印象（Painter et al.，2013）。当然，左图中口罩包装盒上的图文构图也是很有特色的。比如，设计者以深蓝色的口罩名"医用外科口罩"重叠在浅白色的底色之上，两种颜色因此形成对比度较大的反差，从而使文字部分即产品名清晰独立地呈现在包装盒上，能够使读者快速识别产品名称。

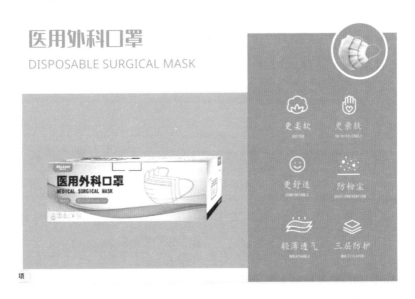

图 2-6　表示框架意义的符号资源（安舒克，"医用外科口罩"）

在克瑞斯和范·勒文框架理论（Kress and van Leeuwen，2006）的基础上，佩因特等人（Painter et al. 2013：103-109）对绘本中经常出现的框架进行了进一步考察。他们以是否有边界为标准，将框架分解成有边界和无边界两类。有边界的框架包含以下几种情况：是否聚焦，是否属于氛围边界，图像是否穿越边界，边界是否全包围，是否有框架线等。如果页面中的图像有新的边界，比如文本框式的图片，则该图像属于再聚焦。如果边界为彩色的边框，则边界传递一定的氛围信息，如红色边框。如果图像在边框之内，则为内包；否则，则为图像穿越边框。如果图像四周有边框，为全包围；否则，为有限包围。如果有框架线，则可进一步分为图案类和氛围类框架线。图案类框架线表示框架线由带文化或经验意义（experientially framed）的图案构成；氛围类框架线表示框架线由带颜色的线条等构成，以传递冷、暖、悲、欢等氛围（ambienced）。无边界的框架包括语境化和去语境化两类。语境化表示页面充满了背景信息；去语境化表示页面无背景（即参与者个体化）或极少有背景（比如图标式画面或象征性图像）（见图2-7）。

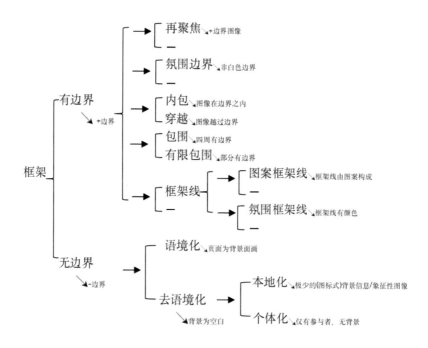

图 2-7　绘本中的框架系统（改编自 Painter et al., 2013：103）

其二是需要将"框架"的符号资源置于具体的语境中进行详细描述，包括对语境本身的描述。这里笔者以佩因特等人（Painter et al., 2013）的框架系统中的"再聚焦"为例，对"框架"的符号资源及其意义的分析与描述做进一步的说明。佩因特等人根据绘本中出现的各种情形，将有边界的框架划分成是否聚焦、是否带彩色边框、是否全包围、是否穿越、是否有框架线五类。他们认为，这些类别并不是非此即彼的关系，而是彼此可能同时出现在同一个图像或画面之中。这里主要聚焦第一个类别，即是否聚焦。图 2-8 呈现的是人体被感染新冠病毒后的状况。为了凸显肺部如何被新冠病毒感染，作者采用了"再聚焦"的手法，用放大镜的方式将病毒放大，以圆圈文本框的形式将肺部感染的病毒单独拎出，浮悬在其他图像之上，并以箭头指向肺部，以此将新冠病毒重新聚焦（refocalized）。通过这种方式，能够有效吸引受众的注意，并在他们的头脑中形成新冠病毒极具危害性的印象，给人以极强的警示作用。

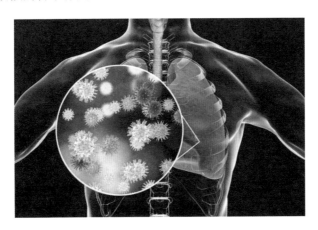

图 2-8　被再聚焦的新冠病毒（引自《科技日报》，作者：于紫月，2020 年。图片来源：视觉中国）

其三，还需要将符号资源及其意义与具体的语境联系起来，对其意义的生成、传播和接受进行分析与解读，即对符号资源及其意义进行语境化阐释。

在不同的背景下，人们能够从相同的符号潜势中做出不同的选择，并通过这些选择创造出不同的含义（van Leeuwen，2005：14）。因此，我们在研究符号资源所代表的意义时，必须将其置入特定的语境中加以考察。韩礼德（1978）认为，语言的意义随着语言使用中的语境变化而变化。这种使用中的语境就是韩礼德所说的语域（register）。语域表示话语发生时即时的语言环境，即情景语境。语域描述语言和其他非语言符号资源在情境语境中的使用方式。情境语境包括三个维度，即语场、语旨和语式。语场（field）表示嵌入文本或话语的活动，以及文本或话语所指的主题。它是关于话语使用者交际目的的符号反映，即交际的目的和谈话主题，回答交际中"为什么"和"关于什么"的问题。语场包括专业领域语场（technical field）和非专业领域语场（non-technical field）。比如，购物、打游戏、个人信件往来等属于非专业领域语场。专业领域语场包括语言学讲座、机器人设计、医患对话等涉及专业领域的话语活动或话题。例如：

例 2-2：
　　新京报快讯（记者李玉坤）　记者刚刚从应急管理部获悉，金沙江堰塞湖附近川藏交界原滑坡山体出现裂缝，再次滑坡的风险加大，应急部已安排周边群众和现场工作人员全部撤离。

从例 2-2 中，我们可以看到诸多有关新闻方面的专业术语表达，如专用名词"新京报""金沙江""川藏交界""李玉坤"，新闻类用语"快讯""记者""获悉""周边群众"和自然灾害类用词"堰塞湖""原滑坡山体""应急管理部""撤离"等。从语句的结构看，例 2-2 是导入部分（news lead）（Bell，1991；van Dijk，1988）或新闻核心（D. Feng，2020；Montgomery，2007）。该部分包括新闻事件最重要的信息，涵盖了关键的"人物""时间""地点""事件"，符合新闻报道的五个 W

和一个 H 的结构模式，①属于典型的倒金字塔结构的新闻语篇（Tuchman，1972）。

从图 2-9 看，我们可以轻松地获知，该图呈现的是医患之间的对话。这表明，该图包含了一些根据我们的常识判断出来的与医患交流相关的专业性场景和信息，这些信息包括以下几种类型。（1）医用着装。比如，图片中呈现的两位对话者中，一位穿着众所周知的医生专用服装即"白大褂"，简称 A。相对而言，另一位则穿着普通的 T 恤衫，因此更像是在看病的患者，简称 B。（2）医用设备。A 的脖子上挂着听诊器，手上拿着笔和笔记本，似乎正在记录 B 的话语。（3）交流姿态。B 正在向 A 讲述，A 似乎正在认真倾听。上述信息表明，图片展现的大体上是医生与患者正在沟通的场景。

当然，不排除特殊的情况，如专业医生之间的学术交流等。这也表明，从纯粹的图像信息无法确切地获知图像传递的信息。因此图像在不同的语境下可能存在不同的多样化的解读（multi-interpretability）（van Leeuwen，1991）。

图 2-9　视觉图像中的语场示例

语旨（tenor）表示话语编码或设置的与社会关系相关的属性，涉

---

① 新闻的导入部分一般为新闻报道的总览，包含了新闻事件最重要的信息，即五个 W 和一个 H：What、Who、When、Where、Why 和 How。

及话语参与者之间的关系、身份、地位等，一般回答谁是参与者以及他们之间的关系。语旨与权力关系、亲疏关系、话语的正式程度和礼貌行为相关。例如：

例 2-3：

I say to you today, my friends, so even though we face the difficulties of today and tomorrow, I still have a dream. It is a dream deeply rooted in the American dream.

I have a dream that one day this nation will rise up and live out the true meaning of its creed: "We hold these truths to be self-evident: that all men are created equal."

I have a dream that one day on the red hills of Georgia the sons of former slaves and the sons of former slave owners will be able to sit down together at the table of brotherhood. (Martin Luther King, Jr., 1963, *I have a dream*)

我们可以从以下方面来分析例 2-3 中的语旨信息。一是称呼语的使用。如："I" "you" "my friends" "we" "former slaves" "former slave owners" "brotherhood"。这些称呼语表明，演讲者正试图将自己看作听众的一分子，表明他们同属于一个团体或阵营。特别值得一提的是，演讲者使用了大量的 "we" "us" "our" "nation" 等这些指代美国或美国民众的表达，表明演讲者试图将所有听众都看作一个整体。不管他们的种族、地位、身份、学识和历史，他们都通通被看作美国民众，以此拉近演讲者和听众之间的距离。

就图像而言，语旨主要通过布局、手势、目光接触、面部表情等来实现。比如：

图 2-10　传统教学中的语旨意义

（红网，作者：范典、杨艳，https://hn.rednet.cn/c/2017/12/20/4509266.htm）

图 2-11　师生互动中的语旨意义（千龙网，摄影：郝君）

通过图像中的布局，图 2-10 和图 2-11 传递出截然不同的信息。图 2-10 展现的是普通课堂教学的场景，即教师站在教室前端，学生一排排端坐着注视着教室前方教师所在的位置，教师因此是教学活动的中心。图 2-11 传递的则是学生和教师互动的情景，即教师蹲在学生旁边，正在和其中一位学生交流，她的视线和学生的视线均看着课桌上的课本。学生围坐在课桌旁，各自看着课本上的内容。该图反映了师生平等互动的情景，教师只是其中的一员。

　　语式（mode）表示话语沟通的渠道或手段，如电视、话筒、纸张、手机、口语等。语式是对用户必须使用的传播媒介的符号反映。说话、文字、图像、广播、电视、互联网等都属于语式的一种。社交媒体文本中的技术可供性特征也可看作语式的组成部分，如表情符号、超链接、@功能等。它关注的是"如何"进行沟通。语言要么是口头的，要么是书面的。从某种角度讲，语式正是我们所讨论的话题——符号资源的运用。除了语言本身能够被看作不同的语式外（如口头语、书面语、正式语等），非语言符号的使用更加体现出语式作用和不同情景中的语体和语义差异。例如，电视新闻采访的语式包括电视媒介、移动图像、声音、口头语、画面布局、灯光、色彩，等等。采访中面对直接交流者的话语与说给电视机前观众的话语必有差异，比如正式程度的差异、称呼语使用的差异、信息重组的差异、语体风格的差异、信息真实度的差异，等等。

　　本书遵循以上研究路径，对连环话新闻中的符号资源及其传递意义进行分析，并对各种符号资源的表达形式即话语结构和话语实践方式进行梳理、归类与解读。首先，我们针对本书的研究对象即连环话新闻，从人民网、新华网、凤凰网等各大中文网站收集了大量的连环话新闻文本（详见本章第 1.6 小节）。其次，我们以克瑞斯和范·勒文（Kress & van Leeuwen，2006）的视觉语法和佩因特等人（Painter et al.，2013）的视觉叙事语法为分析框架，按照连环话新闻的类型（图表类、漫画类、综合类）对收集的语料进行梳理、描写与分析。最后，对分析的结果进行解释、归纳，提炼出连环话新闻的一般话语结构和话语实践方式。

　　为了便于读者理解，我们将在下一章中探讨本书的分析框架——视觉语法和视觉叙事语法，论证其在连环话新闻话语研究中的可行性。

第 3 章
视觉语法与视觉叙事语法

3.1 引言

本章主要讨论应用于连环话新闻话语研究的多模态话语分析框架。该框架主要依赖于系统功能语言学的三大元功能（Halliday，1978：66-68；1985；Halliday & Matthiessen，2014），即概念功能、人际功能和语篇功能。其中，概念功能（ideational metafunction）表示对参与者经历及其逻辑关系的表征，包括经验功能和逻辑功能。概念功能主要通过及物性系统实现。人际功能（interpersonal metafunction）表示话语参与者之间的互动以及参与者对其话语内容的态度，一般涉及话语参与者的人际关系、社会身份、亲疏关系、社会距离、社会角色、权势地位等。人际功能一般通过情态系统和语气系统实现。语篇功能（textual metafunction）表示语篇内部的结构、衔接与连贯。语篇功能一般通过衔接手段、主位结构和信息结构实现（Halliday，1978；彭宣维，2017；朱永生、严世清，2001）。随着视觉图像研究的兴起，越来越多的学者将系统功能语言学的相关理论应用于多模态话语分析之中。其中，影响力较大的包括莱姆克（Lemke，2002）的"网络超模态"研究、奥图尔（O'Tool，2011[1994]）针对艺术展览的研究、克瑞斯和范·勒文（Kress & van Leeuwen，2006）针对视觉图像的研究和佩因特等人（Painter et al.，2013）针对绘本提出的视觉叙事语法理论。由于本书主要讨论的是连环话新闻话语中的图像符号和文字符号，下文将着重探讨克瑞斯和范·勒文（Kress & van Leeuwen，2006）针对视觉图像符号提出的"视觉语法"（the grammar of visual design）

和佩因特等人（Painter et al., 2013）针对绘本提出的"视觉叙事语法"（the grammar of visual narratives）。我们将分别从概念意义、人际意义和语篇意义三方面对视觉语法和视觉叙事语法进行梳理，并在此基础上结合上一章提到的社会符号学内容，提出本书的研究框架。

3.2　视觉语法

根据系统功能语言学的三大元功能，克瑞斯和范·勒文（Kress & van Leeuwen，2006）提出将视觉图像传递的意义分解为表征意义、互动意义和构图意义。图像的表征意义（representational meaning）表示视觉图像对事件、事实或思想的参与者及其行为过程的再现与建构。表征意义与语言中的及物性结构具有一定的相似性，主要通过叙事结构（narrative structure）、分类结构（classificatory structure）、分析结构（analytical structure）和象征结构（symbolic structure）实现。互动意义（interactive meaning）表示图像设计者、被表征的参与者和读者/观看者之间的关系，主要通过接触（contact）、情态（modality）、参与度（involvement）、社交距离（social distance）等实现。构图意义（compositional meaning）表示视觉图像的组织结构，主要通过图像的显著性（salience）、框架（framing）和信息值（information value）实现。

3.2.1　表征意义

表征意义（representation）是克瑞斯和范·勒文（Kress & van Leeuwen，2006）对韩礼德概念功能的另一种表述，主要针对视觉图像符号的概念功能而提出。概念功能主要通过及物性系统实现，而及物系统则由参与者、环境和过程之间的关系构成。参与者是过程或行为的执行者，按照角色可分为施动者、行为者、接受者、受益人、行为目标等。过程表示对参与者的行为、经历、关系或状态的描述，一般包括物质过程、关系过程、心理过程、言语过程、存在过程、行为过程。环境表示行为或过程产生的背景，一般包括八种不同的环境成分，如时间、地点、条件、目标、让步、手段、方式、因果等。但是，图像的表征由于符号类型的差异，不可能和语言的概念功能完全吻合。克瑞斯和范·勒文在及物系统理论的基础上提出了视觉符号常见的几种表征类型，主要包括叙事结构、分类结构、分析结构和象征结构。

3.2.1.1　叙事结构

叙事结构（narrative structure）表示通过视觉图像符号呈现参与者的行为过程和事件的发展、变化过程。叙事结构不同于概念表征。概念表征（conceptual representation）是对一定的事物及其状态在层级、结构或意义上更加抽象的、笼统的、静止的描述，在视觉呈现的过程中没有时间的变化（Kress & van Leeuwen，2006：79）。概念表征一般包括分类结构、分析结构和象征结构（详见本章 3.2.1.2—3.2.1.4 小节）。叙事结构主要通过矢量（vector）体现出来，即图像通过一定的矢量，将参与者和过程（即行为）本身连接起来，用于表达"参与者做某事"或"某事发生"的意义（Kress & van Leeuwen，2006：59）。参与者既是过程的行为者，也是矢量的发出者。根据矢量和参与者的不同，可以将叙事结构进一步区分为施动过程和非施动过程。非施动过程（non-agentive process）表示参与者并非执行某个行为，仅作为中转的节点对事物的发展过程进行呈现。最常见的非施动过程是转换过程，在转换过程中，所有的参与者都是中转节点，表示该参与者既是上一过程的结束，也是下一过程的开始。转换过程在描述自然事件时尤其常见，例如食物链或水循环等图例。在连环话新闻中，非施动过程的图例如流程图（比如资金链的演变过程）比较普遍（详见本书第 6、7 章）。施动过程（agentive process）表示参与者执行某一行为的过程，可以进一步分解为投射类和非投射类过程。投射类过程（projection）表示语言内容和心理过程被看作行为过程的实施对象，如言语过程、心理过程和非互动反应。图像中展示的人物或相应事物被视作言语过程的说话者（sayer）或心理过程的感知者（sensor）。言语过程的话语内容（verbiage）通常借助语泡实现（Kress & van Leeuwen，2006：68），而心理过程中的现象（phenomenon），如思想（idea）或其他被感知的事物通常借助思想云或视觉画面实现（Kress & van Leeuwen，2006：68）。非互动反应（non-transactional reaction）表示参与者即反应者做出某种反应，其中反应者的视线（eyeline）是该过程的矢量，但该矢量不指向另一参与者即"现象"（Kress & van Leeuwen，2006：68）。

比如，当发现鳄鱼时小孩脸上露出惊愕的神情，但是他的视线并未与鳄鱼互动。小孩的这种反应是非互动反应过程。非投射过程（non-projected process）包含行为和（非互动）反应两类。行为过程（action process）表示参与者执行某个行为，可分为互动行为和非互动行为（Kress & van Leeuwen，2006：63）。非互动行为（non-transactional action）表示该行为通过对角线、箭头等形成矢量，并通过行为者发出，但该矢量不与图中其他任何参与者产生互动。例如，当画面呈现为小孩看向某个方向但不见被看见的事物时，这样的画面就是非互动行为过程。互动行为（transactional action）表示行为的全过程，即从行为者出发，达到行为的实施对象。互动行为可细分为单向行为过程和双向行为过程（Kress & van Leeuwen，2006：63-64）。单向行为过程（unidirectional）表现为：行为者→过程→对象。双向互动行为（bidirectional）表示参与者互为行为者和行为对象，常见的双向互动行为包括二人对话、决斗、击剑等。需要注意的是，表达叙事结构的画面通常包含多种行为（或反应）过程，且行为和反应往往会同时出现在画面之中（Painter et al.，2013：88）。

除行为过程外，视觉图像还对环境信息进行描述。在韩礼德的及物系统中，环境因素被划分为时间、地点、条件、目标、让步、手段、方式、因果等类别（Halliday，1985；Halliday & Matthiessen，2014）。图像不太可能将上述所有环境因素都表达出来。比如，让步就很难通过视觉图像进行表征。因此，克瑞斯和范·勒文根据视觉图像中常见的环境表达手段，将视觉环境信息划分为三种类型，即背景（setting，包括时间、地点等）、手段（means，表示执行行为的工具，也通常用于表达矢量意义，如说话时的手势）、伴随（Kress & van Leeuwen，2006：73）。伴随（accompany）表示两个参与者之间的主从关系。其中，处于从属地位的参与者是主要参与者的伴随。伴随的意义不是借助矢量实现，而是根据参与者在图像中的主要和次要位置体现出来。例如，企鹅妈妈脚上的企鹅宝宝。如果我们以企鹅妈妈为主，则企鹅宝宝就是伴随物（Kress & van Leeuwen，2006：72-73）。

3.2.1.2 分类结构

分类结构是视觉图像的另一种概念表征方式。分类结构（classificational structure）表示将参与者按照一定的标准进行分类描述或呈现，其中至少有一个参与者属于下义项（subordinate），另一个参与者属于上义项（superordinate，Kress & van Leeuwen，2006：79）。分类结构一般通过参与者的对称布局或树状结构呈现出来。当上义项不出现在图像中时（covert taxonomy），下义项之间一般属于平等关系，它们以静态的、脱离语境的方式呈现出来，给人以物化、客观的印象。当上义项在图像中以显性的方式呈现时（overt taxonomy），画面体现的是上下义关系。其中，被描述的参与者体现出一定的层级关系。如果整个结构表现为多层级分布时（multi-levelled taxonomy），位于中层的参与者则为中项（interordinate）。相对于上义项，中项属于下义项。相对于下义项，中项属于上义项（Kress & van Leeuwen，2006：80-83）。多级分布使网络结构成为可能，即中项参与者通过相互连接，彼此交叉、重叠，形成一定意义上的网络结构。根据克瑞斯和范·勒文（Kress & van Leeuwen，2006：84）的论述，网络结构中的任何一个参与者都可以形成一个节点，从该节点可以探索周围的姊妹节点或母子节点。这些节点之间通过矢量或线条连接起来，形成各种不同的表达值，如：意义值（"a 意味着 b"），组合值（"a 与 b 结合"），蕴含值（"a 包含 b"），等等。此类结构在连环话新闻中也时有出现（详见本书第6、7章）

3.2.1.3 分析结构

分析结构（analytical structure）表示参与者之间体现为部分与整体的关系。表示整体的参与者为载体（carrier），表示部分的参与者为所有格属性（possessive attributes）[①]（Kress & van Leeuwen，2006：87）。鉴于其复杂程度，我们将各种分析结构以图表的形式呈现如下（见图3-1）。本质上，分析结构既不包含矢量元素（矢量元素是叙事结构

---

① 为了和象征结构中的象征性属性（symbolic attributes）区分开，克瑞斯和范·勒文（Kress & van Leeuwen，2006：87）特意将分析结构中的属性设置为所有格属性（possessive attributes）。

的标志），也不具有对称或树状结构的布局（此类结构是分类结构的标志），更不具备象征结构特征，比如显著性、指示性、突兀性和象征价值关联性（Kress & van Leeuwen，2006：105）。分析结构表征的是视觉元素通常表达的、无标记的、最基本的信息（Kress & van Leeuwen，2006：91）。有的分析结构不会出现该过程的载体，仅呈现"属性"参与者。也就是说，画面中仅展示部件，而非整体，且这些部件并不能构成完整的整体。例如，我们可以在画面中呈现鞋子的各个部件，如鞋带、鞋底、鞋帮等，但它们只是客观地呈现出各自的形状、大小、材质等，并不能组合在一起构成一只完整的鞋子。克瑞斯和范·勒文（Kress & van Leeuwen，2006：92）称此类呈现方式为非结构性分析过程（unstructured analytical process）。如果说大多数分析结构属于空间结构（spatial analytical structure），部分分析结构则按时间线（timeline）的方式展开，从而形成时间分析结构（temporal analytical structure）。一般来说，时间分析结构处于叙事结构和分析结构之间。因为它不包含矢量元素，不能算作真正的叙事结构，只能被看作一种特殊的分析结构。在该结构中，各个"属性"参与者被看作不同发展阶段的现象、状态或事物（things），而非行动或事件（events）（Kress & van Leeuwen，2006：92）。比如，我们可以以图表的方式呈现中国多模态话语研究的不同发展阶段，如萌芽时期、引入时期、发展时期、鼎盛时期等。从时间分析结构看，每个时期都是具体的、静止的，而非动态的过程或事件。各个时期通过时间线的方式编织到一起，构成多模态话语研究在中国发展的整体轨迹，各个时期只是该轨迹中的组成部分。

空间分析结构包括可穷尽和不可穷尽两类。可穷尽的（exhaustive）空间分析结构表示将载体的所有部件呈现出来；反之，为不可穷尽的空间分析结构。在第一种结构中，各个部件组合在一起能够形成完整的载体。这与前文提到的非结构性分析过程刚好相反，属于结构性分析过程（structured analytical process）。结构性分析过程可以是内包的（inclusive），表示图像仅呈现载体的一部分属性，而将剩余部分以空白的方式略去（Kress & van Leeuwen，2006：95）。此外，可穷尽的空间分析结构（过程）既可能相连（conjoined），也可能分离（disengaged）。

相连表示属性通过无方向指示的线条连接起来，比如彼此连接的人际关系图。分离表示各个属性彼此独立，比如分割开的饼状图（Kress & van Leeuwen，2006：97）。在相连的结构中，属性（即参与者）与过程可能合二为一（即属性既是参与者又是过程）。这样，属性通过线条既相互连接又彼此独立，形成一种复合型的分析结构，比如装备图中的各个组成部件。

空间分析结构还可以以精确度为指标，区分为形态结构和拓扑结构。一般来说，当载体的各个部件（即属性参与者）以具体的形态或物理性结构呈现时，则该过程为形态结构（topographical structure），比如机器的组装图、房屋的装修图等。当各个部件以逻辑关系呈现时，则该过程为拓扑结构（topological structure），比如企业的组织架构图、互联网的网络结构图等（Kress & van Leeuwen，2006：98-100）。形态结构可能是单维度的或量化的精确信息。单维度的形态精确信息（dimensional topographical accuracy）表示图像呈现的是属性和载体按比例绘制的精确信息。例如：通过饼状图或柱状图呈现的某个省份的人口数量。量化的精确信息（quantitative topographical accuracy）表示图像呈现的是按载体和属性的具体数量——而非根据比例——绘制的精确信息（Kress & van Leeuwen，2006：100-101）。不管哪种结构，图像呈现的都不是参与者本身，而是以参与者为计算对象的比例或数字。相对而言，拓扑结构的精确度（topological accuracy）并不是以比例或数字呈现的，而是取决于属性和载体之间的逻辑关系（Kress & van Leeuwen，2006：99-100）。

当空间结构和时间结构相结合时，就会形成一种二维的图表。在此类图表中，空间的形态结构与时间线结合在一起，形成基于时间顺序的分析结构。例如在许多公司的财务统计图表中，我们既可以看到体现时间线的信息，如一季度、二季度、三季度，又有随着时间的推移而变化的数量信息，如产品的生产量、销售额、利润额等的变化，形成时间分析结构与空间形态结构交错的财务统计图表。这种图表通常展现出一种仿矢量的准叙事结构，给人以动态变化的印象，以此展示公司业绩随着时间的推移不断增长的态势（Kress & van Leeuwen，

2006）。

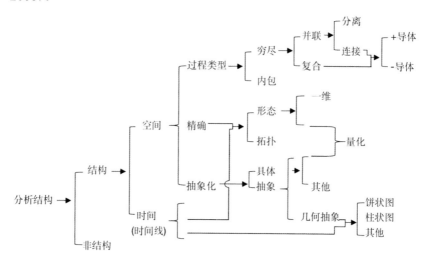

图 3-1　分析结构（改编自 Kress & van Leeuwen，2006：104）

3.2.1.4　象征结构

象征结构（symbolic structure）和分析结构一样，都从语言的关系过程衍生而来。如果说分析结构表示整体和部分之间的属格（possess）关系，象征结构则表示参与者的象征（symbolic）意义，回答"参与者是什么"的问题。完整的象征结构由载体（carrier）和象征性属性（symbolic attribute）共同构成，是克瑞斯和范·勒文（Kress & van Leeuwen，2006：105）所说的象征性属性过程（symbolic attributive process）。象征性属性可以依据以下标准加以识别：（1）凸显性（salient），即图像通过前景化、夸张、对比、聚焦、精细化等手法使属性意义更加显著；（2）指示性（pointing），比如，图像是否通过箭头等能够引起观者注意的符号或手势传递意义（不过，这里的箭头或手势没有矢量的含义，并不表示参与者在执行某一行为）；（3）突兀性（abrupt），即属性含义的描述总体上显得比较突兀，不太符合人们的常规认知（4）关联性（relevant），即是否与象征意义存在关联（Kress & van Leeuwen，2006：105）。有的象征结构并不出现属性这一参与者，只是在图像中出现象征意义的载体，其中的象征意义需要读者根据图像符号的暗示加以解读。克瑞斯和范·勒文（Kress & van Leeuwen，2006：105）将此类表征称为"象征性暗示过程"（symbolic suggestive process）。

在具有象征结构的图像中，图像细节往往被淡化，取而代之的是笼统性的"情绪"或"氛围"意义（Kress & van Leeuwen，2006：106）。一般来说，设计者可以通过色彩、光影等手段使画面呈现出某种意境。如果属于象征性属性过程，载体则成为传递象征意义的中介，象征性属性则通过视觉元素被赋予新的意义。如果属于象征性暗示过程，象征意义则来自载体本身，传递的信息并非某种新的"属性"意义，仅是一种整体的、笼统的气氛。视觉叙事语法视其为氛围意义（Painter et al.，2013）（详见本章 3.3.2.3 小节）。

3.2.2 互动意义

上一节中我们讨论了用于表征人、事、物的经验或感知即概念意义的符号资源及其实现系统。视觉图像同样能够表征人、事、物之间的互动关系即人际意义。这种关系既包括图像设计者和读者或观众（即互动参与者）之间的互动，也包括图像中被表征事物（即图像参与者）之间的互动，以及互动参与者和图像参与者之间的关系。克瑞斯和范·勒文（Kress & van Leeuwen，2006）认为，视觉图像的互动意义主要从以下三个方面体现出来：接触、社交距离和态度。

3.2.2.1 接触

接触（contact）表示图像设计者通过视线（eyeline）（有时包括手势）等在图像参与者与观众之间建立起的一种想象的联系。在该过程中，视线（或手势）等成为连接图像参与者和观众的一种矢量（Kress & van Leeuwen，2006：117）。韩礼德（Halliday，1985）认为，人们通过语言，既可以索取也可以提供物品或信息。语言的这种功能同样适用于视觉符号。克瑞斯和范·勒文（Kress & van Leeuwen，2006：117）于是将语言的"索取"或"提供"功能借用到视觉语法中，将图像的接触意义区分为"需求"和"提供"两种图像行为。需求（demand）表示图像参与者通过视线、手势等矢量创建出一种"向观众直接交流"即索取的意义。在需求图像中，参与者的视线（附带手势）直视着想象中的观众，以一种近乎第二人称呼语的方式，要求观众与他或她建立某种想象的关系，从而形成要求观众做事的"图像行为"。需求行为也可能通过其他方式展现出来，比如面部表情。如果参与者微笑地注视着观众，则表示与观众的亲和关系。如果参与者冷漠地盯着观众，则表示与观众保持距离，好比正襟危坐的上下级关系。如果参与者以嘟嘴的方式俏皮地盯着观众，则意味着该参与者试图诱惑观众。手势亦如此。用手指向观众意味着向观众发出召唤；用手将观众挡开则意味着要求观众离她（他）远点。无论哪种情况，都是希望观众有所作为，即希望他们做点什么，或与图像参与者形成某种准社交关系。从这种意义上讲，"需求"图像一定程度上定义了观众的身份与地位，并以这种方式将他们区分为不同的类别（Kress & van Leeuwen，2006：117-118）。

克瑞斯和范·勒文（Kress & van Leeuwen，2006）将另一种图像接触方式称为"提供"（offer）。当图像参与者传递"提供"意义时，观众不再是图像行为的对象，而是图像的欣赏者。他们对图像中的参与者进行观察、审视、欣赏。在这种关系中，观众与图像参与者没有视线交流（Kress & van Leeuwen，2006：119）。即使图像参与者偶尔看着观众，也会因该参与者被表征为非主要信息或因太远距离注视而变得模糊、弱化或背景化。因此大大减少了凝视的强度，构成不了表示向对观众"索取"的意义（Kress & van Leeuwen，2006：119-120）。

3.2.2.2　社交距离

图像互动意义的第二个维度即社交距离与框架的大小有关，涉及图像对特写镜头、中景镜头、远景镜头等的选择。就像在"提供"和"需求"之间做出选择一样，社交距离的选择意味着参与者和观众之间不同的社交关系。克瑞斯和范·勒文（Kress & van Leeuwen，2006）根据爱德华·特威切尔·霍尔（Edward Twitchell Hall，1990［1966］）的空间行为学理论，将图像中的社交距离和不同的镜头关联起来。一般来说，人与人之间的距离取决于他们之间的社交关系，比如，彼此是否是亲人、朋友、熟人、同事、领导等。这些关系决定了人们在彼此的视野中所占空间的多少——好比照片或相框中的人所占空间的大小。关系越近，所占空间越大。反之，则越小。霍尔将社交距离大致分为近个人距离、远个人距离、近社交距离、远社交距离和公共距离五类。近个人距离（close personal distance）表示两人之间能够彼此接触的距离，两人之间一般属于亲密伙伴或家庭成员。远个人距离（far personal distance）表示两人之间伸展双臂能够触摸手指的距离，通常可以轻松愉悦地讨论个人的兴趣、习惯、爱好。近社交距离（close social distance）表示两人之间保持一定的距离，但彼此能够讨论一些非个人的事务（比如聊工作、聊天气），多为同事关系。远社交距离（far social distance）表示说话者与听众之间的距离足够远，但彼此能够听见且能正常交流。公共距离（public distance）表示与陌生人互动时保持的距离，比如，公共演讲者与听众之间的距离。当然，这些判断仅适用于特定的文化和情景语境。现实生活中仍然存在着大量因文化差异而对社交距离产生误解的例子（E. T. Hall，1990[1966]：110-120）。

霍尔有关社交距离的分类可以一一对应图像中的镜头大小。一般来说，在超近个人距离内，我们只能看到对方的脸部或头部，相当于图像中的超大特写镜头。近个人距离一般能够看见对方的头部和肩膀，相当于图像中的特写镜头。远个人距离能够看到对方腰部以上的部位，相当于图像中的中近景镜头。近社交距离能够看到对方整个身形，相当于图像中的近景镜头。远社交距离能够看到对方整个身形及周围空间，相当于图像中的远景镜头。公共距离则可以看到至少四五个人的身形，相当于图像中的超远景镜头。在克瑞斯和范·勒文（Kress & van Leeuwen，2006：127-128）看来，尽管我们很难准确地测定图像表征的远近关系，但我们可以根据以上论述大致将社交距离划分为以下三类：表达个人关系（immediate/personal）的近距离（close distance）、表达社交关系（social）的中距离（middle distance）和表达公共关系（impersonal）的远距离（far distance）。近距离表示图像中被描述的人物或事物就在眼前。如果被描述的人物或事物的画面较大，近距离呈现的一般为该人物或事物的局部。中距离表示人物或事物在图像中被完整显示，但周围没有太多空间，表示在观众触手可及的范围内。远距离表示观众和图像中的人物或事物之间隔着较远的距离，好似有无形的屏障隔开。被表征的人物或事物只可见、不可及，仅供观众欣赏、注目。

3.2.2.3　态度

图像互动意义的第三种表达方式是图像的视角。视角（perspective）表示图像用于呈现参与者的角度。视角意味着图像设计者针对图像参与者表达的某种主观态度（Kress & van Leeuwen，2006：129）。图像设计者不仅可以将自己的观点强加于图像中的被表征者，还可以强加给观看图像的观众，即定位观众。不过，这与图像制作的取向也有关系。当图像遵守透视原理时，图像则是来自观众角度的、唯一主观的视角。当图像不遵循透视原则时（如西方抽象画、中国写意画等），图像的视角就会变得多种多样：或体现被表征者的客观角度，或将各种视角叠加，或以抽象的角度融合，以凸显某种特殊含义。

一般而言，图像视角包括水平和垂直两个方向。从水平方向看，可分为正面呈现或侧面呈现。是否正面呈现表达了图像参与者与观众之间距离关系。正面呈现意味着参与（involvement），表示图像参与者是"我们的"世界，观众被定位为参与图像之中。侧面呈现意味着疏离（detachment），表示图像参与者不属于"我们的"世界，而是"他者"世界。观众被定位为与图像参与者保持距离，只能远远看着，不能参与其中（Kress & van Leeuwen，2006：134-135）。

从垂直方向看，图像的视角可分为俯拍、平视、仰拍。不同的拍摄角度体现了被拍摄对象与观众之间不同的权力关系（power）。一般来说，俯拍使被拍摄者看起来渺小而微不足道，观众因此变得更有权力（viewer power）。仰拍则使观众看上去缺乏权力，被拍摄者则看起来更加高大、权威（representation power）。平视表示图像参与者与观众的视线在水平线上，传递了他们与观众之间相互平等的关系（equality）（Kress & van Leeuwen，2006：140）。

当图像正面呈现（directly frontal）或垂直呈现（perpendicular top-down angle）时，会传递出一种客观的态度。这种呈现方式一般出现在科技图片之中，如图表、地图和图表。一般来说，从透视角度看一个正方体，其侧面必定伴随观看者的视角变化而变化。从侧面看时，所见图形的侧面边长与原始图形的侧面边长就会长短不一。当我们从正面或垂直向下看时，只能看到一个正方形平面，因透视而形成的侧面则完全消失，因透视而建立的主观态度亦不复存在（Kress & van Leeuwen，2006：144）。正面呈现和垂直呈现都体现了图像的客观意义，但二者展示的客观性并不完全相同。正面呈现属于最大的参与视角，它是以行动为导向的（action orientation），旨在展示事物运行的方式或行动方向。垂直呈现则是最大的权力视角，它是以客观知识为导向的（knowledge orientation），旨在从上帝的视角呈现事物的内在逻辑（Kress & van Leeuwen，2006：145）。除正面呈现和垂直呈现外，截面视角（cross-section view）的呈现方式也能体现事物的客观性，比如通过 X 射线形成的图片（Kress & van Leeuwen，2006：145）。这是一种来自事物内部的、更深层次的客观性。

3.2.2.4 情态

情态（modality）一词首先来自语言研究，表示说话者对事物的真实性或可能状态的评估和判断，一般通过情态助词（如 may、must）、形容词（如 possible，certain）或副词（如 maybe）实现（Halliday & Matthiessen，2014）。以语言情态为参照，克瑞斯和范·勒文（Kress & van Leeuwen，2006：156）将视觉情态（visual modality）界定为"视觉符号表达被描述事物真实性的方式"。视觉情态主要通过以下元素实现：前景的清晰度（degree of articulation of details）、背景的清晰度（degree of articulation of background）、颜色的饱和度（degree of color saturation）、颜色的调制程度（degree of color modulation）、颜色的区分度（degree of color differentiation）、深度刻画的清晰度（degree of depth articulation）、光与影的清晰度（degree of articulation of light and shadow）和色调的清晰度（degree of articulation of tone）。上述视觉元素的选择无疑影响着读者或观众对视觉情态的感知和判断。

不仅如此，情态意义的表达还与话语文本或话语语类的选择密切相关。一般而言，漫画倾向于减少图像信息的细节、背景和明暗差异。新闻图片则对图像的细节、背景信息、色彩清晰度等要求较高。漫画的目的在于发表"观点"或"评论"，图像中的形状、色彩、大小等是否符合现实并不是漫画关注的重点。新闻图片则不同，其目的在于向受众传递现实生活中真实发生的信息。图片中的信息需要尽可能与现实生活吻合，以反映或再现现实世界，凸显新闻报道的客观性与真实性（杨保军，2016）。又如，电视新闻对情态的要求是贴近现实世界，其话语内容越符合现实生活就越真实。童话电影则倾向于通过虚幻的场景来营造梦幻、幽深、缥缈等氛围，以调动观众的情感，其场景越梦幻越接近感官真实。上述差异表明，我们在考察视觉图像的情态意义时，不但需要关注表达或激发情态的视觉元素，还需要区分不同文本或语类的情态编码取向。

克瑞斯和范·勒文（Kress & van Leeuwen，2006）认为，视觉情态可以根据交际意图体现为四种编码取向，即科技取向、自然取向、抽象取向和感官取向。科技取向（scientific and technological coding orientations）表示情态的编码以传递或解释科技知识为导向，这类图像的真实性取决于图片能否清晰、规范、科学地再现科技知识。文本对科技知识内容的表达方式越清晰，其情态就越高。自然取向（naturalistic coding orientations）表示图像描述的事物与真实事物接近一致。一般来说，在自然取向的文本中，图像与现实事物越吻合，其真实性和情态就越高。自然取向的图像最接近于现实事物，因此属于自然的真实。抽象取向（abstract coding orientations）旨在通过笼统、捉摸不定的图像传递一种抽象的意义，即反映事物本质的"抽象的"真实。就抽象取向而言，信息越能反映事物的本质规律，其情态就越高。感官取向（sensory coding orientations）旨在通过色彩、光影等刺激感官、激发情感，以此传递一种超现实的、理想化的世界或场景。感官取向以艺术、美学为导向，其真实性来自因感官刺激而产生的（不）愉悦感受。

3.2.3　构图意义

构图是语篇功能在视觉图像中的应用。所谓语篇功能，是指对概念意义和人际意义的组织和整合，是将它们编排在具体的文本内，并跨单位连接起来，以构成一个逻辑连贯的有机整体（Halliday & Matthiessen，2014）。构图表示视觉图像的整体结构，是视觉图像的"表

征意义和互动意义之间的联系，以及它们融入整体的方式"（Kress &
van Leeuwen，2006：176），主要通过三个相互关联的系统实现，即信
息值、显著性和框架。信息值（information value）表示视觉元素在图
像中被赋予的位置信息，比如左、右、上、下、中心、边缘。显著性
（salience）表示视觉元素用于吸引观众注意力的符号表达方式或符号
资源，比如前景和背景的对比、视觉元素的大小、色调、区分度、清
晰度等。框架（framing）表示视觉元素之间的连接或分离。框架线、
房屋的轮廓、前景与背景的色差、延绵向前的公路等，都可以起到连
接或分离视觉元素的作用（Kress & van Leeuwen，2006：176-177）。

3.2.3.1 信息值

韩礼德认为，语言的线性结构决定了信息的生成和解读顺序，主
要表现为从上往下、从左往右依次展开。以小句为例，靠左边的信息
通常为已知信息（given information），靠右边的信息为新信息（new
information）（Halliday & Matthiessen，2014）。以此为基础，克瑞斯和
范·勒文（Kress & van Leeuwen，1998；2006：186-187）提出了视觉
图像的信息系统，将图像的布局按照横、纵轴的方式分解为上—下、
左—右，以及中心—边缘的位置关系。从纵轴看，位于页面上端的信
息通常为理想信息（ideal），位于页面下端的信息为真实信息（real）。
位于图像或页面左边的信息一般为已知信息（given），位于图像或页
面右边的信息为新信息（new）。理想信息表示理想化的、抽象的、艺
术性的信息，比如高、大、上的标题或宣传图片。真实信息表示更具
体、更实用、更真实的信息，例如图片下方的文字或文件下方的图像
证据、行动指南等。理想和现实之间的对立可以和文本与图像的关系
对应起来。如果页面的上部被文本占据，下部被图片占据，则文本在
意识形态上起着主导作用，图片从属于文本。如果角色颠倒，图片占
据上端，那么理想的、具有意识形态意义的信息就会通过图像的方式
前景化，文本信息则起到对图像中的意识形态信息的解释或详细说明
的作用（Kress & van Leeuwen，2006：186-187）。

从横轴看，位于页面右边的信息是关键的、新的信息，是读者必
须特别注意的。位于页面左边的信息是已知的、旧的信息。当然，这

种阅读顺序与特定的文化语境密切相关。例如，在阿拉伯文和希伯来文中，阅读顺序是从右往左，已知信息因此位于页面的右边，新信息则位于页面的左边。旧信息意味着该信息被呈现为观众已经知道的信息，是识解新信息的基础和出发点。新信息意味着该信息被呈现为尚未知道或可能尚未得到认同的信息，是观众需要特别关注的事物（Kress & van Leeuwen，2006：181）。新信息通常意味着"争议"，已知信息则表示常识性的、不言而喻的信息。当然，所呈现的信息是否已知体现了特定的意识形态框架，因为正是意识形态框架提前预设并定位了观众或读者的阅读顺序。图像阅读者必须按照图像既定的顺序去解读，无论这种阅读顺序是否被潜在的读者接受还是排斥（Kress & van Leeuwen，2006：181）。

信息值的第三个维度是中心—边缘关系。如果视觉构图从中间向四周扩散，页面则呈现为中心与边缘的关系。位于页面中央的元素为中心信息（center），位于四周的元素为边缘信息（margin）。中心信息是其他所有元素的核心，其他元素作为边缘信息均从属于它。在多数情况下，边缘信息会根据距离中心的远近呈现出等级差异。离中心越近的信息，其地位越高；反之，则越低。但是，在同一等级上，边缘信息之间处于平等的地位（Kress & van Leeuwen，2006：196）。

许多图像并非简单的上下结构或左右结构，而是将上下或左右结构和中心—边缘关系相互融合，形成"上中下"或"左中右"不等的三联画结构（triptych）。在三联画结构中，两端的信息通常是两极分化的（polarized），中间则是连接二者的媒介（mediator）。三联画既可以是简单对称的边缘—中心—边缘结构，也可以是偏正结构，其中中心信息充当已知信息和新信息（或理想信息与真实信息）之间的桥梁（Kress & van Leeuwen，2006：199）。以祖孙三代为例，将爷爷放在中心意味着"孝道"和"尊老"，将年轻爸爸放在中心表示"父亲"在家庭中的顶梁柱作用，将孙子放在中间意味着对小孩的宠溺或"爱幼"。

3.2.3.2 显著性

显著性（salience）表示通过符号资源的选择与运用，使视觉元素起到吸引读者注意力的作用。克瑞斯和范·勒文（Kress & van

Leeuwen，2006：201）认为，"显著性可以在元素之间创建重要性等级"，通过在画面中创造显著性，能够"使一些元素比其他元素看起来更加重要、更值得关注"。视觉图像的显著性主要通过视觉符号的权重实现，这包括视觉元素的大小、色调的对比度（例如，黑白之间的边界具有高显著性）、颜色的区分度（例如，红色和蓝色之间的对比度）、焦点的清晰度，以及透视效果（比如，前景比背景更加凸显）和文化因素（例如，有"人"的画面比其他画面更加凸显）（Kress & van Leeuwen，2006：202）。

此外，视觉图像的显著性与页面布局也密不可分。正如我们所看到的，在许多杂志广告中，位于页面顶部的"产品承诺"通常因为其较大的字体而成为最突出的元素，因而也最能引起读者的注意。不仅如此，通过将理想信息和真实信息上下并置，能促使读者首先发现位于页面顶端的、显眼的理想信息，接着才会顺着指引获取页面下端不太显眼的真实信息，完成对广告的整体阅读（Kress & van Leeuwen，2006：203）。中心—边缘的布局更是显著性的完美体现。毫无疑问，位于页面中心的元素具有更加重要的地位，因此也更加凸显。位于边缘的元素则会随着离心距离的增加而淡出阅读者的视野。

3.2.3.3 框架

框架（framing）表示图像或页面中的符号元素相互连接或分离的现象。符号元素的框架（线）越强，越能作为独立的信息单元得以呈现（Kress & van Leeuwen，2006：203）。一般来说，我们既可以以合影的形式出现在照片中，这时的"我"就和其他同伴相互"连接"而融合在一起，因此显得并不那么起眼。但是，我们也可以以个人肖像的形式和他人的照片一起张贴在宣传栏内。由于照片与照片之间隔着明显的框架线或空白区间，"我"的形象就是一个独立的个体，与合影中的"我"相比，就会显得更加凸显。第一种情形表达的是连接关系（connection），框架线在其中变得模糊乃至消失。第二种情形表达的是分离关系（disconnection），框架线在其中变得清晰可见。框架（线）的缺失强调的是群体的同一性，而框架的存在则意味着个性化和差异性（Kress & van Leeuwen，2006：203）。

分离主要通过视觉元素之间的框架线、空白空间等实现，还可以通过事物自带的轮廓线实现，比如门框、不同颜色的区隔线、光影之间的界线等。连接关系可以借助各种符号资源实现（Kress & van Leeuwen，2006：203-204）。首先，可以通过被描述事物的轮廓或线条等将不同参与者连接起来，比如牵着小狗的女孩，其中绳索将女孩与小狗连接起来。其次，连接还可以通过引导线、视线等抽象视觉元素实现，比如沿着人物视线的延伸方向，我们可以将被看见的事物和观察者联系起来。其中，视线起着连接的作用。最后，绘画风格也会对连接造成影响，比如用轮廓分明的事物，可以将前景和背景区分开来，但是，我们可以通过颜色的相似性将前景和背景连成一片。这种方式好比视觉押韵（visual rhyme），促使彼此不同的事物变得浑然一体。

3.3　视觉叙事语法

佩因特等人（Painter et al.，2013）的视觉叙事语法大体上沿袭了视觉语法的研究范式，即以韩礼德的三大元功能和系统功能语言学的系统论为基础，分别从人际功能、概念功能和语篇对绘本即视觉叙事文本中的符号意义进行考察。但是，和克瑞斯和范·勒文（Kress & van Leeuwen，2006）的视觉语法比起来，除了对相关体系进行了补充或拓展外，他们还对基于图像的叙事文本进行了大量研究，提出了好些创新观点和概念。这些变化主要包括：将人际意义细分为聚焦系统、情感系统、氛围系统和级差框架；将概念意义细分为人物表征、事件关系、背景关系；将构图意义修改为页面的布局关系、更详细的框架系统和新的焦点系统。

3.3.1　视觉叙事中的表征意义

佩因特等人（Painter et al.，2013）在视觉语法的基础上，主要从参与者、过程和环境三方面考察了绘本图像的表征意义，尤以叙事结构为主。

3.3.1.1　人物表征

佩因特等人（Painter et al.，2013）主要从身份和属性角度考察了参与者即故事人物的表征意义，这既涉及单一图像中的人物表征，也涉及故事序列中的人物表征（Painter et al.，2013：56）。人物的表征意义主要涉及克瑞斯和范·勒文（Kress & van Leeuwen，2006）所论述的叙事结构和概念结构。概念结构主要表现为对故事人物的象征（属性）意义进行刻画。佩因特等人（Painter et al.，2013：56）称这种刻画为人物塑造（character attribution）。人物塑造具有以下形式和作用：（1）对静止的人物形象或事物进行刻画，以引起读者对故事意义的思考。（2）通过象征性视觉符号刻画叙事中的人物形象，以引导读者对故事主题意义的解读。比如，将妈妈描述成穿着围裙的女性，通过这种形象，向读者传递"妈妈作为家庭主妇"的角色意义。（3）反复出现某种视觉元素。这种方式不但体现了某种象征意义或人际意义，还一定程度上体现了作者的态度和意图（Painter et al.，2013：58）。

人物表征的第二种方式是人物呈（再）现 [character（re）appearance]，表示同一人物形象随着故事的推进在故事过程中反复出现。人物呈（再）现包括完全再现（complete reappearance）（表示头部和脸部完全出现）或部分再现（metonymic reappearance）（表示除头部外的身体其他部位如手、脚等出现）。人物再现与曾巧仪（音译）（Chao-i Tseng，2013）的"再现"概念类似。在研究电影叙事时，曾巧仪根据马丁（James R. Martin，1992）的指称识别系统，提出通过呈现（depiction）与再现（reappearance）追踪电影中人物的行动轨迹。在此基础上，冯德兵（D. Feng，2016b）针对电视新闻中参与者的行动轨迹，考察了新闻故事（报道）中参与者的再现现象，并进一步讨论了完全再现（类似 Tseng 的 explicit reappearance）和部分再现（类似 Tseng 的 implicit reappearance）在电视新闻中的表现形式。但是，曾巧仪（Tseng，2013）和冯德兵（D. Feng，2016b）的研究均关注的是话语的语篇功能，即话语的衔接与连贯，佩因特等人（Painter et al.，2013）则主要从表征意义考察故事人物在绘本中的再现现象，关注的是视觉符号对人物的表征即概念功能。在他们看来，读者之所以能够识别故事中的人物，并非视觉符号通过"再现"指称了同一人物，而是读者通过人物所具有的视觉特征（如面部表情、发型、衣着等），识解了人物的身份信息，进而识别故事中重复出现的人物形象。能否成功识别，与人物在故事中再次出现的距离直接相关。相邻的人物再现，显然比相隔很久才再次出现的人物形象更容易被读者识别（Painter et al.，2013：60）。而且，至少从本书中的研究看，再现的频次与识别的成功率也密切相关。一般来说，反复再现的参与者比极少再现的参与者更容易被识别。

人物再现可能会随着故事的发展而出现人物状态的变化（variation in status）（Painter et al.，2013：61-64）。当人物的形象从未知到逐渐明朗时，表示人物的出场（emerge）。与之相反，当人物形象逐渐弱化，最终成为背景时，则表示人物的退场（recede）。除了人物状态的变化外，赋予人物再现的相关属性也会随着故事的推进而发生变化（variation in attribution）（Painter et al.，2013：64-65）。这些变化包括服饰或装饰物的变化（variation in clothing or accessories）、细节描写的变化（variation in descriptive detail），以及象征属性的依次出现（the temporary acquisition of symbolic attributes）。人物再现的变化还体现于再现关系方面。这里的再现关系并非人物之间的互动关系，而是人物随着故事的发展而呈现出来的表征意义的相似性或差异性。更确切地说，再现关系与克瑞斯和范·勒文（Kress & van Leeuwen，2006）的分类结构一脉相承。分类结构包括隐性过程和显性过程两类。前者表示分类结构中无上义项，后者则刚好相反。故事中的人物描述大体上属于隐性分类结构。当多个人物出场时，一般以并列的方式呈现，形成人物共现的画面（co-classification）。当然，再现方式也存在比较或对照关系，比如再现时的特征异同（attributive similarity or differences）或构型异同（configurational similarity or differences）和共时异同（concurrent similarity or differences）或前后异同（retrospective similarity or differences）（Painter et al.，2013：66-68）。

3.3.1.2 过程表征

视觉叙事中的过程包括单个图像的行为过程和多幅图画展示的系列行为过程。佩因特等人（Painter et al.，2013）将后者称为事件间行为（inter-event actions）。单一行为的表征主要通过图像的叙事结构实现。克瑞斯和范·勒文（Kress & van Leeuwen，2006）认为，视觉画面是否为叙事行为主要取决于该画面中是否包含矢量元素。但是，在佩因特等人（Painter et al.，2013：88）看来，并非所有的行为过程都包含矢量元素。许多符合我们的认知的行为，仍然属于行为过程，比如说话、思考、等待、睡觉等①，不过，它们大多属于非动态的行为。

根据韩礼德的逻辑语义关系（Halliday，1985；Halliday & Matthiessen，2014），佩因特等人（Painter et al.，2013）将事件间行为划分为投射行为（projected actions）和展开行为（unfolding actions）两大类。前者类似于语言中的言语过程或心理过程。针对言语过程的表征，图像一般扮演说话者（sayer）的角色，言语内容则通过语泡（bubble）的形式实现。如果没有语泡，图像只能呈现参与者"正在说话"的画面，不能显示具体的话语内容（Painter et al.，2013：76）。心理过程则略有不同。一方面，被投射的内容可以通过思想云（thought bubble）的方式，与投射者出现在同一画面中。另一方面，被投射的内容并不一定通过思想云展示，也不一定和投射者出现在同一画面中，它们还可以通过其他比较隐含的方式出现，比较常见的就是借助连续图片进行展示，比如，前一张图片表示感知者（sensor），第二张图片表示被感知的内容（phenomenon）（主要为"看见"类行为，需要通过视线作为提示）。佩因特等人（Painter et al.，2013：76）将这种"看见"行为的呈现方式看作感知者对真实现实的感知，即[投射：真实]（projected: real）。还有一种情景，即第二张图片表示的是感知者头脑中想象的、看不见的内容，即[投射：想象]（projected: imagine）。这种叙事方式需要一定的视觉提示信息才能被识解。比如，前一画面为人物的憧憬状，后一画面为梦幻般的场景；或通过不同的颜色、框架等将前后两个画面区分开来。

事件间行为的第二类，即展开行为（unfolding actions），表示参与

①这些行为在系统功能语言学中，一般被归类为心理过程或行为过程。比如，"睡觉""说话"一般被看作行为过程或言语行为过程；"思考""看见"一般被看作心理过程或心理行为过程。不过在视觉图像中，这些过程被呈现为"人物正在执行某个行为"。因此，Painter et al.（2013：76）将这些行为（加上叙事结构）笼统地归类为"行为过程"。

者的系列行为通过多个图片实现。一般来说，展开行为包括异步行为（secession）和共时行为（simultaneity）（Painter et al.，2013：71）。异步行为表示同一参与者的一系列动作通过多个图片展示，可进一步区分为序列内行为和序列间行为。一个序列表示由多个动作有序组合而成的单项活动。比如，在墙上钉钉可看作单项活动，但它需要"拾钉""扶钉""瞄准""抡锤""敲订""钉牢"等一系列动作完成。序列内行为（within a sequence），顾名思义，表示一个序列内部的行为。在序列内行为中，如果每个动作通过相似数量的图片呈现，则为匀速叙事（maintain pace）；如果部分动作被省略（即加速，speed up）或某一个动作被多张图片反复呈现（即慢动作，slow down），则为变速呈现（shift pace）。序列间行为（between sequences）表示通过多个行为展示不同活动的连续序列。如果两张图片呈现的是两个连续序列，当第二张图片呈现参与者预计的行为或状态时，则达成预期（+fulfilled）；当第二张图片呈现的是出乎参与者预料的行为或状态时，则偏离预期（-fulfilled）。连续序列还可以通过因果关系呈现，即在两个连续的图片中，如果第二张图片是第一张图片的结果，则为因果关系（+cause），反之则无因果关系（-cause）。共时行为表示左右相对的两张图片呈现不同参与者在相同时间段内执行的不同行为（Painter et al.，2013：71-75）。比如第一张图片是参与者 A 在豪华餐厅用餐，第二张图片是参与者 B 在山间挖野菜，两张图片因此形成一种蒙太奇效应（详见本书 6.3 小节）。

3.3.1.3　环境表征

从概念意义看，对环境的描述能够提供参与者所处环境的细节信息，有助于观众了解环境如何塑造并影响参与者的行为过程。相对语言而言，环境信息包括时间、地点、方式、原因、条件、范围、角色等（Halliday & Matthiessen，2014）。这些信息一般不能直接通过视觉图像表达出来，或者与过程融为一体。因此，图片中最普遍的是对背景或地点信息的呈现——尽管时间信息也能够通过对钟表等的刻画体现出来（Painter et al.，2013：78）。就视觉叙事而言，连续图片呈现的环境信息（即环境间关系，inter-circumstance relations）比单个图像中的环境信息更具意义。佩因特等人（Painter et al.，2013：79）根据信息的细节程度将环境间关系划分成两种类型：程度变化（vary degree）和程度一致（sustain degree）。前者表示不同图像中的环境信息发生变化，一般包括去语境化和再语境化。去语境化（decontextualize）表示在新的画面中移除或减弱前一画面中的环境信息，以聚焦、强调参与者及其行为。再语境化（recontextualize）表示在新的画面中增强前一画面的环境信息，以创造某种氛围或设置某种基调（Painter et al.，2013：80）。程度一致表示前、后画面中的环境信息是否保持不变，包括语境不变（maintain context）或语境变化（change context）两种。前者表示前后画面中的语境保持不变，包括视角相同（same perspective）或背景相同但视角不同（new perspective），如图片放大或缩小、裁剪或扩展框架、改变角度等。语境变化表示新的画面背景不同于前一画面中的背景，包括室内、室外背景的转换和地点的变换。前者涉及室内环境（home: in），表示不同图像对信息的呈现顺序是自外而内；或室外环境（home: out），表示不同图像对信息的呈现顺序是自内而外。地点变换（relocate）表示前后画面中的情节与人物连贯，但背景即地点发生变化（Painter et al.，2013：82-83）。

3.3.2 视觉叙事中的互动意义

佩因特等人（Painter et al.，2013）主要从以下方面探讨视觉叙事中的互动意义：聚焦、情感、氛围、级差。聚焦（focalization）是在以视觉叙事为研究对象的基础上对视觉语法"接触系统"的进一步改写与细化。情感（pathos）表示视觉图像对人物情感的刻画。氛围（ambience）是在视觉语法"情态系统"基础上进一步阐释与深化，主要涉及背景的描述和色彩的使用。级差（graduation）借鉴了评价理论中的级差概念（Martin & White，2005），主要论述视觉叙事如何借助视觉元素加强或减弱人际意义。

3.3.2.1 聚焦系统

聚焦系统是以克瑞斯和范·勒文（Kress & van Leeuwen，2006）的"接触系统"为基础提出的（Painter et al.，2013：19-20）。在视觉叙事中，聚焦表示故事人物与读者之间通过人物视角形成的接触关系。

如果故事人物与读者之间存在视线接触（presence of gaze from characters），则为接触（contact）；如果没有视线接触（absence of gaze from characters），则为观察（observe）。观察类图像通常与"远景"镜头相结合。远景镜头意味着在人物和读者之间形成更大的社交距离。在这种镜头中，即便被拍摄者直视着观众，其视线的强度也被极大地弱化，因此无法形成与读者或观众进行视线"接触"的情形。从这种意义上讲，远景镜头能够强化图像中人物被"观察"的效果。接触包括直接接触（direct），表示故事人物正面注视着读者；还包括被邀请的接触（invited），表示故事人物的头部或视线从旁边转向读者（Painter et al.，2013：20）。

此外，聚焦还可以通过视觉元素的选择来定位读者的视角。佩因特等人（Painter et al.，2013：20）将是否借助人物视角感知事物的方式区分为中介化聚焦（mediated focalization）和非中介聚焦（unmediated focalization）。前者表示读者以故事人物的视角来感知事物，从而形成"故事人物作为中介人"的视角；后者表示读者不是借助图像中人物的视角感知事物。中介化聚焦可以通过人物的影子、眼睛或者身体的某一部分（比如手、脚等）实现。比如，当我们观看一张小孩在房间玩耍的画面时，发现左下角出现妈妈的身影，这时，我们就可以从故事中人物的视角感知故事情节。从小孩的视角看，感知到妈妈进入房间；从妈妈的视角看，进门时看见小孩在玩耍。在中介化聚焦中，当图像以明示的方式定位读者视角时，则为显性聚焦（inscribed mediated focalization），如人物的身影、手部等从边框处进入画面。显性聚焦可能直接来自人物视角（viewing as character），即人物的手部、脚或身影从边框处进入画面。显性聚焦也可能是在单幅画面中，读者或观众犹如站在人物背后，随着人物的视角看向人物的目光所及之物（viewing along with character）（Painter et al.，2013：21-23）。当聚焦意义需要通过多幅连续的画面才能实现时，则为隐性聚焦（inferred mediated focalization）。隐性聚焦可通过三种方式实现：（1）"视线接触+所见之物"：如第一幅图是人物看向读者，第二幅图呈现看见的事物，但所见事物并非来自该人物视角。（2）"视线[接触/旁观]+人物视角下的其他人物[接触/旁观]"：即第一幅图表示人物 A 看着读者或别处，第二幅图则是从人物 A 的视角看到的人物 B 正看着人物 A（即看着读者）或别处。比如第一幅图是孩子盯着小狗，第二幅图则是从孩子视角看见的"小狗也盯着小孩"的画面。（3）"夸张表情+原因"：图片展示的是人物用夸张的面部表情注视着读者或观众。读者或观众会从故事人物的视角感知、预测故事中发生的事件即下一张图片展示的内容（Painter et al.，2013：22-30）。

3.3.2.2 情感系统

克瑞斯和范·勒文（Kress & van Leeuwen，2006）将对图像中的细节描述看作情态即真实性表达，佩因特等人（Painter et al.，2013：31）则将这种人物描述风格看作一种情感表达方式，即通过表征人物的情感（pathos），传递是否能让读者产生共鸣的氛围。他们根据图像对人物的描述方式，将情感的视觉表达方式看作介入与疏离两种取向。疏离（alienating）表示图中人物被描述为"他者"，他们的世界（比如超现实世界）与读者世界毫不相干。因此，读者被定位为故事和故事人物的旁观者和欣赏者（Painter et al.，2013：34-35）。疏离的反面即为介入（engaging）。所谓介入，表示图像借助人物描述风格的运用，邀请读者参与叙事之中。佩因特等人（Painter et al.，2013：30）将对人物的描述风格大致分为极简、概略、自然三种类型。以人物面部为例①。极简（minimalist）风格表示仅对人物面部的轮廓作简单的勾勒。比如，用圆圈或椭圆表示头部，用圆点或小圆圈表示眼睛，以大片的空白表示脸颊，仅画眉毛和瞳仁，或偶尔出现一丝皱纹或阴影（Painter et al.，2013：31）。概略（generic）风格意味着对人物面部特征的大致刻画，比如在极简风格的基础上添加眼睛周围的圆晕、皱纹、眼袋等。自然（naturalistic）风格则是对人物面部特征更细致、更逼真的刻画，比如如何体现眉毛和睫毛的不同，如何描述出单眼皮和双眼皮的差异，眼睛是否水汪汪，等等（Painter et al.，2013：31-32）。不同的风格传递着不同的情感意义。极简风格的图像整体上类似图标，主要起着社

---

① 除了面部表情外，手势和身体姿态都是衡量不同风格和情感表达的指标。

交性评价的作用，而非针对某个特有个体的刻画。具有概略风格的图像则更详细些，比较关注笔力的运用，比如对脸部肌肉的变化的勾勒，通过比较细致的刻画，能够比较准确地捕捉人物的情感变化。具有自然风格的图像则更加精细，刻画的表情、情感流露和肌肉变化更加逼真、生动、丰富。这种精细的刻画体现的不再是一类人的情感特征，而是每个个体独有的特征。

就介入而言，极简风格由于图像本身的简洁，很难表现出与观众或读者的情感互动。因此对读者而言，从整体上属于"只能远观、不可近看"的"旁观者"话语类型（detached）。概略风格则蕴含了千篇一律的类属意义，即属于一类人（或物）。这种风格往往传递某种强制性的含义或同理性。它寻求读者的认同，要求读者站在故事中人物的立场思考问题。具有自然风格的图像则要求读者和故事中的具体人物建立关联，而非与一类人建立这种联系。此类图像传递的是读者对故事中个体人物的情感共鸣，或对道德价值的判断与思考。一般来说，幼儿倾向于极简风格的图像，成年读者更倾向于自然风格的图像（Painter et al.，2013：33-34），这一定程度上回答了"小孩为什么喜欢动画节目，成人则喜欢欣赏现实主义剧情"这类具有现实主义色彩的问题。

3.3.2.3　氛围系统

佩因特等人（Painter et al.，2013：34-35）将氛围（ambience）界定为视觉叙事中的一种情感表达系统，即通过颜色、明暗、光影等传递情感、语气或气氛。如果图像既不涉及颜色，也不涉及明暗、光影等，仅是素描勾勒（outline drawing），则图像不传递氛围意义（non-ambient），反之则具有氛围含义。和颜色相比，画面的质地如光影等意味着"舒缓""平和""消散"的氛围（defused）。这种氛围既包括没有灯光效应的"平淡无奇"（flat），也包括光影营造下的"悲欢离合"（dramatized）。当图像加入色彩时，则意味着新的氛围的注入（infused）。如果图像仅为黑色，则表示氛围"被否定"（denied）；如果图像中加入其他颜色，则表示氛围"被激活"（activated）（Painter et al.，2013：41）。实现激活的方式包括色彩是否充满活力、是否有冷暖度、是否熟悉（Painter et al.，2013：36）。色彩活力（vibrancy）类似于克瑞斯和范·勒文（Kress & van Leeuwen，2006）的色彩明暗与饱和度，表示通过颜色的饱和度来表达被描述的参与者的"活力"。当色彩饱和时，表示相关参与者充满活力（vibrant）；反之，则表示该参与者处于沉寂、静默、平淡的状态之中（muted）（Painter et al.，2013：37）。如果颜色偏深（dark），则表示参与者处于"忧伤""灰暗"的氛围之中；如果颜色偏浅（light），则表示参与者处于"明朗""欢快"的氛围之中（Painter et al.，2013：38）。冷暖度（warmth）类似克瑞斯和范·勒文（Kress & van Leeuwen，2006）的色调，表示通过冷暖色调的应用，传递一种冷、暖的感知。当使用蓝色、绿色、水蓝色时，画面给人以阴冷、忧伤、沉闷的氛围；当使用红色、橙色、黄色时，画面给人以暖和、欢乐、希望的意义（Painter et al.，2013：38）。熟悉度（familiarity）类似于克瑞斯和范·勒文（Kress & van Leeuwen，2006）的颜色区分度，表示图像中呈现的颜色种类越多，则越能给人一种熟悉的感觉（familiar），因为这与我们的日常生活最为接近。如果颜色太单一或区分度小，则画面给人以陌生的感受，好似被从熟悉的世界中剥离出来（removed）。比如，用单一的颜色呈现过去或历史（historicized）（Painter et al.，2013：38-39）。

3.3.2.4　级差系统

级差（graduation）概念来自马丁和怀特（Martin & White，2005）的评价理论，表示"提升"或"缩减"评价意义的语言资源。多萝西·伊科诺穆（Dorothy Economou，2009）首先将级差概念引入新闻图片的分析，提出了"视觉级差"（visual graduation）的概念。多萝西·伊科诺穆（2009：166-181）认为，视觉级差通过语力、焦点和级阶实现。语力（force）表示评价意义表达力的实现手段，一般包括数量（quantification，比如，更多或更少）、重复（repetition，表示图像中概念意义的重复出现）和强度（intensification，比如，更亮或更暗）。这些手段或增强语力（scale up）或减弱语力（scale down），即语力随着级阶（scaling）的变化而变化。一般来说，重复只能增加语力，不能减弱语力。视觉图像中的焦点（focus）不及语言评价系统中的焦点复杂，仅"详述"（specification）可用于视觉级差。视觉焦点中的详述相当于相机的聚焦，表示通过形状、矢量、变化的记录，来定格视觉图像中的概念意义。高聚焦（high focus）既能吸引读者的注意力（即人际意义），又能进一步刻画细节（即概念意义）（Economou，2009：163）。

佩因特等人（Painter et al.，2013：45）发现，视觉叙事的级差意义与新闻图片中的"语力"大致相似。他们认为，语力系统中的"数量"可进一步细化为具体数字（number）、体量（mass/amount）、程度（extent）等。同时，这些指标既能表示语力的增强（scale up），也能表示语力的减弱（scale down）。具体而言，同一项目可以根据数字的大小增大或减小；体量上，可相对其他元素的规模变大或变小；程度上，可根据视觉项目的所占空间增大或减小。语力中的数量选择常常与其他人际选项相结合，能够对读者的阅读态度产生重要影响。不过，上述有关视觉叙事的级差研究只是浅尝辄止，本书有关极差的研究也涉足甚少，因此，今后还需要大量相关的研究对其加以完善。

3.3.3　视觉叙事中的构图意义

绘本中的构图表示通过页面或图像中的布局、框架、焦点等，将意义"包装"成具有吸引力且易于理解的信息单元（Painter et al.，2013：91）。信息单元表示在视觉文本中被组合在一起且能够形成独立存在或者引人注目的符号元素。佩因特等人（Painter et al.，2013：91-92）称其为"焦点组合"（focus group）。在叙事绘本中，焦点组合能够通过各种框架结构（Kress & van Leeuwen，2006），将各种元素分离或组合在一起，以形成有组织的、连贯的叙事文本。比如，我们可以将绘本的每个页面看作一个框架，页面内部甚至每个图像还可以根据子框架线形成更小的框架或焦点组合（比如文字和图像之间的区隔、文本框的运用等）。基于上述观点，佩因特等人（Painter et al.，2013：92）将视觉叙事文本的构图意义概括为页面布局、框架和焦点三个方面。页面布局（layout）表示页面中的文字和图像等符号元素的分离或融合。框架（framing）表示页面中图像本身对分离或连接（即框架意义）的建构。焦点（focus）表示图像或页面为了引起读者注意而形成的以焦点组合为对象的构图。

3.3.3.1　布局

布局可通过图文融合或图文互补实现。图文融合（integrated）表示文字和图像相互结合以形成一个完整的意义单元或焦点组合（Painter et al.，2013：98），图文互补（complementary）表示文字和图像之间独立存在但相互补充，共同构成一个页面（Painter et al.，2013：93）。布局可以从三方面进行考察。一是轴线（axis），表示文字和图像在页面中的排列方向，包括：横轴分布（facing），即文字和图像面对面排列；纵轴分布（descending），即文字与图像之间垂直排列（descending）。二是权重，表示文字和图像在页面中的地位高低，可区分为图像为主（image privileged）、文字为主（verbiage privileged）或图文并重（equal）。三是位置，表示文字和图像之间的分布位置，可区分为图文相邻（adjacent）或图文镶嵌（interpolating）。图文镶嵌可进一步区分为文字居中（verbiage medial）或图像居中（image medial）（Painter et al.，2013：93-98）。图文融合一般包括图文投射和图文扩展。投射（projected）表示文字与图像共同形成言语过程或心理过程，其中文字部分包括言语内容（locution）、思想内容（idea）或无意义的噪音（noise），图像部分为执行言语、思想或噪音的说话者（sayer）或感知者（sensor）（Painter et al.，2013：98-100）。扩展（expanded）表示图像和文字在意义上相互扩充、延展，可进一步区分为内置和重置两种方式。内置（instated）表示将不带文本框的文字置于页面之中。内置可以将文字浮于图像之上，形成图像包围文字（subsumed）的画面，或将文字与图像并列于同一空白背景之中（co-located）。重置（reinstated）表示将文字置于文本框中，再将文本框置于页面之中。重置至少可从两方面进行考察，一是边框是否为图案。如果是，则为经验型文本框，表示文本框被设计成某种具有经验意义的事物；反之，则无经验含义。二是边框是否为彩色。彩色边框能够使文字产生氛围意义（Painter et al.，2013：100-103）。比如，绿色的边框可能意味着健康、环保。

3.3.3.2 框架

视觉叙事中的构图还与图像本身的框架选择相关。如果图像延续到页面的边缘，则属于无边界的图像（unbound image）。如果图像在页面的边缘之内，则属于有边界的图像（bound image）（Painter et al.，2013：103）。如果说无边界的图像旨在引导读者进入图像世界，有边界的图像则将图像世界与读者世界分离开来。当无边界的图像出现在背景页面中，则表示图像被语境化（contextualized）；反之，则表示图像被去语境化（decontextualized）。当去语境化的图像带有少量图标式背景或象征性元素时，则为局部（localized）去语境化图像；如果完全没有背景，仅有参与者出现，则为个性化图像（individuated）（Painter et al.，2013：103-105）。

有边界的图像可以从至少五个方面加以考察，包括是否再聚焦、是否为彩色边缘、是否穿越边缘、是否页面四周有边缘、是否图像本身有边框。首先，再聚焦（refocalized）表示在页面的边缘出现新的图像，用于聚焦主图像中的内容，如过去、将来或想象的世界，而处于边缘的图像则为"当前"世界。其次，当页面边缘不是默认的白色而是其他颜色时，则意味着某种氛围（ambienced）。再次，并非所有图像都会完全封闭地被页面边缘包围（contained/surrounded）。当出现有限包围时（limited），表明页面试图建立图像世界与读者世界的联系。当然，部分图像可能会突破页面的边缘（breaching），呈现出部分无边界图像的特征，以此表明图像中的事物足够强大而不得不突破边界的束缚（Painter et al.，2013：105-107）。最后，当有边界图像本身存在边框时（framed），就会传递额外的意义。比如，进一步强调图像世界与读者世界的分离。如果页面边缘的默认颜色为白色，则图像边框的默认颜色为黑色。但是边框和页面边缘一样，可以通过其他颜色来传递氛围含义（ambienced）。不仅如此，边框还可以以图案的形式出现，类似页面边缘的做法，成为传达某种经验意义的边框（experientially framed）（Painter et al.，2013：107）。

3.3.3.3 焦点

焦点系统在克瑞斯和范·勒文（Kress & van Leeuwen，2006）"信

息值"和"显著性"的基础上发展而来，表示图像或页面中的视觉元素为了获取读者的注意而形成的权重或位置关系。佩因特等人（Painter et al.，2013）认为，视觉叙事的焦点包括"向心结构"和"重述结构"。向心结构（centrifocal）表示焦点组合围绕某个中心进行构图，以保持一定平衡；重述结构（iterating）表示相同或类似的焦点组合以重复的方式出现（Painter et al.，2013：111）。前者包括中心构图和极化构图两种。中心构图（centered）表示参与者以中心为焦点进行组合，包括（1）仅页面中心被填充，即靶心结构（bullseye composition），或（2）中心和边缘均被填充，即延展结构（extended）。靶心结构通常被用来表示叙述过程中的某个停滞时刻，以引起读者的注意（Painter et al.，2013：113）。延展结构包括循环结构（circular）和三联结构（triptych）。前者表示视觉元素围绕一个中心位置分布，相当于克瑞斯和范·勒文（Kress & van Leeuwen，2006）的"中心—边缘"结构（Painter et al.，2013：114）。三联结构与克瑞斯和范·勒文（Kress & van Leeuwen，2006）的"三联画"相同，即图像或页面以上中下或左中右的排列位置分布。极化结构（polarised）表示图像或页面以两端为焦点进行布局。这可以从四个方面进行考察。一是焦点的走向。如果两个焦点呈对角线分布，则为对角线构图（diagonal）。如果焦点呈横向（horizontal）或纵向（vertical）分布，则为正向分布（orthogonal）。二是沿矢量分布（deictic vector），即焦点通过视线或其他矢量连接起来。三是镜像分布（mirroring），表示两个焦点之间形成相互映射的关系。四是平衡与否。当两个焦点呈两极分布时，画面则保持一定的平衡（balanced）。当其中一个焦点消失时，则平衡被打破（unbalanced）（Painter et al.，2013：116-118）。

重述结构主要体现为直线分布或散点分布。直线分布（aligned）表示相同或类似的焦点组合沿着一条直线重复出现。比如，沿着横轴的一端或两端反复出现的苹果。散点分布（scattered）表示焦点组合在图像或页面中的任意位置重复出现。散点分布通常意味着缺乏组织或管理混乱（Painter et al.，2013：111）。

3.4 本书的分析框架

上述研究自问世以来，已经成为多模态话语分析领域里面的经典理论，并引起了大量学者的关注，相关研究层出不穷。主要的成果包括对图像文本语法中图文关系的研究（Marsh & Domas White，2003；Martinec & Salway，2005；Royce，1998，2007）、对图文互动和语义连接的研究（O'Halloran et al.，2013；van Leeuwen，1991，2005）、对图文的衔接和互补的研究（Liu & O'Halloran，2009；Tseng，2013；Tseng & Bateman，2012）、视觉隐喻的研究（D. Feng & Wu，2022；W. D. Feng，2017，2019；W. D. Feng & O'Halloran，2013），以及对图文指称关系的研究（D. Feng，2016b；Janney，2010）。国内学者也深受上述视觉语法和视觉叙事语法理论的影响，并做出了大量创新性研究，如冯德正、张德禄、胡壮麟、朱永生、李战子等都在多模态话语研究领域做出了重要的贡献。特别是近年来，学者们不仅关注多模态研究的前沿发展，还不断开发适应中国国情的研究框架。例如，张德禄团队分别从文化、文体、媒介等层面探讨了针对不同体裁的多模态话语分析框架（雷茜、张德禄，2014；张德禄，2009，2017；张德禄、穆志刚，2012；张德禄、王正，2016）。

由于本书聚焦与视觉叙事文本相似的连环话新闻话语，我们的研究将主要依托克瑞斯和范·勒文（Kress & van Leeuwen，2006）的视觉语法和佩因特等人（Painter et al.，2013）的视觉叙事语法，并以其他相关理论和分析框架为必要的辅助。比如，当考察图文连接关系时，我们将借鉴前期有关图文连接关系的优秀成果（如 Martinec & Salway，2005；van Leeuwen，1991，2005 等）。具体而言，我们的研究将主要围绕两条相互渗透的脉络展开。首先，我们以话语结构——话语实践——话语的社会文化意义为目标，对连环话新闻的话语特征进行探析。这需要我们应用相关的理论和分析工具，对具体的数据进行充分的分析。这正是我们的第二条脉络，即将社会符号学、视觉语法、视觉叙事语法和其他多模态话语分析理论进行有机结合，以应用到连环话新闻话语的分析之中。首先，我们将根据连环话新闻话语的特征，将连环话新闻文本分解成不同的部分，分别从话语风格、话语情态、图文链接和页面构图等方面进行考察。针对话语风格，我们依托社会符号学中的语类和风格理论以及视觉符号的表征意义系统，分析并解读连环话新闻的话语表达形式及其对话语参与者的身份建构方式。针对话语情态，我们以视觉语法中的话语编码取向、视觉情态系统和视觉叙事语法中的聚焦、情感、氛围等系统为依托，探讨连环话新闻中的情态表达方式及其对真实性的建构。针对图文连接关系，我们以范·勒文（van Leeuwen，2005）的图文连接关系、马丁内克和索尔维（Radan Martinec & Andrew Salway，2005）的图文关系、冯德兵（2016b）的图文指称关系等，以及视觉语法和视觉叙事语法中的信息值、显著性、框架、布局、焦点等构图意义为分析工具，对连环话新闻中的图文连接关系进行考察，揭示连环话新闻话语实现语篇连贯的策略和方法。针对构图意义，我们主要借助视觉艺术的相关理论如引导线理论、蒙太奇理论等，以及视觉语法和视觉叙事语法的相关理论，对连环话新闻中的图片构图、图文布局和图文融合进行考察，以揭示连环话新闻的视觉化特征的表达方式和内在逻辑。

第4章

连环话新闻的风格与身份建构

4.1 什么是话语风格？

"风格"一词具有各种不同的解读，在不同的领域有着不同的界定。《简明牛津词典》将"风格"定义为"一种写作、说话或做事的方式，尤其与所表达或所做之事情形成对比的方式"。从《大不列颠百科全书》中我们可以找到 20 种以上的定义。比如：（1）外观、设计或生产的形式，如：新风格的房屋；（2）做某事的方式，如不好的风格；（3）某事的表达或执行方式，如话语风格；（4）艺术术语在文字、音乐、绘画等方面的独特形式或特色表达方式；（5）着装、外观等方面的流行时尚，如时尚风格；（6）新闻与出版在书籍、期刊等或印刷或出版社中遵循的特定模式；等等。在本书中，我们主要关注新闻文本的话语风格。所谓话语风格，表示语言在使用中的形式、结构、意义和功能的变化。话语风格是语言使用者在特定语境下为了完成特定的任务而采用的对话语资源的选择，及其表达方式、手段和策略。话语风格可以从文本形式、语音语调、词语选择、语法结构、语义语用、篇章结构、文体韵律等话语的各个层级反映出来。不仅如此，话语风格还与多模态符号资源的使用密切相关。正如范·勒文（van Leeuwen, 2005：139）所言，风格不仅体现在语言文字中，还反映在各种符号资源的选择和运用上。以文本的形式为例。我们不仅可以在口头文本中编码意义，还可以在视觉符号（例如文本形状）中编码意义。例如，一首诗的形状可以以非常规的方式设计，以表达某种意义或暗示某种主题。

例 4-1：*A Christmas Tree*（by William S. Burford）

A Christmas Tree

Star
If you are
A love compassionate,
You will walk with us this year,
We face a glacial distance, who are here
Huddled
At your feet

这是 William S. Burford 创作的一首有关圣诞节的诗歌。姑且不论诗歌的内容如何，仅从诗歌的布局形状看，我们便能得知，这是在描述一棵圣诞树。因此，我们可以猜测，这首诗大体上应与圣诞节相关。再看一例。

例 4-2：*40-Love*（by Roger McGough）

40-Love

middle	aged
couple	playing
ten	nis
when	the
game	ends
and	they
go	home
the	net
will	still
be	be
tween	them

这是首由当代著名诗人和戏剧家 Roger McGough 创作的完全超出正常人想象的诗歌。诗歌通过两边竖着排列的单词连接起来，中间用竖线隔开。将内容连接起来仅两句话语，即"（A）middle－aged couple（are）playing tennis. When the game ends, they go home（and）the net will still be between them"。这么朴实的两句话怎么会变成一首诗呢？这与诗人在形式上的巧妙安排不无关系。从整首诗的形式看，好比一场网球比赛的布局。诗人用竖线表示网球比赛的球网，用于隐喻 40 岁左右夫妇之间的感情好比隔着一张无形的网。夫妻之间的隔阂犹如看不见的网，将他们彼此分开。诗人巧妙地用这种有形的网比喻夫妻之间无形的障碍和陌生感。正如诗人所说，"the net will still be between them"预示着夫妻间的隔阂犹如网球场的那张网，一直在那里，巧妙地将看得见的网与无形的隔阂进行了对比，揭示了人世间因无爱而存在的痛苦的婚姻，而文本形式的巧妙排列，则为表达这一意义起到了进一步强调的作用。

从上述分析看，文本或话语的形式或结构不仅体现了创作者的话语风格，还深刻影响着话语意义的表达。这种风格不仅体现在语言文本中，也体现在视觉图像中。当我们在制作、设计视觉图像时，会不自觉地选择不同的符号资源、话语类型和话语表达形式，以传递我们的意欲传递的交际意图。与此同时，在这种选择和表达中，话语本身会自然而然地反映出我们独特的话语风格、价值观念和身份地位（van Leeuwen，2005：91）。

接下来，我们将以符号资源、话语类型和表达形式为出发点，对视觉文本中的风格表达及其与身份建构的关系进行论述，并将其应用于连环话新闻话语的分析。

4.2　话语风格与话语类型

话语风格与（政治）身份和价值观密切相关。以特朗普的"Nobody is better than me…"为例：

例 4-3："*Nobody is better than me...*"（By Donald Trump）

Trump: … There's nobody that understands the horror of nuclear better than me. Nobody even understands it, but me It's called evaluation the sale of the uranium that nobody knows what it means. I know what it means. Nobody knows more about trade than me. Nobody knows the game better than I do, but in the history of this country has ever known so much about infrastructure with Donald Trump. I know the h one bi know the h two b, nobody knows it better than me. Nobody knows politicians better than I do. Nobody knows more about taxes than I do. Nobody knows more about that than I do. Nobody knows the system better than me…（节选自 Y1003PY, 2020, 哔哩哔哩短视频 *Trump Talk-All Our Best Mashups in One Video*）

该视频作者收集了许多有关特朗普自诩比别人"懂"的交流场景。这些场景形象地再现了特朗普自夸、自大、自负的形象。他因此还被中国网友评价为世界上最大的"懂王"。但是，如果我们将这些话语片段放到具体的场景中，就会发现特朗普的这些话语并不是任性发挥或随意而为。实际上，这些话语表达了特朗普特有的政治话语风格，以及这些话语所具有的特殊的政治话语类型。特朗普通过表达"Nobody knows better than me…"，将自己的政治主张和意愿传达出来，并试图让别人接受他的观点和主张，从而推动在他治下的美国政策的执行。这些特有的话语表达形式逐渐形成了特朗普独特的政治话语语类。

所谓语类，表示为实现特定的交际目的而实施的一种语言表达形式或结构。比如，特朗普的"治国推文"或美国总统的国情咨文报告等，都是特定语境下不同类型、不同交际目的、不同风格的语类。尽管它们都是为了实现政治管理目标而实施的语言表达方式，但它们有着不同的话语形式和语言结构。特朗普的"治国推文"是以推文形式出现的、话语随意、但以网络技术为支撑的新兴话语类型。后者即国情咨文则是一种比较正式的文体，其话语结构、话语实施者和话语内容都是提前预设的、且具有固定的话语结构模式。本书探讨的连环话新闻同样属于一种话语语类，因为它有自己特有的交际目的——帮助普通受众理解社会热点中比较复杂的问题或概念，话语结构——以"连环画"或"绘本"的形式推进话语，和话语表达方式——以图文互动的方式报道、解释新闻热点。不仅如此，连环话新闻还有着传统新闻文本不同的报道形式和风格，是以互联网技术为支撑（internet technology-afforded）的新兴新闻话语语类。

话语语类和话语风格在分析上是可以分开处理的，尽管在实际情况下，它们总是相互依存并同时发挥作用。以唐纳德·特朗普的"Nobody knows better than me…"为例。话语本身表示特朗普如何通过这一话语形式来再现、建构实现社会，比如当时的政治话语生态和特朗普的执政进程。这里的语类属于该结构在各种具体语境下形成的话语类型，比如在竞选集会上说的"Nobody knows better than me…"属于"竞选演说"话语；在例会中面向同僚宣告的"Nobody knows better than me…"属于"工作会议"话语；通过电子邮件表达的"Nobody knows better than me…"则属于"电邮"话语。不同的话语场合决定了话语类型的不同。尽管如此，这一话语结构却反映了特朗普试图"赢得听众认同与支持"的共同话语目标。当然，来自特朗普的"Nobody knows better than me…"体现了特朗普特有的话语风格、话语身份和价值观念（Fairclough，1995）。

4.3　风格的类型

范·勒文（van Leeuwen, 2005：139-159）将风格区分为个人风格、社会风格与生活方式，三种风格都关涉如何在个人自由与社会决定之间做出抉择。虽然当今时代，主导地位已经从"社会风格"转向"生活方式"，但三者在实践和理论上仍然并行不悖，以不同的方式相互补充、相互依存。

个人风格（personal style）是个人身份的标志，是每个人的指纹标签。它体现了个人的社会角色、身份与地位。个人风格意味着个体差异。虽然我们说话、写作和行动的方式总是在某种程度上受到社会的监管，但通常而言，每个个体都拥有自己独立的空间。个人风格总是以个体差异的形式存在于我们的日常生活或工作中。正是这种个体差异，助力我们借助个人风格的识别来判断个体的身份和社会地位。而识别个人风格的能力则造就了社会各个领域的行业专家，例如，艺术史学家、法医、语言学家等。对其他人来说，个人风格表达了话语者对相关内容如写作、绘画或表演的感受与态度，体现了他们的行事作风、性格品性和思想观念。

个人风格可分为表达型风格和印象型风格。表达型风格表示话语者倾向于流露出自己的感受、欲望、背景等个人信息的风格特征。具有表达型风格的人往往更愿意让别人知道自己的感受，他们倾向于表现出某种冲动和公开的反应，同时也愿意表露出无论是积极还是消极的感觉。他们通常被其他人描述为有风度、健谈，有时固执己见。印象型风格表示在价值观念上能够给读者或观众留下深刻印象的风格。这些价值观念是话语者有意识地制造的，意图在读者或观众心目中留下印象（van Leeuwen，2005：140-141）。个人风格不受社会管控，它们在社会监管不到的地方出现。它们之所以存在，是因为社会法规不可能涵盖人类行为的方方面面，因此能够为我们的个性表达留下空间。个人风格也存在于人们违反常规、超越惯例的地方，从而产生特定时期的一些特定现象和特定人物。例如，非传统而具有创新精神的歌唱艺术家费玉清以及近年来在网络上比较盛行的"网红们"，他们通常打破社会常规，以一种新奇的风格出现，并坚持下去，直到吸引到大量的"点赞"和"流量"，最终成为人们津津乐道的"网络红人"，如"李佳琦""冯提莫""李子柒"等。

社会风格（social style）表达我们的社会地位，回答"我们是谁"以及"我们做什么"的问题，即我们在阶级、性别和年龄、社会关系等方面的社会位置；反映我们从事的社会规范活动，和我们在其中扮演的社会角色（van Leeuwen，2005：143）。社会风格突出了风格的社会属性，风格的表达不再是个人的行为、爱好、习惯、性格和态度，而是我们在社会关系中的位置，是阶层、性别、民族、年龄、社会关系等社会因素决定下的我们的行为方式、社会角色、观念价值的表达。社会风格的表达不是我们内在的、心理上的动机，而是外在的我们无法控制的社会因素影响的结果。在社会风格中，个人的观念并没有消失，它的价值和重要性只是被遮蔽、弱化了（van Leeuwen, 2005: 143）。因为在社会群体中，个人的价值总是从属于社会的价值。

话语中的社会风格可以从社会活动、社会角色和社会地位三方面进行考察。社会活动表示话语反映的主要社会事件、主题或活动，一般回答"发生了什么事？"社会角色表示话语参与者在话语活动中的身份和扮演的角色，一般回答"他是谁？从事什么工作？"社会地位表示话语参与者在活动中的身份地位及其与他人之间的权力关系，一般回答"他来自哪里？有什么社会关系？"以答记者问为例。2020年4月19日，美国总统特朗普表示希望派遣调查人员调查中国疫情相关情况，并称中方应承担相应后果。例4-4是中国发言人耿爽回答记者相关提问时做出的回应。

例 4-4："要求中国赔偿？耿爽霸气三问回应美国"（央视网，2020）

耿爽：2009年H1N1流感在美国大面积暴发，蔓延到214个国家和地区，导致近20万人死亡。有谁让美国赔偿了吗？20世纪80年代艾滋病首先在美国发现，并且蔓延至全世界。不知道给世界上多少人造成痛苦。有谁找美国追责了？2008年发生在美国的基金动荡，雷曼兄弟公司破产，最终演变成全球的金融危机。有谁要求美国为此承担后果了吗？[噪声]美国的一些人必须要清楚。他们的敌人是病毒，不是中国。国际社会只有同仇敌忾、团结合作，才能战胜病毒。一味地攻击抹黑他国，不能挽回浪费的时间和逝去的生命。我们希望美方的这些人尊重事实、尊重科学、尊重国际公论，停止对中国的无端的攻击指责，停止发表不负责任的言论，多聚焦国内抗议，多推动国际抗疫。

我们可以就上例中耿爽的社会风格做出以下分析。首先，就社会地位而言，耿爽是外交部发言人。他在此时代表着中国外交部以及中国政府向外发布信息，表达中国的态度，因此是中国的代言人。就从事的社会活动而言，耿爽正在答记者问。答记者问的形式包括记者提问和发言人回答。一般而言，发言人只能根据记者提问回答问题，而不是提问。但在本例中，耿爽不仅仅在回答记者的提问，还在根据提问的主题，就问题中的关键信息（即美国要求就新冠病毒蔓延向中国要求赔偿）进行反问。面对要求赔偿的荒谬问题，耿爽不但没有认可该"要求"，还霸气地用三个连续问题反问美国。旗帜鲜明地表达了中国的立场，体现了中国发言人的底气、霸气与正义。就社会角色而言，耿爽在该例中扮演了多种角色。他不仅是发言人、说话者，还是为维护国际正义和中国正当权益的战士，也是针对美国相关事件的提问者和信息提供者。总之，耿爽在此答记者问中的社会风格通过他所处的社会地位、参与的社会活动和所扮演的话语角色体现得淋漓尽致，充分展示了他有理有据、义正词严地维护国家正当权益的形象。

生活方式（lifestyle）是反映个人或群体生活态度和价值观的概念。该术语最初由奥地利心理学家阿尔弗雷德·阿德勒于 20 世纪 50 年代引入，是现代主义艺术风格的衍生物。生活方式既是个人的，也是群体的。一方面，生活方式反映了人们的个人行为、态度、兴趣、习惯和爱好；另一方面，生活方式体现了群体共同的消费行为、共同的生活品位和共同的休闲活动，以及他们共同关注的问题，比如环境问题、健康问题、性别问题和教育问题。生活方式通常以外表为标志反映出不同的生活作风，例如着装和装饰的风格，室内装饰等（van Leeuwen，2005：144-145）。

在不同的场合或场景下，生活风格有着不同的表现。以女生的穿着搭配为例。毋庸置疑，女性需要为不同的场合准备不同的着装。在学校，女生的服装一般以休闲为主，款式偏中性得体，裙子大致与膝盖齐平，不穿或少穿迷你裙。在家里，穿着一般比较随意，服饰以可爱、活泼、舒适的款式为主。旅途中，一般以白色裙子等休闲靓丽的衣服为宜，因为对女性而言，靓丽服装在拍照时更能衬托自然风光。在工作或面试场合，穿着打扮要求符合公司的着装标准，比如穿工作制服、化轻妆、不穿休闲服等。如果公司员工着装随意、非标准化，容易给客户留下不好的印象。

室内装潢同样体现了不同的生活方式。以下是时下比较流行的两种室内装潢风格。

图 4-1　生活方式：中式装潢（图片来源：第一视觉）

图 4-2　生活方式：欧美装潢（图片来源：中华吊顶网）

图 4-1 是典型的中国传统装修风格。以传统的中国元素，如墙上的字画、修竹、花瓶，以及中式花纹的屏风、背景墙、木雕椅凳，等等。图 4-2 则是现代性的欧美风格的装修。这种风格以哥特式的拱形门、弯曲圆润的桌椅木腿、简朴素净的吊灯为特色。上述分析表明，生活方式主要体现每个个体的个人风格，是个人观念、性格、生活习惯等的集中体现。与社会风格不同，生活方式是多样化的。它避免了同质性，增加了选择项。正因为这种多样化特性，通过生活方式体现出来的身份是不稳定的，它会随着时间的推移而变化、消失或重构。

比如商品的"更新换代"。

　　生活方式也是群体观念的反映。通过生活方式形成的群体被称为"解释性社区"（interpretive communities）（Fish, 1980），例如 90 后、中国人、大学生。同一社区的成员可以通过他们的外表，向人们宣示他们对外部世界的看法、观点和"解释"，接纳具有相同品位、想法和价值观念的成员，并通过共有价值和态度联系在一起（van Leeuwen, 2005：145）。生活方式的群体属性在现代消费社会中得到了完美的诠释。现代社会由于规模经济的原因，产品的生产与消费变得越来越同质化。生产者根据传统上与个人风格相关的表达意义来阐述、生产相关的生活品。将与个人风格相关的普遍性意义如感觉、态度、人格特质等与符号联系起来，创造出各种指向生活方式的能指符号。这些富有表现力的符号再借助全球媒体专家式或榜样式的传播规则，在全球范围内进行传播，从而形成全球范围内同质化的符号、产品和生活方式。

　　生活方式的能指意义主要取决于符号的内涵意义，即通过具有文化含义的标签体现出来，但又不受制于规则或传统的约束。以图 4-3 为例。本图中的生活方式主要体现在图中人物大卫·贝克汉姆的穿着与装扮上。

图 4-3　服饰与装饰的符号意义（《人物》，2015）

图 4-3 中呈现的服饰包括白色的 T 恤衫、黑色的牛仔裤、新奇的发型和夸张的文身等。这些符号被一股脑儿放在大卫·贝克汉姆身上，会传递出什么样的信息呢？针对不同的受众，也许有着不同的解读。从总体看，这些符号相互交织在一起，至少传递了以下一些含义：合身的白色 T 恤意味着"运动""简约""正式"；黑色的牛仔裤意味着"坚韧""休闲""洒脱""粗犷"；新奇的发型和文身传递着"独特""阳光""叛逆""精力充沛"等信息。这些意义叠加在一起，形成现代年轻人追捧的生活方式：洒脱、阳光、叛逆、简约、特立独行。

4.4 新闻中的叙事风格

连环话新闻虽然属于新闻话语范畴，但其话语形式和话语结构与传统的新闻话语有着很大的不同。一方面，尽管连环话新闻沿袭了新闻话语的一般特征（比如确保信息的真实、客观），但从语言风格看，却与"连环画"叙事结构有着许多相似之处，主要表现为以"图文叙事"的形式呈现新闻事件；另一方面，连环话新闻还紧跟时代步伐，大量借鉴流行、时髦的文字、图片、漫画、表情包等符号资源，以贴近人们"日常生活方式"的话语形式和结构描写、记述、解析新闻事件。这两方面相互影响、彼此融合，形成了一种具有"生活方式"特征的"快餐文化"新闻。以下将主要从内容叙事化、观点专家化、语言时髦化、表达会话化等方面，对这种"快餐文化"新闻进行详细论述，以解构连环话新闻话语作为新兴新闻语篇的文体特征。

内容叙事化表示新闻内容通过或模仿叙事结构的方式加以呈现。所谓叙事，即作者或说话人（或叙述者）向读者或听（观）众讲故事的语言或非语言呈现方式。弗拉基米尔·普罗普（Vladimir Propp, 1968）通过对俄国童话故事结构的分析，认为叙事性文本具有固定的角色和叙事功能。就童话故事而言，几乎所有的童话叙事中都包括以下角色：

（1）英雄（hero）：故事中的主人公。

（2）救星（helper）：帮助主人公脱困的神秘人物，如沙皇、智慧老人、巫师、公主等。

（3）魔法力量（magic agent）：帮助主人公脱困的神秘力量，如雄鹰、神马、方舟、神秘年轻人等。

（4）邪恶力量（evils）：给主人公带来伤害的邪恶势力。

……

普罗普一共总结了出现在童话故事中的 31 类叙事功能。尽管这些功能并不一定都出现在所有的故事中，但它们总是以固定的叙事顺序出现在大多数的童话故事中。在这些功能中，"英雄"总是拥有某种特殊的坐骑、交通工具。英雄们能够借助这些工具从一个王国旅行到另一个王国。因为这些工具被赋予了"能够提供某种魔法的功能"，帮助主人公即"英雄"能够从一个比较糟糕的环境进入到另一个比较理想的环境。在新的环境中，他们会接受某种非凡的训练，从而获得战胜邪恶力量的本领和能力。

除了故事中的叙事外，还有一种来自我们日常生活中的叙事，即讲故事，讲亲耳所闻、亲眼所见的故事。这种研究最具影响力的要数美国著名社会语言学家威廉·拉波夫（William Labov）的叙事结构莫属。拉波夫（Labov，1972；Labov & Waletzky，1967）认为，叙事结构主要包括以下六个部分：点题、指向语、进展、结局、评价语、结束语。

当我们讲故事时，一般从故事主题开始，即我们会用一两句话对整个故事进行简要的说明或概括，以起到开场白或点题的作用。拉波夫将这种开头方式看作故事的点题或摘要（abstract）。点题具有引起听众注意、激发他们兴趣的作用。连环话新闻一般针对社会热点事件展开，因此新闻的主标题几乎都会呈现出类似"摘要"的信息。例如：

例 4-5："中美'闹脾气'，为什么日元大涨？"
例 4-6："贸易战中，为什么大豆可以站 C 位？"
例 4-7："美国有多爱打贸易战？"

从以上例子可知，连环话的新闻标题几乎都是该新闻的核心话题，因此可看作讲故事的开场白，即摘要部分。从这些标题看，它们几乎都有同样的特征：以提问的方式表达、凸显话题主旨、语言通俗但新颖

（如"闹脾气""站C位""打贸易战"，这些几乎都是2018年左右的国际政治热词）。这样的"摘要式"标题不仅能够吸引读者，还能够以最简洁的文字概述新闻的主要内容，给人以简洁明了且耳目一新的印象。

指向语（orientation）表示故事的语境知识，包括时间、地点、人物等信息。指向语对讲故事而言，主要起到设置故事背景的作用，即将故事置入恰当的历史语境下，为受众提供故事的源头和方向。连环话新闻一般属于评论性新闻，在对新闻事件进行评论前，记者倾向于对被评论的事项进行介绍与说明，对主题内容进行陈述前提供相应的背景知识，好比叙事中的"指向"信息。以图4-4为例：

图4-4　连环话新闻的指向信息（凤凰网，2018年）

从本例看，作者直接用"背景"二字作为图片的标题，表示此图片呈现的是该新闻中的背景信息。这些信息主要包括："中美这两天可真是没闲着""不过不知道你们发现了没""日元又悄咪咪涨了涨"。这几句话中包含了如下背景信息：事件发生的时间（"这两天"）、场域（"国际市场"）、参与者（中国、美国、日本）和事件本身（"美国与中国在打贸易战""日元上涨"），以及以第二人称"你们"方式称呼的受众。这些信息为接下来新闻话题的发展提供了方向，即解答记者代表受众提出的问题："一出事儿日元就涨涨涨，这是什么道理？"

进展（complication）表示故事进入一系列事件发展的阶段，直到

"问题"事件的出现。一般来说，这些事件按照事件发生的先后顺序依次发生，形成事件 1、事件 2、事件 n，直到"问题"事件，即 event-1—event-2—event-3…event-n。当"问题"事件出现时，"结局"（resolution）事件也就不远了。结局一般属于该故事的最后一个事件，是一系列进展事件的结果或结束。比如，以"上班途中看书摔伤"为例。进展事件为：事件 1：在上班的路上看书；事件 2：没留神被石子绊了一跤；事件 3 即结局：嘴巴磕破了。进展事件和结局事件是整个故事的核心，属于必不可少的部分。连环话新闻并非完全意义上的新闻叙事，而是以"叙事"或"仿叙事"为基础的评论性新闻。[①]因此，在连环话新闻中，事件的进展往往被一笔带过，或作为评论部分的背景信息加以呈现。换言之，记者不是在讲新闻故事，而是解析新闻事件为什么会发展成了"这样"或"那样"的情形，即论证某个观点或事件的现状。而这种论证方式主要采用连环画"叙事"的形式，即以一个故事接着一个故事的方式展开。这种展开方式多以"提问——回答"的相邻对结构进行，彼此环环相扣、循序推进。这就好比叙事结构中的"进展——结局"结构。其中，进展部分表现为一个问题紧接一个问题，紧随问题的是记者的"自问自答"，这样不断推进，直到最后一个问题的答案得到解答（相当于"结局"事件）。例如，在"连环话 172 期：日本为啥拿钱帮中国治霾"（凤凰网，2015 年 12 月 6 日）中，记者为了解惑"为什么日本要帮中国治雾霾？"，通过一系列自问自答的方式，回顾了日本捐款帮中国治理雾霾的前因后果。具体推进结构如下：

- 提供背景：日本准备捐 100 亿日元帮助中国治理雾霾
- 提问 1："具体是啥情况？"
- 回答 1：捐款帮助日中绿化交流基金种树。

---

① 这里的"仿叙事"表示记者为了吸引受众而采用的类似讲故事的方法。其目的在于通过"讲故事"的形式和"讲故事"的有趣性来引起受众的注意和兴趣，如报道类新闻。但是，大多数连环话新闻并非报道类新闻，而是以分析、解释新闻事件为主，属于评论性新闻。因此，真正的叙事即讲故事在连环话新闻中并不常见。

- 提问 2："那么要种多少树？"
- 回答 2：1000 万棵/年、65000 公顷……
- 提问 3："可是为啥日本要帮中国种树？"
- 回答 3："有日本学者给出了这样的数据……"（即来自中国的 PM2.5 含量对日本造成影响）
- 提问 4："那么中国的 PM2.5 是怎么过去的？"
- 回答 4："……咱们的 PM2.5 被盛行的西北风刮到了日本。"
- 提问 5："可是 PM2.5 颗粒抵达日本时应该浓度很低了，怎么中国贡献率还那么高？"
- 回答 5："……在特定气象条件下对日本的相对影响往往会显得比较大。"

……

从上述分析中不难看出，记者论述的整个逻辑都是围绕"提问——回答"进行的。也就是说，记者在梳理观点时，倾向通过"提问——回答"的模式来呈现新闻信息。这种方式具有以下优点。一是通俗易懂，便于将复杂化的信息简洁化；二是环环相扣、容易吸引读者；三是简单明了，迎合了当下信息量大，人们为了获取资讯而寻求"快餐式"阅读的大众化心理。

当然，"提问——回答"并非唯一的推进模式。通过逻辑连接词的方式推进，也不失为一种逻辑严密的新闻展开方式。例如，上例中除了"提问——回答"外，记者还采用了如下的逻辑连接词进行承上启下：

- 让步："当然也有专家这样认为……"
- 转折："幸亏……"
- 因果："所以……"

这种通过逻辑连接词贯通起来的论述同样具有上述优点，即通俗易懂、吸引读者、简单明了。只是相对而言，"提问——回答"的方式更能抓住读者的心弦，更具有吸引力。

评价语（evaluation）表示在讲故事的过程中出现的、对事件及相关事物的评价或议论。评价语会出现在摘要、指向、进展、结局等整个叙事结构的各个环节，主要作用在于保持与读者或听众的互动，回答他们可能的疑问，如"那又怎样？""你为什么觉得这很有趣/很重要？""为什么要提她/他的过去？"等等。连环话新闻因为以评论为主，因此里面随处可见评价语，并呈现出如下一些特征：

1. 采用夸张的形容词、副词。如"大新闻""极大地""高流动性""低通胀""体量巨大"，等等。这些形容词副词不仅表达了记者的个人判断和价值观，还起到了凸显意义的作用，以此达到引起读者注意的目的。

2. 采用提问方式。上文已经提到，记者在推进论证时，喜欢采用提问——回答的方式，环环相扣。问题本身就意味着观点和想法。如果没有观点或想法，也就意味着没有问题可提。比如，"具体是啥情况？""那么要种多少树？""可是为啥日本要帮中国种树？""日元为什么是避险货币？"这些问题几乎都是站在受众的角度提出的，不管从提问的口吻还是提问的内容来看，都大致体现了这一特点。比如"具体是啥情况"模仿了部分中国北方民众的口吻提问，"为啥日本要帮中国种树""日元为什么是避险货币"。这些问题通常都是观众的疑问，而不是记者的疑问。也就是说，记者在呈现新闻时，总是以受众为导向，站在他们的角度报道或分析新闻事件。这在一定程度上既避免了新闻记者的立场偏见（Clayman & Heritage，2002），又拉近了与观众的心理距离（D. Feng，2016a，2020；Montgomery，2007）。

3. 总结性话语。在连环话新闻中，记者习惯于针对讨论的相关话题发表总结性的看法，或推动论述的进展，或总结全文。例如：

例 4-8：
"了解贸易历史的朋友会知道 这早就不是美国第一次玩儿贸易战了 各个贸易大国都不可避免地要和美国'礼尚往来'一番"（凤凰网，2018 年 3 月 28 日）

例 4-9：

"虽然美国平时和日本好的像穿了一条裤子的兄弟 但涉及利益问题，那也是绝不手软"（凤凰网，2018 年 3 月 28 日）

例 4-10：

"所以说 大豆让中美经济贸易 手拉手相亲相爱 如果大豆出点问题中美可都会被牵连"（凤凰网，2018 年 4 月 8 日）

例 4-8 和 4-9 均出现在正文部分，起着推动论述发展的作用。例 4-10则出现在文章结尾处，具有总结全文的作用。

结束语（coda）表示故事结束时的总结性话语。结束语具有将受众从故事中拉回现实世界的作用，在故事时间和讲故事时间（即讲故事的"此时此地"）之间架起一座桥梁。结束话语通常出现在连环话新闻之中，是连环话新闻必不可少的部分。此类话语的出现方式经常是记者从新闻的讲述中跳脱出来，对全文进行"画龙点睛"式的总结。例如，"如果为美国的贸易发展历程写一套传记，最热销的那本一定是《那些年，我们打过的贸易战》"（凤凰网，2018 年 3 月 28 日）。又如，"所以，对于日本这一行为，我们不应高估也不应贬低。毕竟，路要平时修，朋友要平时交"（2015 年 12 月 6 日）。这些结束语都体现了记者从观众的角度出发，通过诙谐、时尚的语言来评价新闻事件的话语风格。

4.5 观点专家化

连环话新闻和《时尚》杂志中反映出来的特征类似（van Leeuwen，2005），倾向于借助专家的身份和专家的话语来传递新闻信息、解答疑难问题，因此带有浓厚的专家话语风格。这种风格主要通过以下话语手段实现：专业技术术语、抽象的表达式、正式复杂的语句、第三人称视角、专门领域图片等。例如：

例 4-11：

　　专家（图片：保罗·克鲁格曼的头像；文字：保罗·克鲁格曼 诺贝尔经济学奖得主）："如何提高消费对经济增长的贡献度是当前面临的紧迫问题。中国需要建设社会保障网，使得劳动者有更充足的安全感和信心将更多收入用于消费。"（凤凰网，连环话，2015 年 1 月 26 日）

例 4-12：

　　专家（通过图片呈现出一位穿着白大褂的女性，泛指医学方面的专家）："所谓正规，就是当地政府特别是卫生行政部门发有接种资质的，而且接种人员也有资质的接种门诊。这样既能保证疫苗的来源渠道正规，也保证疫苗的储存、运输都合乎要求。"（凤凰网，连环话，2016 年 3 月 23 日）

　　以上两例中，专家身份的表达各不相同。例 4-11 中，记者同时使用图片和文字来建构说话者的专家身份。从图片看，展示的是保罗·克鲁格曼的头像，从图片中的文字看，呈现的是头像人物的名字，还包括该人物的专家身份信息：诺贝尔经济学奖得主。这些信息凸显了说话者即该专家在经济领域的权威性，间接强化了其话语的可信度和公信力（见图 4-5）。从话语内容看，该专家使用了经济学领域的专业词汇，如"消费""经济增长""社会保障网""劳动者"等。同时，话语中还夹杂着一些比较学术性的话语，如"贡献度""紧迫问题""保障网""安全感"等。但在动词的使用方面，则用了比较通俗易懂的词汇，如"提高""是""使得""有""用于"等。从话语的叙述视角看，该专家明显站在第三方的角度，以"置身事外"的方式对中国经济进行评论，因此其话语具有一定的客观性。

如何提高消费对经济增长的贡献度是当前面临的紧迫问题。中国需要建设社会保障网，使得劳动者有更充足的安全感和信心将更多收入用于消费。

保罗·克鲁格曼
诺贝尔经济学奖得主

图 4-5　专家话语（凤凰网，2015 年）

　　我们再来看例 4-12。本例中的专家身份信息采用了漫画的形式。从图片看，这是一位身穿白大褂的中年男子，因此可以大致解读为医生或医药相关领域的专家。但是该图片并不能让我们确切地知道该专家的姓名等身份信息，也没有文字材料可供参考。所以该图片只能被看作泛指医学领域的专家。尽管如此，从他的衣着服饰看，我们仍然可以将其解读为医学相关专家，其话语如果涉及医学类知识，将进一步证实我们的判断。事实的确如此。我们发现，记者通过箭头将该人物图片与左边的文本框联系在一起，箭头指向该人物图片，形成一种人物与文本框之间的"投射"关系（Martinec & Salway，2005；Painter et al.，2013），表示文本框中的内容就是该专家说的话语（见图 4-6）。

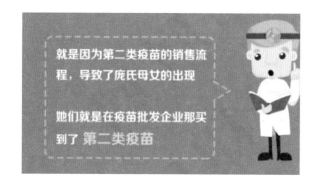

图 4-6　专家话语（凤凰网，2016 年）

　　我们再来看专家的话语。首先该专家使用了医学方面的专业术语，如"第二类疫苗""疫苗批发企业"。其次，该专家使用了商业领域的专业术语，如"销售流程""批发企业"。在动词方面则使用了大量普通词汇，如"就是""导致""买到"。从话语叙述视角看，该专家采用了第三人称，比如"庞氏母女""她们"，从而使说话者能够以比较独立的姿态发表看法。这些语言手段的使用，既体现了话语的权威性，也体现了其站在第三方立场发表观点的客观性（Clayman，1988，1992；D. Feng，2016a，2022；Montgomery，2007）。

还有一种连环话新闻比较普遍的做法，即记者借用专家的身份，对相关的专业知识进行讲述、分析、评价，并配上形象的漫画。比如：

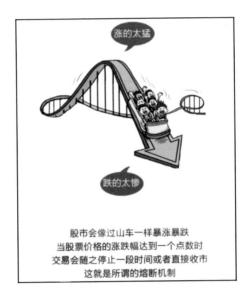

图 4-7　借用专家身份（凤凰网，2016 年）

本例中，记者没有将专业知识信息即"熔断机制"归因于专业人士，而是直接借用专家身份，以专家的口吻，在漫画和文字的帮助下解释"什么叫熔断机制"。这里，我们发现，记者的身份不再明显，凸显在我们面前的是一位金融业专家的专业性讲解。这可能正是连环话新闻不同于一般新闻的因素之一。一般而言，普通的新闻报道都是记者对相关事实进行呈现，记者在其中仅扮演信息"搬运工"的角色，从不或尽量避免发表自己的个人观点。但是在连环话新闻中，因为新闻的宗旨不是单纯地传递信息，而是对已发生的新闻事件做进一步的拓展或解释、分析，其中不可避免会出现大量评价性的话语。这些话语不可能完全以第三人称的方式、以专家的口吻进行呈现。记者因此会在履行"传递信息"职责的基础上扮演评论员的角色，以专家的口吻进行报道、分析或评论。但是，在评论的过程中，为了体现新闻信息的客观性和可信度，记者们往往会采取比较中立的姿态，比如第三方归因、巧用情态表达、强调事实性等（D. Feng，2022）。

从上述分析可知，连环话新闻在展示专家话语时，不是单纯通过文字进行陈述，而是采用图文结合的形式，构成一个个"图文投射"过程。在该过程中，图像部分主要呈现专家的头像，作为话语内容的投射者，即言说者（sayer），文字部分一般为文本框或语泡，构成投射的内容本身（locution）（Kress & van Leeuwen，2006：68；Painter et al.，2013：76）。又如：

如果居民收入不稳定增长，消费驱动模式难以持续。

林毅夫
北京大学教授

图 4-8　图文结合的专家话语（凤凰网，2015 年）

从图 4-8 可知，专家的信息不再单纯地通过文字表述出来，而是将专家的头像用图片的方式加以展示。同时，在头像下方用文字标示出专家的身份信息，如姓名（"林毅夫"）、机构（"北京大学"）和头衔（"教授"）。图 4-6 中专家的身份信息主要依靠图片来展示。因为没有文字部分对专家身份进行锚定（Barthes，1977），读者只能根据图片中的描述来确定说话者是否为专家。该例中，图片信息为穿着白大褂的中年男子，手上捧着书，左手向上，给人以正在讲述的神情。这些信息表明，图片描述的是一位医生或医学领域的专家。这种仅通过图片展示专家身份的做法，和文字新闻中对模糊信源的指称（如"据专业人士分析""据专家分析"）有着很大的相似之处，因为我们作为读者，并不知道这位"专家"真正指向谁，或是否存在。这跟文字中经常用到的"据专家分析"类似，给人以模棱两可的印象，因此可信度并不很高。当然，图片信息的优势在于，能够很直观地呈现专家信息，具有博人眼球的作用。如果增加文字部分的身份凭证信息，如姓名、头衔、机构等，则能进一步增强专家身份的可信度和权威性。从专家的话语看，正好印证了范·勒文（van Leeuwen，2005）所说的专家风格特征。关于这些语言风格特征，上文已作分析，此不赘述。

4.6 语言时髦化

网络新闻话语与社会热门话题紧密相连。因此，在新闻传播中记者通常会使用比较流行、时髦的语言，以引起受众的注意。连环话新闻更是如此。我们看到，连环话新闻中的表达不再和传统新闻一样用词正式、严肃、官方，而是采用了比较随和、诙谐、时髦的语言，尤其喜欢借助年轻人和时髦人士推崇的网络流行语或最新俚语来传递信息。这种时髦化的语言风格首先体现在连环话新闻标题的时尚化上。如范·勒文（van Leeuwen，2005）所言，标题时尚化表示在新闻标题中（包括文内的小标题）以时尚、流行的语言表达呈现信息、描述事实、陈述观点。这种语言风格的兴起与 PPT 文件格式的影响不无关系。我们知道，当我们向听众陈述观点时，倾向于借助 PPT 应用软件。为了能够让听众一目了然地获取信息，PPT 页面倾向使用标题式的语言呈现信息。从结构看，这种语言多使用描述性修饰语或具有诗意结构的表达式。例如：

例 4-13：
"中国：大豆生产千千万 实在不行咱就换"（凤凰网，2018年 4 月 8 日）

例 4-14：
"政商大佬们眼中的'中国经济下行隐忧'"（凤凰网，2015 年 1 月 26 日）

例 4-15：

"高流动性""低通胀""日本的资本外汇市场体量巨大""日本发生政变、骚乱和恐怖袭击的可能性小"（凤凰网，2018 年 4月 11 日）

例 4-13 使用了诗歌结构，形成句尾押韵的七言绝句。例 4-14 采用了网络时髦话语，如"大佬们""经济下行""隐忧"。例 4-15 同样使用了一些流行语，如"高流通性""低通胀""体量""政变""恐怖袭击"等。并且，以上所有例句几乎都采用了一些具有韵律的手法，如对仗（"高流动性"VS"低通胀"）、押韵（"千千万""咱就换"其中的"万"与"换"押韵）、四字结构（"下行隐忧""体量巨大"），因而语句读起来朗朗上口。不仅如此，上述表达都是读者熟悉的话语，能够有效增加信息的可读性和可接受性。除此之外，这些语言形式和 PPT 页面的语言表达类似，可以任意调整字体的大小和颜色，加上相匹配的图案和图表，以使语言表达更加醒目。比如：

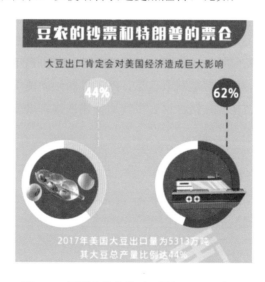

图 4-9　标题中的字体（凤凰网，2018 年）

图 4-9 中，标题话语为"豆农的钞票和特朗普的票仓"，其字体不仅大于其他字体，而且通过了加粗处理，因此更加醒目。该标题下面较小的文字和相应图片则对该标题进行了说明和解释。因此当读者看到该画面时，首先映入眼帘的极有可能是这句标题或者其中的两个图片，因为它们是本图中最醒目的信息。

除标题外，记者还喜欢在正文部分插入大量的"流行语"，以增强新闻的"娱乐性"效果。例如：

例 4-16：

"最近有关 TikTok 的大型连续剧播得是热火朝天 不少人那是手心捏着一把汗在追'剧'啊""他已经混得这么厉害了""让我来扒一扒""TikTok 可以简单理解为海外版'抖音'这俩的使用几乎一模一样""TikTok 是怎么在海外打出一片天的""四大招搞定""有前辈们罩着 TikTok 开辟东南亚市场之路好走多了"（凤凰网连环话，2020 年 8 月 4 日）

例 4-16 使用了大量网络流行语，比如："连续剧""热火朝天""追剧""混得这么厉害""扒一扒""抖音""这俩""打出一片天""搞定""前辈们""罩着"，等等。这些表达生动形象地描述了 TikTok 在海外的发展与遭遇。整个文字读起来给人以俏皮、幽默的感觉，读者能够在轻松愉悦中领略文字中传递的新闻信息。

不仅如此，很多时髦的表达还和漫画图片结合起来使用。比如：

图 4-10　图文结合的时髦话语（凤凰网，2020 年）

图 4-10 中不但有"大型连续剧播得是热火朝天"和"在追剧啊"这样的流行语，还将流行语"敢问路在何方？"与漫画图片配合使用，形成图文结合的"投射"表达（Kress & van Leeuwen，2006；Martinec & Salway，2005；Painter et al.，2013）。"敢问路在何方"是经典电视连续剧《西游记》片头曲的标题和最流行的一句歌词。在中国大江南北广泛传唱。记者巧妙地将该歌词与 TikTok 当时的处境联系起来，[①]用泡泡语呈现该歌词。同时，在该歌词下方贴上一幅关于小女孩的漫画，用 TikTok 作为标签，意指该小女孩就是 TikTok。于是，名为 TikTok 的小女孩成为言语小句的 sayer，即说话者。泡泡语中的歌词则成为小女孩说出的话语（locution），以此表达 TikTok 对自身遭遇的迷茫。这种流行时髦话语外加俏皮、Q 型小女孩的漫画，使严肃的社会话题——TikTok 遭受美国打压——变得比较幽默、诙谐，让人在忍俊不

---

① TikTok 当时正受到美国的打压。美国为了遏制中国，无端打压中国企业在美国的发展。发生在 2020 年最典型的例子就是：特朗普政府对 TikTok 的打压和强制收购，导致 TikTok 面临生死存亡的处境。

禁的同时，感知到新闻事件传递出来的紧张的中美"贸易战"场景。

不过，时髦表达或网络流行语的变化与更新很快。现在还是热词的一个表达也许下一秒就过时了。这表明，时髦语言只能增加文章的趣味性，以使新闻信息变得更加大众化、娱乐化而易于被读者接受，但是它并不会改变新闻内容传递的本来意义。这种类似"小报"的新闻在带给我们快乐的同时，难免会让我们陷入沉思，去思考"娱乐"背后更深层次的社会现实意义。这也许就是连环话新闻会兴起并长盛不衰的原因之一吧。

4.7 表达会话化

在现代社会中，人们越来越强调公共话语的互动性和娱乐性（Postman，1987；Scannell，1996），因此公共话语变得越来越会话化（Fairclough，1992，1995）。在这种趋势下，新闻作为一种公共话语，无疑越来越注重"民俗化"、接地气的人际交往和信息传播（Montgomery，2020）。连环话新闻无疑是这一趋势的最好诠释。比如图 4-11：

举个栗子

小明想在二线城市购买90平方米，

总价150万元的二套房屋

90平方米
总价150万元

旧政策契税：150万X3%=**4.5万**

新政策契税：150万X1%=**1.5万**

按照新政策的税率，小明买房子在契税方面省了**3万元**，刷房子的钱就这样省下来了呢。

图 4-11　会话化表达（凤凰网，2016 年）

本例中的"举个栗子"原本是"举一个例子"。"举一个例子"有时因为打字的原因，错误地变成"举个栗子"。该错误一度在网上广泛流传，成为网友们熟知的网络热词，给人以忍俊不禁的感觉。将严肃话题娱乐化，拉近了与读者的距离。不仅如此，作者还将比较严肃的买房贷款的话题轻描淡写地用口语表达出来。比如，"小明想在二线城市购买 90 平方米"。记者以此为例，对比新、旧政策要求缴纳的契税数额，以此得出新的政策将减轻购房者的赋税这个论点（"小明买房子在契税方面省了 3 万元"）。记者站在读者的角度解读这一购房新政，使读者轻松自然地理解最新的购房政策。

连环话新闻的"会话化"除了运用口语化的语句外，还表现在运用"对话"的表达形式，结合"漫画"叙事方式传递信息。比如：

图 4-12　连环话新闻中的"对话"（凤凰网，2016 年）

图 4-12 中记者以二人对话的方式讲述了普通市民买房子、交契税、领房产证的利害关系。记者将对话双方用漫画头像的形式呈现。双方各自通过当前网上流行的漫画人物表情包表示。其中一位较瘦的（姑且称为"瘦高个"）表达了他不想交契税的"任性"想法，另一位偏胖的（姑且称为"小胖墩"）则劝告他要按照国家政策办事，否则受伤的是他自己。这段"对话"可看作人们就社会热点话题（这里是"买

96

房交税")进行日常闲聊时的一个缩影,表达了人们对"买不起房"的焦虑。记者将这种焦虑用对话的形式展现出来,以嬉戏的言辞再现普通老百姓的"痛点",有一种"痛并快乐着"的感觉。因此,当读者阅读该对话时,不但能够体会到其中的调侃意味,还能引起他们的共鸣。此外,作者(记者)还巧妙地模仿了人们的日常会话用词(比如使用比较口语化的表达和地方方言)和闲聊时的口吻,如"本宝宝"(这是时下流行的网络热词)、"揍是任性"(这是对部分民众蹩脚普通话的一种模仿,如"就是" 说成"揍是")、"乖乖交了契税"("乖乖"属于口头话语)、"吾有旧友吊似汝,如今坟草丈许高。"(故意用古文、诗歌语言劝告对方,表达出一种调侃、嘲讽的语气)。最后,从图片看,对话双方的头像都是网络流行的表情包斗图,体现了该新闻紧跟网络热点的倾向,极大地迎合了 "快餐式"消费时代读者的阅读倾向与兴趣。

4.8 小结:"快餐文化"式的新闻评论话语

连环话新闻作为一种新型的新闻语类,离不开新闻自身的风格。新闻可分为时事新闻(hard news)、专题报道(featured news/soft news)、评论新闻(editorial/news commentary)。连环话新闻不同于时事新闻和专题报道。这两类新闻的主要特点在于对时事新闻进行报道,即对新闻事实的客观再现(杨保军,2008,2016)。连环话新闻的主要特征是对社会热点话题进行分析、解释和评论,因此总体上属于评论新闻。评论新闻一般包括社论、政治漫画、专栏评论、新闻图片等。

社论(editorial)由媒体的编辑撰写,以表达新闻机构对某个主题的看法。霍勒斯·格里利(Horace Greeley)是 19 世纪 40 年代在《纽约论坛报》上开辟"社论页面"的第一人。社论的主要特征就是媒体机构针对社会热点话题发表观点与看法。它不同于新闻报道,后者是对相关新闻事件或故事的客观再现或呈现(杨保军,2008,2016)。新闻报道要求客观真实地再现新闻事实,记者需要尽量避免发表个人观点,只能引述第三方的、非新闻机构的观点(杨保军,2006;Clayman,1988;D. Feng,2016a,2020,2022;Montgomery,2007)。与此相反,社论则是新闻机构针对新闻事件的分析、解释与评论，因此带有比较强烈的主观色彩。虽然新闻道德标准要求一般新闻写作在内容和语气上客观，但新闻撰稿人也有机会就时事和话题表达个人观点。社论旨在就热点新闻话题发表，甚至影响读者的意见。社论还代表了编辑委员会的官方观点，因为只有该编辑委员会经过某种审议过程后决定向公众表达哪些观点，该社论才能发出。社论话语在连环话新闻中随处可见，比如：

例 4-17：
地球一小时平台让全球关心自然、热心环保的人可以一起发声（凤凰网连环话，2022 年 3 月 25 日）

例 4-18：
俄欧之间相爱相杀的情人节我们并不陌生/因为他们一直在向世人充分展示着什么叫做互惠互利/每次两方骂战之后/美国能让资本回流/欧洲会赢的名声和大义/俄罗斯则能顺手卖出更贵的天然气/一个只有乌克兰受伤的世界里/似乎都不存在什么零和博弈（凤凰网连环话，2022 年 2 月 15 日）

以上两例属于连环话新闻中典型的社论话语。从例 4-17 看，记者表达了让世人携手关心地球、关心大自然的愿望，也可以看作是一种倡议与号召。并非对现实事实的呈现，因此属于带观点的评论性话语。例 4-18 则总结性地分析了为什么乌克兰在美国、欧洲、俄罗斯之间成为最终的受害者。这段话语呈现的是乌克兰国际关系的总体分析，而不是对事实的呈现，因此属于社论即评论性、解读性新闻。

政治漫画（political cartoons，也称社论漫画）可看作一种特殊的社论形式。政治漫画是为了表达对人、事、物的看法而绘制的视觉图像，其目的在于通过讽刺和模仿来交流想法，并引起读者的情感反应。更确切讲，政治漫画的目的是揭露社会中当权者或权力机构对权力的垄断和滥用。在连环话新闻中，政治漫画一般以"夸张的漫画形象+辛辣的泡泡语内容"相结合的形式呈现。这种呈现方式主要起到调侃嘲笑的作用，以此引起读者的共鸣，促使读者从讽刺中体会事件背后的含义。例如：

图 4-13　连环话新闻中的政治漫画（凤凰网，2015 年）

图 4-13 形象地表达了中国和日本经济之间的差异。中国经济发展的亮点颇多，因此经济飞速发展，就像坐火箭一般。相比之下，日本的经济表现颓势，经济增长速度很慢，因此，只能跟在中国的后面追赶，而经济差距却越来越大。从图片看，代表中国的小男孩坐着火箭向前飞，脸上充满了自信和自豪，代表日本的小男孩则跟在中国的后边拼命地追赶，脸上直冒汗。两个小男孩的对话也挺有意思。代表中国的小男孩说："我就是喜欢你看不惯我，又追不上我的样子～"而代表日本的小男孩则说："求带飞！"漫画本身和语言文字都极具讽刺性，又带有一定的调侃意味，迎合了中国读者的"爱国主义情结"，能够引起他们的共鸣。

专栏评论（Op-Ed commentaries，Op-Ed 全称为：opposite the editorial page，表示报纸和同类出版物的社论页，一般为 700 字左右的社论文章）。专栏评论是政府宣传部门或时评专家就当下热点发表导向性言论的重要阵地。与报道新闻不同，专栏评论属于观点性文章，作者借此公开性地表达他们对相关话题的观点和看法。连环话新闻没有这样的专栏，也没有机会让新闻机构以外的人员发表他们的观点。但是，他们可以借助连环话新闻这个平台向外发声。实际上，连环话新闻和其他主流媒体新闻一样，倾向于通过权威部门或知名专家的言论传递社论信息。二者的不同之处在于，前者倾向使用比较正式、严肃的话语，给人以权威、庄严的印象；而后者则倾向于以比较简洁的图文信息来呈现这种声音，在这种呈现中，图像被用来描述"观点"的发声者（sayer），文字部分则是该"观点"本身，通常以泡泡语或文本框的形式展现。连环话新闻尽管不能独立地成为专栏评论，但是可以插入大量的非记者言论，以呈现来自第三方的声音，借以支撑记者的观点，强化记者观点的合理性和可接受度。例如图 4-14：

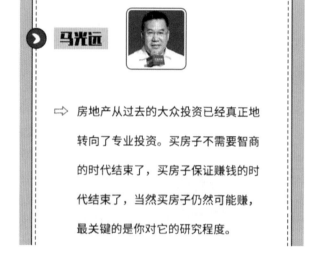

图 4-14　知名专家的"声音"（凤凰网，2021 年）

本例中（见图 4-14），发声者被呈现为国内知名财经评论员马光远的头像，并以文本框的方式进行再聚焦，以凸显发声者说话时的形象，比如他的手势、面部表情等，以引起读者的注意（Painter et al.，2013：105）。同时，这些视觉信息展示的都属于自然取向的图像，是真实的照片，是发声者在真实语境下发表看法的真实场景，因此给人客观真实的印象。自然取向的图片最接近现实，与事实最近，因此具有强化话语真实性的作用（Kress & van Leeuwen，2006：165；Painter et al.，2013：32-34）。从文字看，所摘录的话语可看作说话者相关言论的精华所在，也是新闻向读者传递的主要信息（见图中李克强总理和周小川行长的话语）。这些信息好比电视新闻报道中的原声摘录，既保持了话语原本的形态即事实性，又突出了话语中的重点信息（冯德兵、高萍，2014；D. Feng，2016a）。

评论新闻的第四种表现形式为新闻图片。新闻图片（news photographs）主要指单独或与文字共同诠释新闻事件的照片或纪实性图片。如果我们在翻阅报纸时完全见不到新闻照片——不管是黑白还是彩色的图表、草图和漫画——我们往往会感到困惑不解。事实上，新闻图片已经成为各种新闻必不可少的部分。连环话新闻属于图文并存的新闻话语类型，其中的新闻图片更是比比皆是，甚至很多时候比文字部分所占的比例还要大。不仅如此，很多文字信息也被设计成图片的形式，比如带文字的图表和图标、图文融合或图文环绕式的图片（详见本书第六、七章）。但是，连环话新闻中的图片并不是单纯的新闻照片。新闻照片一般是新闻摄影师拍摄的来自新闻现场的真实图片。这些图片能够进一步证实文字报道部分的信息，从而增强新闻的可信度。连环话新闻中的图片极少（如果不是全部）有来自新闻事件现场的图片，而是经过加工的新闻图表或漫画式的图片。这些图片或图表并不能用来再现新闻事实，它们的主要作用在于作为一种话语资源、工具或手段，和文字一起将复杂的概念或观点简明扼要地呈现给读者，促进他们对新闻事件的理解。比如：

图 4-15　连环话新闻中的图片信息（凤凰网，2016 年）

图 4-15 通过图文结合，简明扼要地介绍了中国是美国国债的最大买家这一信息。该信息主要通过两个相互连接的图文模块呈现出来。首先，左上端是以粗线条勾勒的一幢大楼。大楼上写着"美国财政部"，意指美国财政部所在地。右上端由文本框构成，框内文字信息为中国 5 月份增持美国国债的情况，表示中国仍然是美国的第一大债权国。在文本框和"大楼"之间，是带箭头的波浪线，表示文本框中的文字信息来自美国财政部。这是一种通过视觉图像呈现的第三方归因，即用图片将文字信息归因于第三方"美国财政部"。这样，记者就与该信息保持了一定的距离，从而确保了新闻报道的客观性和信息本身的权威性（Clayman，1988，1992；Montgomery，2007）。我们再来看第二个模块，也就是最下方的图文部分。从图片看，这看上去像一个领奖台。在领奖台的冠军位置站着"中国"，该信息由图片中的中国国旗转喻而成（W. D. Feng，2017，2019）。不仅如此，记者在中国国旗的右上角还叠加了一个皇冠，似乎表示中国是美国国债的最大持有者，即冠军。亚军位置站着"日本"，该信息通过日本国旗转喻而来，表示日本是美国国债的第二大持有者。季军位置即第三大美国国债持有者为"无名氏"，因为它没有任何属于某个国家或机构的符号标记。这是因为，该新闻主要在于呈现"中国是美国国债的最大持有者"这一信息，第三大持有者是谁对本新闻而言无关紧要。这些图像传递的信息得到文字部分的进一步支撑和补充。譬如，在代表"中国"的人像旁边是"中国持有美国国债 1.2440 万亿美元"的文字信息。在代表"日本"的人像旁边，则是"日本持有美国国债 1.1332 万亿美元"的文字。图文信息相互结合，清楚明了地表达了"中国是美国国债的最大持有者"的观点。而且，在第一模块和第二模块之间，记者同样用带箭头的波浪线让它们连接起来。箭头自上而下指向第二模块，在箭头两旁分别是一叠美钞的图像和文字信息"截至 5 月底"。该箭头和前面提到的箭头略有不同。前一箭头表示信息的来源，当前箭头则表示对第一模块中信息的进一步说明，即详述（详见 6.2.1）（Martinec & Salway，2005；van Leeuwen，2005）。通过两个图文模块和箭头的组合与连接，记者

将复杂的经济学信息简明扼要地呈现在读者面前，能够使读者轻松、便捷、迅速地知晓"中国是美国国债的最大持有者"这一信息。

综上所述，本章主要探讨了连环话新闻的"快餐文化"文体风格。这种风格主要表现为内容叙事化、观点专家化、语言时髦化、表达会话化，同时不失新闻话语的本质属性，从而形成了一种以"快餐文化"为特色的新型的评论新闻话语类型。

报道有新闻价值的人、事、物，并从中传递准确的信息，是新闻记者的核心工作。遗憾的是，这项被称为新闻报道的神圣工作在数字时代似乎成为了人人皆能从事的"事业"，任何拥有智能手机的人都可以以新闻的名义收集和传播信息。但是，对训练有素的记者而言，真正具有价值的新闻需要的不仅仅是一部好的手机或数字设备，而是指导新闻制作和新闻传播的职业道德规范和新闻生产过程需要的专门技能，并对不断更新换代的媒体技术了如指掌，能敏锐捕捉各种新事物、新技术、新思想、新现象。连环话新闻就是在这样的要求下应运而生的新闻语类。它既有现代生活方式的时尚和流行元素，又具有新闻本身的本质属性，即"客观"和"真实"。

第 5 章
情态与真实性

5.1 什么叫情态？

情态（modality）是说话者或信息提供者对信息"真实性"的一种表征方式。一方面，情态是对"真实"意义的再现，是概念功能的一部分。我们可以通过语言和非语言符号表征事物与真实相关的各种关系，如事实与虚构、现实与幻想、天然与人工、真实与虚假。另一方面，情态具有社会互动意义，属于人际功能的一部分。情态是一种语言表达手段，表示"说话者对命题不同程度的承诺或信念"（Saeed，2000[1997]：125）。作为社会符号学家，他们不会问："这是真的吗？"而会问："它表现得有多真实？"换言之，社会符号学家关心的不是判断事物"真实与否"，而是：（1）这种"真实"通过什么资源和手段来表征和建构？（2）这些资源和手段是如何使用的？

语言学家通常将情态分为动力情态、道义情态和认识情态。动力情态（dynamic modality）是指主语即参与者完成谓词动词所表达的动作的能力或可能性（Coates，1983；Von Wright，1951，张楚楚，2007）。道义情态（deontic modality）表示说话者从社会规范和个人道德标准出发做出的评价或判断。这主要取决于个人对社会规范、道德标准的理解程度，通常包括"许可""强制""愿意""义务"等概念。道义情态涉及行动的责任、义务、能力等，例如"你应该走"（请求）、"你可以说出来"（许可）和"我们可以成功"（能力）。认识情态（epistemic modality）表示说话者对命题真实性做出判断的语言表达方式（Coates，1983；Martin Montgomery，2007：32；Von Wright，1951；张楚楚，

2007）。认识情态涉及"对陈述事实的真实性的承诺"（Montgomery，2007：32），例如："它可能是对的"（低情态），"他很可能会来"（中情态），"他们现在应该起诉"（高情态）。除此之外，还有一种表示真实性的情态，即言据性（evidentiality）。言据性表示说话人知识的来源以及对知识的态度或介入程度。博阿斯早在 1947 年其论文《夸扣特尔语法》（Kwakiutl Grammar，Boas，Yampolsky & Harris，1947）中提到"言据"（evidential）一词，用来表示信息来源的证据。至今，言据性概念已经得到绝大多数语言学家的认可，并被广泛应用于新闻报道、科技论文、公开演说等各种文体中（房红梅、马玉蕾，2008）。

一个情态表达式具有何种情态意义主要取决于其所处的上下文语境。同一情态表达既可以是认识情态，也可以是道义情态或动力情态，因而容易产生歧义，例如，I can do it 至少包含三种不同的解读。一是表示一种可能性，即"外部环境允许我做此事"；二是表示一种能力，即"我有能力做此事"；三是表示一种许可，即"社会权威/规则允许我这样做"。同样地，"应该"既可以表示义务，也可以表示建议。妈妈看到儿子正在玩电脑，于是说："你应该去做语文习题了。"这里的"应该"传递的是一种义务。又如，两位同学正在谈论出国留学的事，其中一位对另一位同学说："你应该在出国之前学好英语。"这里的"应该"则表示建议。

5.2　语言情态

语言情态，顾名思义，表示通过语言表达的情态。语言情态根据强弱程度可分为高、中、低三种类型。如前文所述，情态表达并不是非此即彼的问题（即真或假），而是程度高低的问题。例如：

（1）她可能会用另一个名字。（低情态）
（2）她会用另一个名字。（中情态）
（3）她必须用另一个名字。（高情态）

韩礼德（Halliday，1985）从概率/频率角度出发，进一步区分了语言的情态尤其认识情态。从概率看，命题真值的衡量取决于命题内容是否确实存在，一般通过表示或然性或必然性的词语或短语实现，如"可能""也许""的确""一定"，等等。已经发生或将要发生的概率越高，断言的情态就越高。比如：

（1）She may play basketball.（低概率情态）

（2）She will play basketball.（中概率情态）

（3）She must play basketball.（高概率情态）

从频率看，情态的高低表示说话者对事件或行为发生的频率或数量的多少，一般通时间词或数量词实现，如"有时""经常""总是""一切""几乎不""大多数""很多""一些"，等等。命题内容发生的频率越高或事物/行为出现的次数越多，命题断言的情态就越高。例如：

（1）She sometimes plays basketball.（低频率情态）

（2）She often plays basketball.（中频率情态）

（3）She always plays basketball.（高频率情态）

此外，我们还可以从主体性角度对情态进行分析，即主观情态和客观情态。主观情态（subjective modality）的判断标准为：对命题内容真实性的内在信念越强，断言的情态就越高。客观情态（objective modality）的判断标准为：命题的客观真实性是否被明确表达。这两种情态都需要通过固定的话语框架实现。英语框架一般为：主语+动词+that从句。汉语框架一般由两个小句构成，前一个小句对后一小句的内容作出判断或评价。如果为主观情态，该框架的主语一般以说话人自己为主（即第一人称作主语），动词部分一般为认知类表达，这些动词能够体现主观性的强弱程度。例如：

（1）I feel that she plays basketball.（低主观情态）

（2）I am fairly confident that she plays basketball.（中主观情态）

（3）I am convinced that she plays basketball.（高主观情态）

（4）我感觉，今天会下雨。（低主观情态）

（5）我相信，今天会下雨。（中主观情态）

（6）我确信/修正，今天会下雨。（高主观情态）

客观情态一般采用存在句结构（或英语中的 there be 句型），比如"它是……"或"存在、有/there is..."谓语部分一般为名词（短语）或表示程度的形容词（短语）。这种结构明确表达了非个人的、客观的含义。例如：

（1）It is possible that she plays basketball.（低客观情态）

（2）There is a good likelihood she plays basketball.（中客观情态）

（3）It is a fact that she plays basketball.（高客观情态）。

不同的社会群体和机构对真实性的判断标准和不同情态类型的偏好不尽相同。概率/频率情态在定量分析类文章或新闻报道中相对比较受欢迎，如民意调查。主观情态在个人日常交谈中用得较多。客观情态在正式文体中则比较常见。

语言情态的实现方式多种多样。主要包括：

（1）犹豫不决的表达、无实质意义的填充词，如"嗯""呃""这个这个""well""hmm""sort of""kind of"等。

（2）表达"概率"或"频率"的副词，如"可能地""更好地""肯定地""确认无疑地""probably""maybe""often""sometimes""hardly"等。

（3）情态助动词，如"会""能""必须""can""may""will""must"等。

（4）表示心理过程的动词，如"思考""理解""感受""consider""believe""guess""infer"等。

（5）语调，如下降表示"断言"，上升表示"怀疑，不确定"等（Hodge & Kress，1979：127）。

（6）时态，如过去时表示"断言不再有效"，现在时表示"普遍而永恒的真理"。

5.3　视觉情态

视觉情态（visual modality）表示通过视觉符号表达命题"真实性"的情态意义。根据克瑞斯和范•勒文（Kress & van Leeuwen，2006；van Leeuwen，2005）的论述，视觉情态可以通过以下视觉元素实现。

1. 前景的清晰度。图像的前景信息描述得越清晰，其真实性越高。清晰度可以从最简单的线条到最清晰、最细粒度的图案。

2. 背景的清晰度。图像的背景信息描述得越清晰，其真实度越高。背景的清晰度范围可从零清晰度（如在白色或黑色背景上显示事物）到轻微草绘或失焦背景，直至最大清晰、最细刻画。

3. 颜色的饱和度。饱和度是指颜色的鲜艳程度，也称为颜色的纯度。饱和度取决于颜色成分与色差成分（灰色）的比率。纯色的饱和度高，如鲜红色、亮绿色。与白色、灰色或其他色调的颜色混合的颜色则是一种不饱和的颜色，如紫色、粉红色、黄棕色。完全不饱和的颜色根本没有色调，例如黑色和白色之间的各种灰色。图像颜色的饱和度需根据自然光线下的颜色判断。越接近自然光线下图像的本来色调，图像颜色的一致性程度就越高，则图像的真实性越高。

4. 颜色的调制程度，即色调。色调是指图像的相对明暗度，一般通过明度、纯度和色相体现出来。明度表示颜色的明暗深浅差异，白色明度最高，黑色最低；纯度表示颜色的饱和度，可进一步分为明调和浊调；色相表示区别其他颜色的特征，如红、黄、绿。明度、纯度和色相只要有一种因素变化，就可以引起色调的变化。最简单的色调划分包括暖色调如红色和冷色调如蓝色。比较复杂一点的，可以将明度与纯度相结合，产生浅色调、中色调、深色调、暗色调等更细的类别。从自然主义的角度看，色调越接近自然，显示的真实性就越高。

5. 颜色的区分度。区分度表示从单色到使用各种颜色的混合。越鲜艳的色彩提供的对比度越大，有助于区别布局中的不同元素。一般来说，区分度大的图像，阅读的可接受度和清晰度越高。但是，高对比度并非总是有效。如果前景和背景之间的对比度太大，则可能产生难以阅读的晕圈现象。

6. 深度清晰度。深度表示颜色的透视程度。图像透视的一般规律是近大远小，色彩透视的一般规律在物体颜色上表现为近处清晰、远处模糊；近处纯明、远处灰暗；近处暖色、远处冷色。近处物体明暗对比强烈，色相明显，颜色纯度高；远处物体轮廓模糊，明暗色调差异小，颜色纯度泛化。

7. 光与影的清晰度。光与影表示图像中光亮和阴影之间的相互影响与融合。清晰程度从光与影之间没有界限到光亮与阴影之间形成强烈的反差，比如在太阳光照射下形成的树荫与光斑。

8. 色调的清晰度。表示不同色调之间的差异度，如暖色调与冷色调之间的差异、明调与浊调之间的过渡等。一般来说，色调清晰度包括从两个色调之间的渐变（如黑色和白色的融合）到一种色调如浅色和另一种色调如深色之间的最大差异。

上述有关色彩的各种变量深刻影响着观者对视觉情态的感知和判断。例如，报纸新闻中的漫画倾向于减少细节、背景、深度、明暗的差异，也不太重视颜色的纯度和色调的分层。与此相反，新闻图片中的色彩清晰度则高得多。这实际上与漫画和新闻图片之间表达的情态值密切关联。漫画的主要目的是发表"观点"与"评论"，因此图像本身的形状与色彩是否与现实中的指称物一致，并不是漫画关注的重点。新闻图片则不同，它需要尽可能地与现实生活中的指称物保持一致，或者说，它需要通过更加贴近真实情景的图片反映或再现现实世界，以便凸显新闻报道的客观性与真实性。这涉及情态的真实性与图像意义表达的取向问题（Kress & van Leeuwen，2006）。由于不同的图像传递的交际目的不同，其对真实性的要求和取向也不同。克瑞斯和范·勒文（Kress & van Leeuwen，2006）于是根据交际意图和交际取向，将视觉情态划分成以下四类，即科学技术、自然、抽象和感官取向的情态表达。

1. 科学技术取向的情态（modality with scientific and/or technological coding orientations）。所谓科学技术取向，表示图像的目的在于传递或

解释科学知识。因此，这类图像或图片的真实性在于图片本身能否清晰、规范、科学地传递、解释科学知识和科学技术性的信息。越能清晰展示科学知识和技术信息的图像，其情态越高。例如，通过三维可视化的技术，展示心脏的工作原理（见图5-1）。

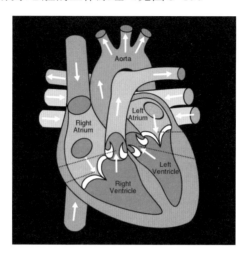

图5-1　科学取向的图片

从图5-1看，该图内容主要在于呈现科学知识，即心脏如何工作。从视觉情态看，展示心脏的工作规律和原理（即有关人体机能的科学的知识）是本图最大的"真实"。如果图像能够清晰明了地呈现心脏如何工作，那么该图就是高情态的。图5-1正好体现了这一点。一方面，图像中有关心脏工作的关键知识都清晰可见。例如，心脏的左、右心房，左、右心室以及动脉血管和心脏的运作机制都被清晰、准确、形象地描述了出来。不仅如此，图中还配有恰当的颜色、文字和箭头加以区分、说明，使图像传递的信息更加明了易懂。从这个意义上说，该图属于高情态表达，向读者准确地传达了心脏工作的原理。

　　科学技术取向的情态表示视觉图像的真实来自基于图像的科学性和实用性或实际用途。图像用作蓝图或行动辅助工具的次数越多，其情态就越高。地图都是这种类型。用于服装制作的图案、用于建筑的图纸以及"自己动手类"套件组装图纸皆是如此。以装配图为例。装配图表示机器的运作原理和零件之间的连接、装配关系。当生产新机器及其零部件时，一般需要经过设计、绘图、按图制造零部件、按图组装机器等过程。在机器的检修中，装配图是必不可少的环节。在技术创新、技术合作和商品展销中，装配图也常用于设计思路、技术交流、技术创新等（廖希亮、吴凤芳、刘素萍，2011：231-249）。从这个意义说，装配图属于技术取向的图像。这类图像有关真实的主张主要是实用性和可操作性，其他方面如颜色、美观等则并不那么重要。特别值得注意的是，技术取向的图像通常不会过多考虑图像的透视特征，因为透视会使数据、位置、轻重等的测量与元部件的组装变得困难。例如：

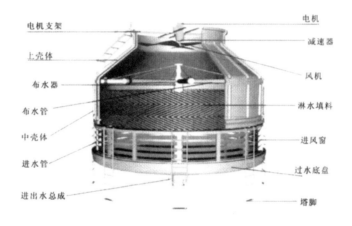

图 5-2　技术取向的图片

从图 5-2 可知，图片中的冷却塔模型并没有特别强调它与实物之间的一致性。没有透视的效果、没有光影的使用，也没有考虑图片颜色与实物冷却塔之间是否匹配。相比之下，图纸将注意力放在了机器的结构和装配上，比如如何通过选用不同的颜色来区分不同零件之间的位置、距离、连接等。这是因为，该图的主要目的是组装和使用冷却塔，而不是用于供人娱乐、审美或鉴赏。总之，能否用于指导装配、操作和检修，是判断该图是否真实的主要标准。

2. 抽象取向的情态（modality with abstract coding orientations）。

抽象取向表明，图像表达的意义以抽象的概念为宗旨。这跟科学技术取向的视觉表现手法存在较大的差异。科学技术取向的图像目的在于用简洁、清晰的图表表达科学的知识和信息。相反地，抽象取向的图像则需要通过抽象、笼统、捉摸不定的图像来表达一种"抽象的"真实，尽管这种真实是事物的本质所在。因此，图像本身的清晰度和明晰度就会大打折扣。对于抽象取向的图像来说，越能表达图像深层次的"本质"含义，它的情态就越高。换句话说，如果图像信息能反映从表象到本质的规律，那么该图像的情态就高。当自然取向和抽象取向相结合时，这一点表现得更加突出。以抽象画为例。抽象画的目的不是让我们去对比画中的图案或事物与现实生活中事物的相似性，而是当你去观察、欣赏画作中的光影、线条、颜色、图案等元素时，能够获得一种感知上的冲击和体验。这种冲击和体验因人而异、因环境而异，各有不同的解读。正是这种不确定性才带给画作特有的魅力。西方的抽象画如此，中国的写意画也是如此。但是，中国的写意画不像西方的抽象画那么捉摸不透。写意画描绘的是相对清晰的人、事、物、过程和行为——尽管这些人、事、物、过程和行为仅仅产生于几条简单的线条、几种平淡无奇的颜色和几片模糊不定的光影。例如：

图 5-3　写意画（嘉峪关魏晋墓里的砖画《犁地》）

图 5-3 是嘉峪关魏晋壁画墓中的一幅砖画《犁地》。作画者用粗细有致的线条和红、黑、白相间的颜色，生动、形象、流畅地勾勒出了一幅人、牛、犁耕地的场景。画中所描绘的人、牛、犁显然不是现实生活中真正的人、牛和犁。画作只是用一些粗线条和颜色，勾勒出了这些人、事、物的轮廓。但是，这种类似于现代简笔画的画作却生动形象

地反映了当时农民驱牛耕地的情景。我们可以说画作中的人、事、物不是真实的，因为它省去了这些人、事、物本来所具有的很多特征，如人的眼睛、眉毛、表情，牛的毛发、骨骼、体型，等等。但是，这些省略和删除并不妨碍我们对这幅画作的解读，尽管这些解读也许因时、因地、因人而各不相同。不管怎么变化，画作中描述的情景是现实生活中真实存在的。因此，体现了一种"抽象的"真实。

3. 感官取向的情态（modality with sensory coding orientations）。感官取向的视觉真实主要来自视觉产生的愉悦（或不愉悦）感受。这种情态一般通过能够激发感知感受的色彩和描写手法来实现。这种色彩与描写区别于自然取向的要求与标准。简单来说，就是对细节的刻画，对色彩的饱和度、深度、区分度，以及对光影的调用都要高于或低于"现实"。颜色不是用来表示地图上的"沙漠"或"水"等一般含义（科学技术取向的情态），也不是用来表达艺术图像中的某种本质属性（抽象取向的情态），更不是用于呈现现实世界（自然取向的情态），而是用于给受众带来一种可能的舒缓或紧张、兴奋或恐惧、不安或忧郁的感官感受。例如：

图 5-4　感官取向的画面（《爱丽丝梦游仙境》动画片视频截图）

图 5-4 展现的是一种梦幻景象，这种景象主要通过构图、颜色、光影等情态资源组合而成。从构图看，里面的人、动物、事物的位置、形状、大小都超越了现实生活中通常意义上的构图。比如：原本凶猛的老虎蹲在树上咧嘴大笑；站在蘑菇上与老虎认真交流的爱丽丝；比老虎还大的四处可见的蘑菇……从颜色看，蘑菇呈现出五彩斑斓的样子；本身应该是棕色或白色的老虎变成了彩粉红的样子；树木与树叶均呈

现出黛绿色或淡绿色……从光影看，光线从画面中心偏上的位置射入；在居于画面中心位置的林地上形成光影交错的景象，其他部位则变得昏暗、模糊，整体上给人一种暗淡、朦胧、梦幻的影像，这正是这幅图试图展示的情态取向，亦即《爱丽丝梦游仙境》故事情节的主基调——爱丽丝眼中的童话世界。

4. 自然取向的情态（modality with naturalistic coding orientations）。自然取向表示图像中的事物与被描述的现实生活中的真实事物尽量保持一致。一般来说，自然取向的图像越接近现实生活中的事物，图像的真实性和情态就越高。过去，当黑白成为常态时，黑白被认为是"最接近现实"的颜色，彩色的事物反而被认为是虚幻的。如今，彩色成为了日常生活中的常态，我们可以用各种技术手段，在图画中采用与现实生活相似的颜色来再现现实、反映现实。黑白颜色则被用于描述过去的事物、梦境或幻象。然而，过度使用颜色也会造成不切实际的视觉影像。例如，在音乐剧和西部片中，颜色最常用于表示虚无或梦幻般的场景和人物，从而给人以"不真实"的印象。不过，这种表现手法与前文谈及的"感官取向"有关。感官取向对真实性的要求以艺术、美学为导向。就音乐剧和西部片而言，其目的不在于呈现现实中的事物或信息，而是向观影者传递一种超现实的、理想化的世界和场景。自然取向的图像是生活中最常见的，最接近于我们对真实的朴素看法，即最接近现实的就是最真实的。这些图片常见于新闻报道、纪录片、纪实性电影等文体中。

研究发现，连环话新闻在表达真实时，比传统的新闻报道可选择的自由度更大。相对传统新闻而言，新闻报道必须以客观事实为依据，客观真实地再现新闻故事，新闻中文字描述的内容必须与新闻事实相符。相应地，与新闻事件相关的图像、图片都倾向于以自然取向的方式呈现，其中多数图片都是相机拍摄的真实画面。与此相反，由于连环话新闻的宗旨是针对社会热点话题进行分析、解释、评论，其中的文字和图像在真实性建构中需要服务于这些交际目的（即分析、解释、评论），因此我们发现，连环话新闻中的情态比起传统的新闻报道而言，更加复杂、多样。上述涉及的四种编码取向几乎都能从连环话新闻中找到印记。当反映新闻事实时，文字和图像倾向于使用纪实性的手法对事实进行陈述、再现，这时，自然取向的图像就会占据上风；当对事实的复杂性进行分析时，连环话新闻倾向于采用其他取向的图像和文字。以下将就此作具体的分析。

5.4　现实照片与再现真实

连环话新闻属于观点类的新闻话语，话语内容主要是针对社会热点话题的分析、解释和论述。很少有大篇幅的新闻报道，即对事实本身的描述或再现。文字内容如此，视觉信息也不例外。因此，以自然为取向编码的图像（如拍摄的照片）很少出现在连环话新闻中。大多数的图片都是以漫画或图表的形式展示。尽管如此，并不排除少量连环话新闻以自然取向为主，以此再现新闻事实。自然取向的图像意味着，在形状、构图、大小、色彩等各个元素中能够体现出所描述事物与真实事物之间的高度一致性。一致性程度越高，图像的真实性就越强，视觉情态也越高。以下几幅图片截取自凤凰网连环话新闻"工业互联时代下的顺德机器人军团"，该新闻是对"第五届中国（广东）国际'互联网+'博览会"上顺德机器人军团中亮点产品的介绍和总结。严格意义上讲，该新闻不属于评论性新闻，而是报道性新闻。从图片可以看出，新闻选择的图片基本上反映了自然取向的情态，即对真实事物的再现。

图 5-5　自然取向的照片（凤凰网，2019 年）

图 5-5 展示的是自然光照下真实的舞狮机器人。该图显然是一张拍摄

的照片。照片的基本属性就是对原来事物的再现，尽管这种再现会因拍摄者的选择而表达不同的意义（如角度、透视的运用）。从拍摄角度看，图片采用了平推的拍摄方式（eye-line），使画面保持与观看者相同的高度。因此，图片展示的是第三方的客观视角，被拍摄事物被看作他者，拍摄者与观众作为旁观者对其进行审视（Kress & van Leeuwen，2006；Painter et al.，2013）。从距离看，对舞狮机器人的拍摄属于近景，机器人的高大形象直逼观看者，对观看者形成一种压迫感，能够给他们留下深刻印象。从颜色看，由于展厅比较敞亮，机器人身上的色彩反映出自然光的鲜红和鲜黄，色彩饱满，区分度明显，且细节刻画清晰可见。比如，红色机器人"狮子"腿部弯曲的样子被抓拍得一清二楚，表明它可以运动，以此体现舞狮机器人的智能化特征。从画面的布局看，主要突出了红色机器人，衬以远处右下角的黄色机器人。展厅中的其他事物则被排除在镜头之外。这样，图片中几乎全是舞狮机器人的画面。从分析可知，自然取向的图片旨在突出新闻事件的事实性特征，即所描述事物在现实生活中的真实情况。这种呈现方式与报道新闻类似，属于新闻事实的再现（杨保军，2006，2016）。

图 5-6　自然取向的照片：细节刻画（凤凰网，2019 年）

自然取向的情态还能够通过前景和背景的细节刻画体现出来。例如，图 5-6 展示了机器人如何通过敲打架子鼓来奏出完美的乐曲。该图也属于近景照片。其中，敲打架子鼓的机器人是照片的焦点，即前景，视线穿过机器人向前是整个展厅的一角，即背景。无论前景还是背景都刻画得比较清晰。前景清晰地再现了机器人的结构、颜色、动作和外形。前景中白色的机器人和拥有黑色外表的架子鼓与背景中的鲜红色地板形成较大的反差，凸显了机器人的智能化形象。这些元素聚在一起，便构成了一幅真实的场景，即高度智能化的机器人正在演奏乐曲。

图 5-7　自然取向的照片：背景刻画（凤凰网，2019 年）

自然取向还体现在远景拍摄图片中对背景的细节刻画。图 5-7 是一幅远景拍摄的机器人工作的画面，即"水壶智能化生产线"。该画面呈现了机器人生产水壶的几乎整个流程。但由于是远景拍摄，加之机器人的工作原理对普通人而言并不清楚，因此整个画面如果没有文字部分的说明，很难让读者识别出这就是"水壶智能化生产线"。尽管如此，这并不妨碍我们对该图片的定性，即属于自然取向的画面。这是因为，首先，这张照片并非画作，因为画作能够赋予画家更大的选择范围，而照片则会限制拍摄者将不需要的事物通通排除在画面以外。因此，被摄入的事物并非完全是拍摄者遴选出来的。比如这幅图中的吊柜和右上角露出的部分屋顶钢架。此外，拍摄者也无法选择颜色、光线、物体的布局等，比如本图中右边射入的光线、物体之间不同的颜色、机器人生产线背后柜体下方的阴影。这些都说明这是一张自然取向的真实照片，而非经过加工或选择的图片。

上述三幅画面均体现了自然取向的情态表达。事实上，连环话新闻较少使用这一取向的图片。那为什么在此新闻中会使用呢？我们在前文中已经提到，这条新闻的主要目的是对智能机器人展会的总结。本新闻只是陈述新闻事件的事实，并没有对新闻事实进行评论，因此属于消息类、报道类新闻。消息类、报道类新闻关注的是对事实客观、真实地再现，因为客观、真实的报道是新闻的本质属性（冯莉，2007；杨保军，2006，2008，2016；尹韵公，2006；D. Feng，2016a，2022；Muñoz-Torres，2012；O'Neill，1998；Ward，2009）。记者需要在报道中保持不偏不倚，以便让受众了解事件的真实信息。

5.5　漫画、卡通与抽象真实

事实上，正如本书其他章节反复论述的，大多数连环话新闻都不是消息类、报道类新闻，而是以分析、解释、论述为主的评论性新闻。新闻类型的不同决定了新闻话语对文字和图片不同的情态选择取向。我们看看图 5-8。这是一张取自"健康连环话②：注意！别让抑郁症伤害了孩子"中的图片。图片中，一位小女孩正关着门躲在房间的门背后。她坐在地上，背靠着门，头深深地埋在膝盖之间，两手抱着双腿，显示出伤心、孤独、脆弱的神情。该画面与文字部分的信息形成一种互补的关系（Barthes，1977；Martinec & Salway，2005；Royce，1998，2007；van Leeuwen，2005；亦见本书第五章），文字部分犹如小孩当时想要表达的心情。不仅如此，小孩所在的房间与外部世界被两种不同的、暗灰色的颜色区隔开来，象征性地形成两个互不相通的世界。房间整体上呈咖啡色，小孩身上的颜色也是类似的色调，如果没有轮廓线，几乎无法将小孩和房间区分开。咖啡色属于暗淡的色调，喻指小孩在受到父母责怪后灰暗、沮丧的心情。如果说房间还有一线光亮，外部世界则完全是漆黑一片。小孩的房间包括小孩本人被整个外部世界的黑暗包裹着，好比小孩心灵受到伤害时被黑暗笼罩着一般，喻指小孩在被父母责怪后产生的对外部世界的恐惧心理。整体上，两种色调都带给人一种灰暗的氛围，表达了小孩在受到父母的批评之后沮丧、伤心、无助的心情。上述信息均通过图片中简单的线条和大面积单一色调的暗色和咖啡色抽象地表达出来。整个图片呈现的尽管不是自然的、与现实生活相一致的真实画面，但它却传递给读者一种强烈的心理真实，即小孩受到父母责怪时感受到的委屈、伤心、孤独与沮丧。这是一种以隐喻为主的抽象取向的视觉情态表达方式。

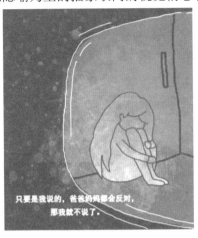

图 5-8　抽象取向的图片（多彩贵州网，2021 年）

这种以抽象为取向的图像在连环话新闻中比比皆是，它们主要通过隐喻、转喻、借代等手法，向读者传递一种抽象的含义，其中使用比较普遍的就是视觉转喻。所谓视觉转喻，就是用一种视觉图像，转指某种人、事、物或思想、态度、立场（张辉、展伟伟，2011；赵秀凤、苏会艳，2010；W. D. Feng，2017）。图 5-9 主要采用人物表情来指代社会中的某一社会立场或态度，该图节选自"连环话第 2 期：地方债务危机来袭"（凤凰网，2013 年 8 月 8 日）。该新闻再现了 2013年前后中国地方债务风险高企的状况及其原因和后果。图 5-9 是该新闻的第 6 部分，分析了地方政府债务危机产生的原因。该图主要通过图文结合，以对话的方式推进新闻的讲述。整幅图由六个小图片构成，每个图片包含说话（或思想）的人物和语泡。人物与语泡之间形成一种投射关系（Halliday，1985；Halliday & Matthiessen，2014；Kress &

van Leeuwen，2006；Martinec & Salway，2005；van Leeuwen，2005）。图片采用了视觉转喻的漫画风格，通过简单的线条，以夸张的笔触，勾画出了现实生活中人们面对地方政府债务危机可能出现的六种典型态度。由于姚明是大家耳熟能详的明星人物，第6幅图因此被设计成了以他为原型的人物头像。①剩下的五幅图，很难辨别出每幅肖像来自现实生活中的哪些人物（大多数为表情包人物符号）。但正是这些抽象的画面，勾勒出了中国社会普通民众面对"地方政府债务危机"的群画像。从他们的表情和话语中，我们可以大致解读出不同人对地方政府债务危机的看法和态度。比如，图5-9-1中的角色面露惊恐之色，语言为"有人说……"，表达了他对地方政府发生债务危机的担忧。图5-9-2中的角色表情冷淡，话语为"官员称……"，表达了他对地方政府债务的冷眼旁观。图5-9-3中的角色作沉思之状，话语为"我该信谁的？"，表达了他对地方政府债务危机的半信半疑。图5-9-4中的角色微笑着用手指竖起大拇指，话语为"在中国当然要信政府，除了房价……"，表达了他对政府充满信心，不担心地方政府无法应对债务危机。图5-9-5中角色的表情沮丧，话语为"即使发生最坏的结果……"，表达了他对地方政府债务危机的忧虑。图5-9-6中的人物脸上露出既哭又笑的复杂表情，话语为"按中国特色的发展模式……"，表达了他对地方政府可能发生债务危机可能性的复杂心态。从上面的分析来看，无论是人物表情的刻画还是语言的表达（即人物的话语），都不是对特定个体的描述，而是对一类人的社会立场和态度进行了表征。通过这种从个体到群体的转喻方式，向读者传递的是一种"抽象的真实"。

---

① 但这并不意味着姚明本人属于这一类型，这只是记者或作者为了吸引观（读）者而采用的一种拼贴手法。

图 5-9　抽象取向的图片：卡通人物（凤凰网，2013 年）

　　图 5-10 采用了以个人形象转喻某项制度的修辞方法，这是另一种抽象取向的视觉情态表达方式。该图节选自"连环话第 24 期：图解城乡养老并轨"（凤凰网，2014 年 2 月 21 日）。该新闻分析了中国养老金城乡并轨的现状、方式与结果。图 5-10 为这则新闻的开始部分，共由四张图片构成。它们借助简洁的文字和抽象的人物形象，指代四种不同类型的养老金制度。图 5-10-1 中的人物打着领带，穿着西装。根据文字部分的信息可以推断，他代表了"企业职工群体"。图 5-10-2 中的人物也打着领带，穿着西装，不同之处是戴了一副眼镜。根据文字部分的信息可以推断，他代表了"机关事业单位的职工群体"。图 5-10-3 中的人物穿着圆领衫，留着胡须。根据文字部分的信息可以推断，他代表了"城镇居民群体"。图 5-10-4 中的人物也穿着圆领衫，不同之处在于其胡须弧度向下，好似不高兴的样子。根据文字部分的信息可以推断，他代表了"新型农村居民群体"。这种视觉图像是高度抽象化的，作者仅用了块状的黑白两色勾勒上述人物形象，单从他们的穿着、外表很难辨别出这些人物形象表达的具体含义，更别说是他们分别代表的四种不同阶层的社会群体。从这个意义讲，文字部分对图像信息起到了解释、锚定的作用（冯德兵，2015；Barthes，1977；

Martinec & Salway，2005；van Leeuwen，1991，2005)，使图像中的抽象含义变得更加明晰、确定。

图 5-10　抽象取向的图片：转喻表达（凤凰网，2014 年）

以上分析表明，连环话新闻善于通过隐喻、转喻等手法来表达抽象取向的图像，以此建构一种"抽象的"真实，即社会现实。因为社会现实是对具体个案的总结与概括，无法通过具体的个案来表达其本质含义。因此，自然取向的图片比如照片往往无法很好地体现这一特征，而需要抽象取向的简笔画或写意画，以隐喻、转喻、象征等方式表达这种含义。

5.6　图表、流程图与科学真实

当然，并非所有的连环话新闻都必须通过抽象取向的图片来传递意义。实际上，当分析、论证不同概念或数据时，具有科学意义的流程图就会发挥重要的作用。例如：

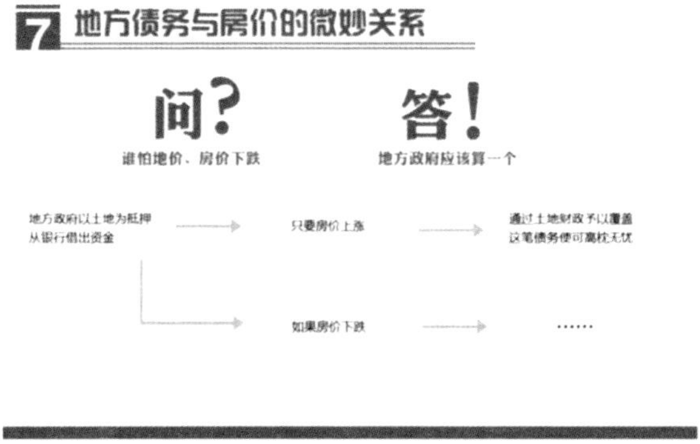

图 5-11　科学技术取向的图表：流程图（凤凰网，2013 年）

图 5-11 同样选自"地方债务危机来袭"（凤凰网，2013 年 8 月 8 日）。
该图通过流程图的形式,分析了中国地方政府债务与房价之间的关系。
该图包含了两个问题。一个是显性的,即"谁怕地价、房价下跌"。作
者在该问题的上方用了一个超出正常字体几倍的"问？"作为问题的
标识,同时紧随其后用同样大小的"答！"作为回答的标识。通过自问
自答的方式指出,"地方政府应该算一个"。将"问？"和"答！"放大,
一方面具有吸引读者注意力的作用；另一方面,我们认为,放大字体
还有突出中心的作用,即通过放大字体,将作者试图传递的信息"强
制性地"印在读者的头脑中,指出地方政府最担心发生债务危机。这
一观点自然引出了第二个隐含的问题,即"为什么地方政府害怕房价
下跌"。针对这一问题,作者采用流程图的方式进行解答。流程图可被
看作分析结构（Kress & van Leeuwen，2006）中的属性关系过程
（Halliday，1985）。也就是说,流程图的第一个节点（即"地方政府以
土地为抵押从银行借出资金"）为载体（carrier）,该节点下的两个分
支为属性（attributes）。两个分支通过正反条件的方式（即如果房价上
涨或下跌）,推导出两种不同的结果。一个是"如果房价上涨,政府的
土地财政可以抵消这笔借款",另一个则是"如果房价下跌,就
会……"。作者用省略号暗示：房价下跌时,政府的土地财政就可能难
以偿还这笔借贷的资金。通过这个流程图,地方政府债务与房价涨跌

之间的复杂关系便被清楚明了地呈现在读者眼前，这种叙述方式体现了较强的逻辑性。就普通受众而言，该流程图至少包含两种逻辑，一是"如果……那么……"的条件逻辑，二是"上涨""下跌"的正反逻辑，遵循了事物发展的一般科学规律（即从"前提事件"到"结果事件"的发展过程），增进了话语叙述的条理性和逻辑性，能够有效增强结论的可接受性和可信度。

除流程图外，以科学为取向的统计图表在连环话新闻中也被广泛使用。

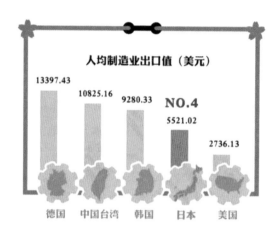

图 5-12　科学技术取向的图表：柱状图（凤凰网，2016 年）

图 5-12 选自"连环话 334 期：日本制造业怎么了"（凤凰网，2016年 8 月 3 日）。该新闻分析了日本制造业在世界经济中的地位、历史、现状以及其原因。图 5-12 呈现了日本人均制造业出口值在世界上的排名。该图主要通过柱状图及数据呈现。图表和数据是在统计的基础上做出的分析结果，因此具有较强的科学性和可信度。尽管如此，从全文看，图中列出的数据均没有明确指出来源，因此在一定程度上影响了这些数据的可信度。实际上，连环话新闻并不像"硬新闻"（hard news）那样追求事实的客观真实和数据的科学严谨。从风格上看，连环话新闻更倾向于以"娱乐化"的方式向受众讲解社会热点话语，为人们提供茶余饭后的"知识解读"或"信息消化"。实际上，虽然该新

闻采用了科学技术取向的图表来呈现数据，但与此同时，作者也插入了很多具有"调侃"性质的语言表达和视觉图像。首先，语言上使用了很多具有"调侃"性质的话语（详见本书第3章），比如："今天我们聊聊日本制造业，曾经高踞神坛，今天为什么满目疮痍"，等等。其次从图像看，作者在对柱状图的数据进行标识时，不是单纯地使用文字信息如"德国""日本"等的制造业人均出口额，还在柱状图的下方添加了对应国家的地图标识，并在地图标识的周围有齿轮状的边框将地图围起来。不仅如此，作者还将图表本身涂上鲜黄的颜色，齿轮文本框的填充物为鲜绿色。为了加强对比，还特别将该新闻的主角即日本的地图变成了鲜红色。这一行为从科学角度看，略显画蛇添足，且不严谨。但是从娱乐的角度看，给人一种颇有趣味的感觉，让人在会心一笑中了解了相关的知识和信息。

从这个意义讲，尽管连环话新闻会采用科学技术取向的情态来分析、解读一些复杂的问题如财经信息、金融知识等，但连环话新闻本身并不属于"严肃"新闻。它的目的是满足信息化时代人们"快餐式阅读"的需求，使人们在轻松愉悦中获取一些与社会热点相关的知识与信息，为人们释疑、解惑、科普。林纲（2006）曾经将这种现象看作新闻报道的"媚俗化"倾向。但是，在我们看来，连环话新闻不排除讨好受众的倾向，但这种"讨好"并不是一味地跟风、盲从社会热点，而是在当今互联网技术和数字化媒体高度发达的背景下新闻媒体业的有益尝试。事实上，当今时代，信息获取渠道极度丰盈，每天的信息量似洪水般涌入个体的终端设备。如何有效地从海量的信息中脱颖而出，获得受众青睐，是媒体人和媒体机构每天面临的最紧迫又必须要回答的问题。连环话新闻在一定程度上能够为该问题提供一定的答案，比如，将复杂的信息"条理化""PPT"化，将严肃的话题娱乐化、口语化，将枯燥的文字视觉化、形象化，等等。通过这种方式，就能够一定程度满足人们的"快餐式消费"需求，让人们从乏味的长篇大论中解脱出来，轻松获取复杂、深奥的知识与信息。

5.7 画面与感官真实

以感官为取向的图片在连环话新闻中并不多见。这是因为，尽管连环话新闻倾向于"娱乐化"、口语化，但毕竟还是新闻，需遵循新闻的一些基本规则，如以事实为依据，保持新闻事实的客观真实（冯德兵、高萍，2014；杨保军，2008；尹韵公，2006）。尽管如此，仍然有部分连环话新闻采用感官取向的梦幻画面。那是不是说这样的新闻就会违背新闻追求"客观真实"的基本准则呢？我们不妨先看看具体的例子。图5-13、5-14、5-15均选自"连环话｜你可能不知道的上海：GDP超4万亿｜海派文化和红色血脉同在"（凤凰网，2022年4月4日）。该新闻包含两个主要目的：（1）上海的"海派文化"在中国的社会发展和经济发展中举足轻重；（2）上海（在2022年4月左右发生的）疫情需要并获得了全国人民的支持与包容。总体目的是号召全国人民同舟共济，协助上海战胜疫情。新闻中选取的图片对新闻内容主要起示例作用，用以强化作者的具体观点。图5-13展示的是旧上海外滩的繁华景象。从色调上看，画面中几乎所有的物体，包括建筑物、天空、路面、行人，都呈现出金黄色，似乎在告诉人们，旧上海如金色梦幻般兴盛繁华。与图片同时出现的文字包括"中国最早的交响乐团、最早的电影制片厂、最早的芭蕾舞剧、最早的流行音乐都诞生于上海"。记者使用了四个"最早的……"，表达了旧时的上海是中国"文化艺术的先河之地"的观点，与图片中梦幻的景象相互映衬。尽管这种景象并不是真实的画面（不可能所有的物体都是金碧辉煌的样子），但起到了支撑文字信息的作用，强调了"上海在文化艺术方面有着辉煌的历史"。

图 5-13 感官取向的图片：金黄色（凤凰网，2022 年）

　　图 5-14 展示的同样是上海外滩，但画面换成了黑白色。黑白色表示过去（D. Feng，2016b；Kress & van Leeuwen，2006），说明这是旧时的上海。沿着街道面向大海的是一排排雄伟壮观的建筑，路面上来来往往着车辆与行人，码头是一排排的轮船和上下船的人群。与此对应的文字为："1919 前后，上海已经是全国工人人数最多、工人比例最高的城市。曾集中了中国约 50%的民族资本企业、约 40%的资本额、约 50%的年产值。"这些信息与图片的黑白色和图片描述的内容相互呼应，进一步突出了主要思想：过去的上海曾经是中国的经济中心。

图 5-14 感官取向的图片：黑白色（凤凰网，2022 年）

图 5-15　自然取向的图片：自然光（凤凰网，2022 年）

　　图 5-15 展示的是现在的上海：摩天大楼鳞次栉比，马路上车水马龙，夕阳的照射下到处灯火辉煌，呈现出一片繁华、现代的大都市景象。这是自然光照下的上海，即当下的上海。与此相互呼应的文字是："上海是我国取得世界经济金融领域的主动权和话语权，维护本国在世界经济和金融全球化一体化过程中利益的桥头堡。"

　　分析表明，以上三幅图中前两幅不是自然的、真实的图景，而是对色彩进行选择、调和、处理后的画面，以此激起读者感官上的共鸣。比如，图 5-13 采用金黄色将上海涂成金碧辉煌的样子，使读者感受到旧时上海的繁华；图 5-14 采用黑白色调将上海描述成旧时的情景，使读者感受到上海的过去。不仅如此，这些图片还与文字信息相互映衬、补充，进一步强化了新闻的主题思想和交际意图。与之相反，图 5-15 则通过夕阳的自然光照，呈现出现在上海的梦幻景象，使读者感受到上海作为现代化大都市的繁华。因此与图 5-13 和图 5-14 在情态取向上形成对比。以上分析表明，感官取向的图片尽管不能用于再现新闻事实，但能够在连环话新闻中起补充、衬托感强化的作用，因而也会偶尔出现在新闻中。

5.8　多取向融合的图像

　　从上述分析可知，连环话新闻中的很多图片并不是单一取向的情态表达，而是在选择一种情态取向的同时，融入了其他一种或多种情态取向。几种情态取向呈相互融合、相互补充的关系，同时实现多种交际目的，传递多种交际意义。

最常见的是科学取向的情态与抽象取向的情态相结合。科学技术取向的情态表示通过客观的数据或图表，呈现具有"科学"真实的信息。在连环话新闻中，具有科学技术取向的图像往往会被设计成一些抽象的符号，同时传递一种"抽象"真实的含义。例如：

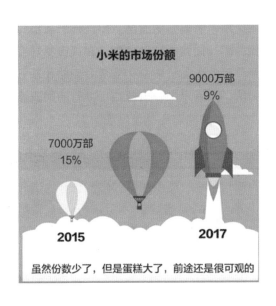

图 5-16　科学技术取向与抽象取向的融合（凤凰网，2018 年）

图 5-16 选自"连环话 802 期：小米估值"（凤凰网，2018 年 5 月 11日）。该新闻刊出时，小米品牌打算在香港上市的消息正炒得沸沸扬扬。因此，记者专门制作了这期连环话，讨论小米品牌的市场估值。图 5-16呈现了小米手机的市场份额。图片巧妙地将统计图表和具有象征意义的漫画图片结合起来，令人印象深刻。首先，它采用统计图表来表达小米手机在 2015 年和 2017 年的出货量和市场份额。统计图表（这里大体上可以看作柱状图）表明了数据的科学性和客观性。从科学角度看，图片本身是真实可信的。其次，记者没有选择标准化的柱状图来

展示数据，而是采用气球和火箭图像，用它们来指代小米手机的出货量和市场份额。将气球和火箭与出货量联系起来，能够产生更多的含义。比如，使用气球表示小米手机在 2015 年的出货量，意在表明小米的手机出货量较大，如气球般不断变大、升高（比如，从第一个较小的黄色气球变成第二个近三倍大的蓝绿色气球）。针对 2017 年的小米手机出货量，记者将气球换成了火箭。火箭的显著特征就是快速升高，这似乎在告诉读者，小米手机的出货量正如火箭般攀升。这种将科学图表与具有象征意义的图像相结合的方式，不仅清晰地表明了小米手机出货量和市场份额不断飙升的发展态势，还形象地传递了小米品牌巨大的市场价值。不仅如此，这种将气球和火箭拼贴在统计图表上的做法，本身就有一定"调侃"、幽默的意味，能够使读者在轻松愉悦中获取小米上市的信息，为小米上市营造了很好的舆论氛围。正如图片中的文字所说，"小米的前途还是很可观的"。

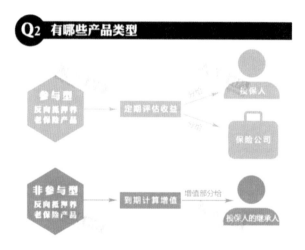

图 5-17　科学取向的流程图与抽象取向的人物漫画（凤凰网，2016）

图 5-17 为"以房养老"连环话新闻（凤凰网，2016）中的第二问："以房养老"有哪些产品类型。记者通过流程图的方式，将"以房养老"保险产品划分为"参与型"和"非参与型"两类。接着通过图解的方式分析了这两类产品的收益分配。从情态取向看，该图采用了两

种取向。首先，流程图本身属于科学性、思维导图式的表达，因此属于科学取向的情态，描述的内容具有"科学"真实性。其次，当讨论具体的收益分配时，记者通过抽象的图形转喻不同的受益人主体。具体包括：用人物形象表示受益人个体，用手提包图标表示受益人机构即保险公司。将抽象取向的图标/图片与科学技术取向的流程图相结合，不但体现了信息的科学性和真实性，还增强了信息的视觉形象化效果。

　　第二种是自然取向与其他取向图片的结合。一般情况下，自然取向的图像以照片为主，描述的对象一般为相关言论的说话者或相关事件的当事人。照片根据具体内容，与其他取向的图片灵活地结合在一起，表达额外的情态意义和交际意图。例如：

图 5-18　自然取向与抽象取向的融合（凤凰网，2018 年）

图 5-18 呈现了小米集团创始人雷军在武汉大学的一段言论。他感叹说，自己回到母校武汉大学，就好像"回到了大学考场，正在面对期中考试"。记者通过"说话人+语泡"的方式巧妙地将该言论与雷军本人联系起来。语泡文本框为白底无边框的文本框，与蓝灰色的背景颜色区分开来。话语（verbiage）本身是黑色字体，与白底文本框形成鲜明对比。采用语泡呈现言论的方式具有一定的漫画特征，因此略带一

定程度的抽象取向情态。说话人（sayer）由雷军本人的真实照片构成。照片本身属于中景镜头，面部表情、着装、举止、色彩的呈现等均符合现实生活中自然光照下的拍摄特征，因此该照片属于自然取向的情态表达。不过，记者采用了图片拼贴的方式，将照片原来的背景换成了非真实的画面，即武汉大学的标志性建筑图标（比如：黄鹤楼状的绿瓦白墙建筑物）。图标本身并非真实的武汉大学建筑，只是选择了武汉大学中最具代表性建筑的轮廓来指代、象征武汉大学，因此属于抽象取向的图像。自然取向的图片（"雷军照片"）和抽象取向的图片（"语泡"与"背景图标"）相结合，巧妙地将雷军和其母校武汉大学关联起来，和语泡中的言论（即"迎接期中考试"）形成呼应，突出了该言论的来源和发表该言论的场合，增加了该言论的真实性，并一语双关地将小米上市比喻成了"迎接期中考试"。

图 5-19　自然取向、抽象取向与感官取向的融合（凤凰网，2021 年）

除了两种取向的融合外，更具特色的是三种及三种以上取向的结合。图 5-19 展示了智能化汽车的"大脑"工作原理。该图节选自中国"十四五"开局之年的科技创新的连环话新闻（凤凰网，2021 年 3 月 18）。该图包含至少三种不同的情态取向。一是自然取向。这主要反映在汽车图片上面。从图中可知，汽车图片最接近现实生活。汽车的轮廓、颜色、牌照等均说明该图片属于自然环境下拍摄的真实汽车照片。二是抽象取向。这主要反映在表示大脑运作的虚幻的两个人的头像。两个头像分别表现为两种不同的色调。较大头像为淡蓝灰色，但其大脑则为浅蓝色；较小头像为深灰色，但其大脑为天蓝色。由文字可知，两个大脑分别象征人的大脑和汽车的智能"大脑"。两个大脑通过蓝色的线条和节点联系起来，因此可以互连并自由沟通。三是感官取向。这主要反映在色彩的运用上。从上往下看，线条和节点均为天蓝色，且节点呈毛玻璃状的模糊圆点。两个头像均以蓝色为底色，尽管汽车的车身为黑白相间，但汽车的四周均是模糊的蓝色环晕，底部也是淡蓝色或浅蓝灰的环晕。简言之，整个图片呈现出一种蓝色的基调。一般来说，蓝色代表现代科技。使用蓝色作为图片的基本色调，象征着智能汽车和现代科技的魅力和神奇。

5.9　小结

本章讨论了情态的表现手法、取向和连环话新闻中的情态意义及其与真实性之间的关系。在此基础上，从自然取向的照片、抽象取向的图片、科技取向的图表、感官取向的画面等角度，分析了连环话新闻中的视觉情态意义，揭示了连环话新闻为了突出新闻话语的真实性而采取的有针对性的视觉情态实现手段。这些手段主要包括：（1）通过自然取向的照片强调新闻的客观性和事实性。换句话说，通过反映现实社会的真实照片来建构或再现事实（杨保军，2006，2016），从而凸显新闻对真实性的主张（D. Feng，2022）。（2）通过抽象取向的图片再现"抽象的"真实。换句话说，通过漫画、图标等具有象征意义的图片揭示事物背后的本质属性即社会现实。（3）通过科学技术取向的图表展示统计数据、组织关系等具有科学性的信息，以此增强话语的科学客观性和可接受性。但是，连环话新闻中的图表并不是严谨规范的科学图表，而是为迎合受众的"快餐阅读"习惯而采取的一种顺应手段，即，一方面通过科学图表展示比较客观、科学的数据，另一方面通过在图表上添加"娱乐性"元素（如具有经验意义或暖色调的边框），使图表看起来更加通俗易懂或风趣幽默。这种非规范的图表有助于促进普通民众对复杂抽象的新闻信息的理解和接受，实现连环话新闻"科普"的目的。（4）通过具有感官取向的画面使图像或页面呈现出某种氛围意义或情感意义，以此激发读者的情感共鸣。换言之，连环话新闻的页面从来都不是简单的白纸黑字，而是记者或编辑根据新闻事件蕴含的意义有意识选择的不同颜色的融合。这种颜色的融合能够使图像或页面产生某种氛围意义或情感意义，以激发读者阅读新闻的兴趣。上述各种视觉情态的调用，使连环话新闻呈现出一种混合式的"真实"。这种真实根据不同的交际目的得到不同程度体现。当强调客观真实时，科技导向的图表占主导地位，新闻主要以图表的形式呈现。比如，《人民日报》或新华网有关政策解读的新闻以图表式连环话新闻为主。当强调感官刺激时，新闻中就会大量使用感官取向的图像或画面。比如，凤凰网连环话解读中美贸易战或小米上市等新闻时，在整个篇幅中就使用了大量彩色的画面。当记者试图以风趣的方式解读社会热点话题时，连环话新闻就会倾向于以漫画式的图像呈现信息。比如，凤凰网在报道日本花钱治雾霾时（"连环话172期：日本为啥拿钱帮中国治霾"，凤凰网，2015年12月6日），就使用了很多卡通图片和生动有趣的图表。

第 6 章

图文连接与意义的连贯

6.1 引言

就纯文字而言，语篇的连贯主要通过衔接手段实现，如指称、连接、省略、替代、词汇衔接等语法手段和增补、转折、因果和时间先后等逻辑手段（改编自 Halliday & Hasan，2014）。连环话新闻由于包含了文字、图像、布局等多模态符号，其意义的连贯不仅体现在文字上，还体现在图像内部、图文之间、页面布局等方面的衔接与连贯。但是，这些符号模态的意义连贯同样需要通过语法和逻辑手段实现。于是，部分多模态话语分析学者将文字的衔接与图像等非文字的衔接联系起来，提出了适用于连环话新闻等多模态语篇意义连贯的分析框架。比较典型的包括图文连接（van Leeuwen，1991，2005）、图文关系（Martinec & Salway，2005）、图文衔接（D. Feng，2016b；Tseng，2013；Tseng，Laubrock & Bateman，2021）、页面布局（Kress & van Leeuwen，1998，2006；Painter et al.，2013）等。本章将对上述理论和分析框架进行梳理，并在此基础上分析连环话新闻中的图文连接关系，从而揭示连环话新闻语篇意义连贯的实现手段。

6.2 文字的连接关系

语篇意义的连贯通常都是通过语义的连接关系实现的。虽然信息本身可能存在自身的价值，但是这种价值只有在彼此连接的情况下才会变得有意义。它们需要通过时空的排列顺序和逻辑上的语义关系连接起来。文字连接一般通过连接词或短语实现，包括表示时间先后顺序的连接词或短语，如"then""next""for the first time""首先""其次""然后"等，和表示空间方位顺序的连接词或短语，如"in front of""on the back of""at top""in the corner""左边""前方"等。

文字的逻辑语义连接指通过上下文的结构建立起来的衔接关系。一般来说，信息单元之间不需要显性的连接词或短语。在这种情况下，我们可以插入显性的连接词来检测信息单元之间是否存在连接关系。以著名语言哲学家保罗·格莱斯（Paul Grice）的经典对话为例（转引自 G. Brown & Yule，1983）。

例 6-1:
A: The phone's ringing.
B: I'm in the bath.
A: OK.

根据格莱斯的分析，A 和 B 之间的对话包含了很多隐含的意义。比如，A 首先发出"The phone's ringing"，该语句至少包含以下没有明说的信息："Please answer the phone"。B 的话语实际上是针对隐含意义的间接回答，但 B 没有直接说他是否接电话，而是说"I'm in the bath"。该话语隐含了至少如下信息"I can't answer the phone"。A 于是回应了"OK"。实际上，仅回应"OK"而不联系到具体的语境来理解也会产生歧义。至少，我们可以有如下两种解读：（1）"OK. I answer the phone"。（2）"OK. I'll hang off the phone"。由于这些隐含意义是 A 和 B 之间共知的信息，因此不需要双方明示出来也能够彼此理解。尽管语句之间有连接词或其他衔接手段，但它们之间仍然是连贯的。该案例说明，有的话语的连贯性并不依赖于连接词的使用，而是通过上下文语境或话语结构（如对话）连接起来的。

英文属于形合语言，更多依赖连接词来连接语义。相对来说，中文属于意合语言，较少依赖连接词来实现语义连贯（连淑能，2010）。请看以下两个例子。

例 6-2：

　　饺子皮放少量馅料，抹上少量的清水。饺子皮对折成半月的形状。在饺子皮的上方逐步折出均匀的花边即可。

例 6-3：

　　He was under forty, but he had a daughter already twelve years old, and two sons at school. He had been married young, when he was a student in his second year, and by now his wife seemed half as old again as he.（*The Lady with the Little Dog* by Anton Chekhov, 1903）

例 6-2 是介绍鸡冠形饺子的做法。语句之间几乎没有连接词。除了最后一个句子以空间词开始外（"在饺子皮的上方"），其余均为独立的句子。语句之间的意义依赖动作的先后顺序连接起来。相对而言，例 6-3 使用了好些连接词或短语，如 "but" "and" "when" "by now" "in his second year" "by now"。此外还使用了其他衔接手段如指称词 "he" "his" "as…as…"。

　　上述分析表明，当我们分析语义之间的连接关系时，不能仅仅依赖显性的连接词或短语，而是需要从语义逻辑关系的角度，联系上下文语境做出判断。

　　韩礼德认为，小句的语义逻辑关系包括两类，即语义扩展和语义投射。前者包括详述（elaboration）、延伸（extension）和提升（enhancement），后者包括言语投射（locution）和意图投射（idea）（Halliday，1985；Halliday & Matthiessen，2014）。

6.2.1　语义扩展

　　语义扩展（semantic expansion）表示对已知信息的进一步说明，主要通过详述或延伸手段实现。详述（elaboration）表示换一种方式重复或重述已知信息以达到澄清的目的，但没有新的信息出现。延伸（extension）表示添加了新的信息，以特定的方式将其连接到现有的信息。范・勒文（van Leeuwen，2005）认为，"详述"的手段主要包括：

（1）解释（explanation）：表示对已知信息的重述（reformulation）。显性的连接词包括"换言之""也就是说""that is""in other words""to put it another way"等。

（2）举例（exemplification）：表示通过一个例子对已知信息进行解释说明。显性的连接词包括"例如""譬如""举个例子""for instance""for example""to illustrate"等。

（3）详解（specification）：表示用更具体、明确的信息对已知信息做出解释。显性的连接词包括"具体而言""特别是""more specific""in particular"等。

（4）总结（summary）：表示对已知信息进行概括、总结。显性的连接词包括"总结""简而言之""简要""in sum""in a word""to conclude"等。

范·勒文（van Leeuwen，2005：222）列举了以下例子对详述进行解释。澳大利亚珀斯的穆斯林社区学校校长接受电视采访时对"在课堂教授古兰经"进行辩护。其间，他采用"详述"手段来强化他们对"讲授古兰经"政策进行的辩护。以下是节选自其话语中的一部分：

例 6-4：
"We are giving the environment（.）we are giving the atmosphere（.）we are giving the teaching of the Holy Koran（.）we are giving them the feeling that everything you do is to please God"（van Leeuwen, 2005：222）

作为校长，该受访者在采访刚开始时对"向学生教授古兰经"这一事实不太那么理直气壮。他在回答提问时尽量采取了迂回的手段，将该事实表述为"We are giving the environment"。接着，他通过"解释"，将"giving the environment"重述为"giving the atmosphere"，然后进一步详解什么叫"giving the atmosphere"，即"giving the teaching of the Holy Koran"。不过，他可能觉得表述得还不够清晰，于是又进一步解释了"the teaching of the Holy Koran"，将其详解为"giving them the feeling that everything you do is to please God"。又如：

例 6-5：

[Simon Hughes, Cricket commentator:] The top players（.）
international players（.） the players that have Indian Premier League
contracts are on half a million plus（.） some of the county players
（.） maybe not regular players in county teams are on It's you know
（.） 20,000（.） 30,000（.） 40,000 and may be tempted to take an
easy pay-day with these kinds of things spot-fixing（.）（BBC《十点
新闻》, 2012 年 1 月 12 日）

例 6-5 节选自 BBC《十点新闻》有关印度板球球员涉嫌内幕交易而消
极比赛的一则报道。Simon Hughes 正在接受采访对这种现象进行评
论。当对球员进行描述时他采用了"详述"的手法。第一次提到球员
时，他使用了"the top players"，接着他对"top players"进行了"解
释"，称他们为"the international players"，之后他又进一步解释了何
为 international players，将其详解为"the players that have Indian
Premier League contrasts"，这样，Simon Hughes 口中的"top players"
就得到了清楚的说明。

延伸（extension）表示在两项信息中第二项是在第一项基础上添
加的新信息，两者之间通过时间、逻辑、比较或递进类连接词关联在
一起（van Leeuwen，2005）。从时间看，当第二项信息进一步说明第
一项信息时——比如已经发生、正在发生或将要发生——二者之间便
建立了延伸关系。时间性延伸一般包括两种类型。一是时间先后顺序，
即在第一项信息的前面、后面或同时。相关连接词包括"之前""之后"
"时""when""since""then"等。二是结论性事件，即表示最后发生
的事件或信息。显性的连接词包括"最后""最终""总之""finally"
"in the end""at last"等。时间性延伸是叙事类、活动类、程序类、游
戏类等文本中最基本的语义关系。比如：

例 6-6：

　　进到帐篷，点亮马灯，我这才看清，小丽丽浑身汗津津的，身上挂着树枝泥屑，前腿弯还被荆棘划破了一条口子。我帮它把身上弄干净，还替它伤口搽了消炎药，强巴煮了一大锅肉粥，它狼吞虎咽地吃了个干净。一切迹象表明，它是背着母熊，长途跋涉，才找到这儿来的。(沈石溪著，《棕熊的故事》，2014 年，79 页)

以下是对这段文字中时间延伸的概括：

　　（我们）进到帐篷

　　↓（下一事件）

　　点亮马灯

　　↓（下一事件）

　　我这才看清

　　↓（前期事件）

　　小丽丽浑身汗津津的，身上挂着树枝泥屑，前腿弯还被荆棘划破了一条口子

　　↓（当前事件）

　　我帮它把身上弄干净

　　↓（下一事件）

　　还替它伤口搽了消炎药

　　↓（共时事件）

　　强巴煮了一大锅肉粥

　　↓（下一事件）

　　它狼吞虎咽地吃了个干净

　　↓（前期事件）

　　一切迹象表明，它是背着母熊，长途跋涉，才找到这儿来的

　　上述分析表明，时间延伸关系一般体现的是事件或行为发生的先

后顺序。通过时间延伸关系，能够将一个个单一的事件和行为串联起来，形成意义连贯的叙事故事。与时间延伸相对应的是逻辑延伸关系。逻辑延伸关系（logical extension）表示信息之间通过逻辑关系连接起来，一般分为因果、条件、比较等关系。因果连接（causal links）表示信息之间通过表示原因、结果和目的的连接词连接起来。表原因的连接词包括"因为""由于""because""as""now that"等。表结果的连接词包括"所以""因此""于是""as a result""so""in consequence"等。表目的的连接词包括"为了""鉴于""出于""for that purpose""in order to""with this in view"等。条件连接（conditional links）表示前一信息为条件，后一信息为在该条件下产生的结果。一般包括正面条件（如"如果""if""in case"）和反面条件（如"除非""if not""otherwise"）。比较连接（comparing links）表示前后信息之间进行比较。一般包括相似或相同关系，如（"类似地""likewise""similarly"）和差异或不同关系（如"相反地""相对地""by contrast""conversely"）。递进连接关系（additional links）表示在前一信息的基础上引入新的信息，该新信息和前一信息形成一种并列、替代和转折的关系。表示并列关系（combinatory links）的连接词包括"和""以及""又""and""as well as"等。表示替代关系（substitutional links）的连接词包括"或者""or""alternatively"等。表示转折关系（adversative links）的连接词包括"但是""不过""然而""but""however""nonetheless"等。

延伸关系还可以通过空间关系连接实现。空间连接（spatial links）表示前后信息在空间位置上的关系。一般包括距离关系（proximity），如"前面""左边""顶部""in front of""on the right"等，和同现关系（co-presence），如"这里""同一地点""here""in the same place"等。

表 6-1 是上述各种逻辑语义关系的概括。

表 6-1　文字中的语义连接关系（改编自 van Leeuwen，2005：225）

连接类型	具体手段	常用连接词	适合体裁
详述	解释 举例 详解 总结 强调	"即""换言之" "比如""又如" "特别地""尤其是" "简言之""总体上" "事实上""实际上"	论证 劝说
延伸：递进关系	并列 转折 替代	"和""而且" "但是""尽管如此" "或者""而不是"	描写 论证 劝说
延伸：时间关系	下一事件 共时事件 前期事件 结局	"接着""然后" "此时""同时" "此前""早期" "最后""终于"	叙事 程序说明
延伸：空间关系	距离 共现	"前面""远方" "从现场看""这里"	描述
延伸：逻辑关系	相似 对比 原因 结果 目的 正面条件 反面条件	"类似地""同样" "比较而言""相反地" "因为""由于" "所以""因此" "为此""为了" "在此情况下""如果" "否则""反之"	论证 劝说

6.2.2　语义投射

语义投射（semantic projection）表示前后信息之间通过言语行为和心理行为连接起来。如果是言语行为，其中的说话者（sayer）为话语的投射源或发出者，话语内容（verbiage/locution）为被投射的内容。这种过程可以通过三种方式实现。一是对概念的投射，其中的话语内容为对其进行概括的总结性话语或概念。如："他对我们讲了他的志愿者经历"。这里的"他"为投射源，"讲述"为言语行为，"我们"为说话对象，"他的志愿者经历"为被投射的内容。二是被投射的内容为一个事件，一般通过间接引语的形式实现。如"他说他放学后在学校踢了一场足球"。"他放学后在学校踢了一场足球"就是一个具体的事件。三是被投射的内容是说话者正在讲的内容，一般通过直接引语实现。比如"他对我说：'他刚刚读了30分钟的课文'"。引号里面的内容就是被投射的内容。

语义投射的第二种形式是思想投射或心理活动投射，一般通过心理过程实现。其中，思想者或感知者（senser）为投射源，想法或心理活动（idea）为被投射的内容。和语言投射类似，思想投射同样包括三种类型。一种是对概念的投射，如"他想到了一个好点子"。这里的"他"是投射源，"想到了"是心理行为，"好点子"是被投射的内容。第二种是对心理事件的投射，一般通过间接引语实现。比如"他相信只要努力就一定能够实现既定的目标"。其中"只要努力就一定能够实现既定的目标"属于一个心理事件，是被投射的内容。最后一种是对具体心理活动的投射，一般通过直接引语实现。比如"他想：只要努力，我就一定能够实现既定的目标"。这里冒号后面的内容就是投射者的内心想法，属于被直接投射的内容。

语义投射关系和语义扩展一样，能够在语篇中实现意义的连接，使上下文在意义上形成连贯的语篇。实际上，在大多数文本中，上述逻辑语义关系都是相互交织、相互补充的。比如，以下段落既有叙事，也有评论；既有详述，也有延伸和递进。

例 6-7：

> 我拔出左轮手枪，打开保险，义愤填膺地跨出栅栏，穿过吊桥，径直迎着母熊走去。我的枪法虽然很差劲，但近距离射击母熊这么大的目标，是不会有什么问题的，枪膛里的六颗子弹足够它受得了。虽然法律不允许猎杀棕熊，但当人的生命受到威胁时可以例外，正当防卫无可非议。我完全可以这么说，我正在行走时，母熊突然从大树背后扑出来袭击我，

我躲不掉也跑不了，朝天射击也未能吓唬住它，眼睁着熊掌就要落到我的脑袋上了，万般无奈，我只好将它击毙。（沈石溪著，《棕熊的故事》，2014年，92页）

以下是例6-7的详细分析。

我拔出左轮手枪

↓（下一事件）

打开保险

↓（下一事件）

义愤填膺地跨出栅栏

↓（下一事件）

穿过吊桥

↓（下一事件）

径直迎着母熊走去

↓（评价/原因）

我的枪法虽然很差劲　→（转折）但近距离射击母熊这么大的目标，是不会有什么问题的　→（详解）枪膛里的六颗子弹足够它受得了

↓（评价/并列）

虽然法律不允许猎杀棕熊　→（转折）但当人的生命受到威胁时可以例外→（原因）正当防卫无可非议

↓（评价/详解）

我完全可以这么说，我正在行走时　→（下一事件）母熊突然从大树背后扑出来袭击我　→（下一事件）我躲不掉也跑不了，朝天射击也未能吓唬住它　→（下一事件）眼睁着熊掌就要落到我的脑袋上了，万般无奈，我只好将它击毙。

又如：

例 6-8:

　　Ben Wood [Technology analyst, CCS Insight]: It's all about the screens（.）Smart TVs and tablets（.） smartphones and how you can connect them all together and also connect devices（.） Lots of connect devices whether It's cameras with SIM cards in or other things like putting in your suitcases to find out where they are（BBC《十点新闻》, 2013 年 1 月 8 日）

例 6-8 中的逻辑语义关系可以概括为:

　　Ben Wood [Technology analyst, CCS Insight]
　　↓（投射: 话语）
　　It's all about the screens →（举例）Smart TVs and tablets（.）smartphones →（并列）and how you can connect them all together →（并列）and also connect devices（.） →（总结）Lots of connect devices →（详解）whether It's cameras with SIM cards in →（替代）or other things →（举例）like putting in your suitcases to find out where they are

　　通过上述分析, 我们可以清晰地知道, 语篇中各部分信息之间如何根据逻辑语义关系连接起来, 并构成连贯的、有意义的语篇。对于文字语篇如此, 对于图像文本或其他与语言符号相结合的多模态语篇同样如此。它们可以通过上述表示逻辑语义关系的连接手段实现语篇的连贯。

6.3　图像之间的连接

　　除文字信息外, 图像之间和图像内部也需要通过连接达到语义的连贯, 且具有与文字信息类似的连接关系和连接手段。关于图像信息的连接研究, 可以追溯到早期的苏联电影界在蒙太奇技术方面的创新与发展。在蒙太奇理论的基础上, 学者们又相继提出了视觉叙事文本

（主要为电影叙事）中的图文连接关系、新旧媒体中的图文关系、电视新闻话语中的图文连接和指称关系等。

6.3.1 蒙太奇效应

蒙太奇（法语：montage）是法语的音译。它最初是一种建筑学术语，用来表示图形的构图和组合，即通过一系列图像的组合来讲述故事或故事中的情节。蒙太奇能够通过镜头的并置、时间的压缩或故事情节的交织，在短时间内向观众传达大量的信息。我们先看以下的实验。苏联电影制片人列夫·库里肖夫（Lev Kuleshov）发现，将同一镜头与不同的镜头组合能够产生不同的情感体验。他曾经将一个面无表情的男人的镜头与三个不同的画面相结合，来观察图像组合可能产生的效果。第一幅画面描述的是躺在棺材里的一位死去的女孩，第二幅画面描述的是一碗热气腾腾的汤羹，第三幅画面展现的是一位在阳台上晒太阳的性感、漂亮的女人。将这些镜头分别和"面无表情的男人"的镜头相连接后，便会产生三种完全不同的解读。第一种组合可能表示"悲伤"，第二种组合可能表示"饥饿"，第三种组合可能表示"欲望"。这就是著名的库里肖夫效应。实际上，这是一种心理暗示现象。观众从两个紧挨着的镜头的互动中获得了两个镜头叠加的意义，而不是两个镜头各自孤立的含义。又如，这里有三个镜头，镜头1为某人平静从容的样子，镜头2为一条鳄鱼正在逼近，镜头3为同一人惊恐的表情。我们如果将这三个镜头组合成1+2+3，则说明：此人平静安详独处时突然发现一条鳄鱼袭来，脸上立刻惊慌失色，表明此人胆小怯弱。但是，当三个镜头组合为2+3+1时，则说明：此人发现鳄鱼来袭，一开始惊慌失措，紧接着便镇定了下来，表明此人临危不惧、沉着冷静。上述例子说明，将（相同的）镜头（或图像）进行不同的排列组合，能够传递出不同甚至相反的解读。这就是蒙太奇效应。

苏联电影导演谢尔盖·爱森斯坦（Sergei Eisenstein）是蒙太奇理论的先驱，也被誉为"蒙太奇之父"。他是提出并发展了著名的"蒙太奇方法"，其中最引人注目的是他在里程碑式的杰作《战舰波将金号》（Battleship Potemkin）中展现的"蒙太奇"手法。他在1923年发表了《吸引力蒙太奇》（*Montage of Attractions*）（Eisenstein & Gerould，1974）

一文。他首次提到了蒙太奇这一术语，将其看作一种特殊的电影创作技法。爱森斯坦认为，当不同的镜头相互组合时，它们通常具有每个镜头单独存在时所不具备的含义。例如，将"卓别林驱赶工人进工厂大门"的镜头与"被驱赶的羊群"的镜头结合在一起，便会产生工人与羊群类比的解读，表示工人如牲口一般被资本家迫害。爱森斯坦认为，当不同的镜头并置在一起时，就会产生不同的效果。这种效果并非简单的 1+1=2，而是两个数字的乘积。在蒙太奇的作用下，电影中意义表达的自由度便得到了极大的提升。比如，我们可以通过蒙太奇手法，创造出与现实生活完全不一致的电影时空。不仅如此，通过蒙太奇效应，还可以产生演员动作和摄像机动作以外的第三方动作，以此影响电影的节奏，如缩短过去的历史或拉长某一个动作或事件。

蒙太奇理论自诞生以来，得到许多电影导演和理论家的认可与接受，并被从不同角度进行了广泛的研究。谢尔盖·爱森斯坦、贝拉·巴拉兹（Béla Balázs）、鲁道夫·阿恩海姆（Rudolf Arnheim）等均曾对蒙太奇进行深入考察，并对其进行分类和界定。其中影响深远的包括爱森斯坦的"冲突理论"和弗谢沃洛德·普多夫金（Vsevolod Pudovkin）的"组合理论"。爱森斯坦强调可以"从两个元素之间的冲突"来制造"引申含义"，认为并置镜头的内在冲突能够产生额外的意义。普多夫金则认为，蒙太奇是电影现实主义的一种表现手段，主张在图像的自然过程中结合镜头来形成蒙太奇隐喻意义。在他看来，对镜头进行不同的剪辑能够产生不同的蒙太奇效应，使观众在观看画面时产生不同的情感反应（Pudovkin，2015）。

爱森斯坦在他的电影中设想并实施了五种蒙太奇方法，即度量、节奏、基调、联想和理性。和其他方法相比，尽管其中一些方法看起来比较难以辨析，但这些方法和理论为我们观察如何通过镜头/图像的剪辑来影响视觉叙事，提供了令人印象深刻的视角和路径。

度量蒙太奇（metric montage）表示通过确切的音乐节拍来剪辑镜头以控制节奏。无论剪辑的内容如何，每个镜头都根据节拍均衡推进，在保持图像原始时长比例的同时进行加速，以创造某种张力。度量蒙太奇通过遵循精确的测量值或帧数来编辑不同的镜头。这些帧的测量不是基于任何感觉或情感联系来选择。相反，创作者通过严格的度量来剪辑，并始终如一。

节奏蒙太奇（rhythmic montage）表示根据镜头内容进行剪辑或连续编辑，这是最常用的蒙太奇形式。每个镜头的长度都来自作品的细节，以及根据镜头序列结构的预计长度进行剪辑的。换句话说，镜头和动作是相互匹配的。这种蒙太奇方法不以节拍为标准，而是根据镜头内容进行剪辑。"敖德萨阶梯序列"（The Odessa Steps Sequence）是这一方法的典型例子。爱森斯坦在其执导的著名电影《战舰波将金号》（1925）中讲述了1905年俄国革命时期工人阶级起义的故事（即波将金号战舰上水手们的起义和沙皇军队对敖德萨市民的屠杀）。这部电影令人印象最深刻的场景便是"敖德萨阶梯"的蒙太奇剪辑镜头。在该章节中，爱森斯坦通过不同类型人物的刻画，展示了代表不同阶级人们的形象，如犹太妇女、面善的男人、粗鲁的男人，等等。这些特征象征并强化了镜头试图传递的意义。犹太妇女和面善的男人代表工人阶级，粗鲁的男人代表沙皇士兵。敖德萨阶梯显示了这些士兵对工人阶级的屠杀。从影片中可以清楚地看出，镜头随着人群的奔跑而快速来回切换：从受害者痛苦绝望的面部表情，到沿台阶惊慌失措逃跑的人们，到台阶上血肉横飞的场景，再到沙皇战士冰冷无情的面部表情和他们整齐划一的射击动作，多种画面糅合到一起，形成了具有强烈冲击力的杂耍式蒙太奇效应。

基调蒙太奇（tonal montage）表示剪辑方式主要"基于作品特有的情感声音——起主导作用，即作品的总体基调"（Eisenstein，1977[1949]）。换句话说，基调是视觉、声音等从一个场景延续到下一个场景的比较元素。爱森斯坦在《战舰波将金号》中引用了"雾序列"作为一种阴沉的视觉效果，与影片中格·恩·瓦库林丘克的葬礼相关的情感基调形成呼应。

联想蒙太奇（overtonal montage）是基调蒙太奇的进一步发展，它是其他蒙太奇效应的集大成者。换言之，联想蒙太奇是度量蒙太奇、节奏蒙太奇和基调蒙太奇的有机组合。总的来说，这种蒙太奇效应与故事的主题密不可分，常常制造出主要基调与次要基调之间的冲突与张力。例如，将女人分娩的镜头和充满朝气的色调与国王死亡的镜头和灰暗忧伤的色调相交组合，可以创造出以下主题：老的国王离去时，新的国王及新的生命便诞生了。

理性蒙太奇（intellectual montage）表示通过图像的并置来引导观众将视觉图像转化为理性的推理。换句话说，就是将不同的镜头并置到一起，使画面产生某种认知冲突，以此触发观众解读出全新的意义。理性蒙太奇主要分为杂耍蒙太奇、反射蒙太奇和思想蒙太奇。使用这种蒙太奇的典型电影包括《十月》（*October*）和《战舰波将金号》（*Battleship Potemkin*）。

最后，作为对上述蒙太奇效应的综合应用，普多夫金（Pudovkin，2015）以观众的情感反应为焦点，提出了产生不同蒙太奇效应的五种影片剪辑方法。分别是对比、平行、象征、共时、主题。对比（contrast）又称对比蒙太奇，表示将表现两种对立内容的镜头放在一起，以激起观众情感反应。比如，为了讲述穷人的悲惨处境，可以将挨饿的人的镜头和暴饮暴食的富人的镜头并置，以此形成鲜明的对照，给观众以深刻印象。并行（parallelism）又称平行蒙太奇，表示互不相干但又有内在关联的多条线索平行推进。在故事发展的过程中，每条线索在内容和表现形式上各不相同，但本质上又相互关联，形成相互呼应的关系。各条线索相互反衬、相互强化，引导观众的情绪跟着情节变动。象征（symbolism）又称隐喻蒙太奇，表示用镜头的类比来表达象征意义，激起观众的联想。在电影《罢工》（*Strike*）的结束部分，导演将射杀工人的镜头与牧场内屠宰水牛的镜头并列，似乎在告诉观众，工人像牲畜一般被杀死。表达了镇压者或资产阶级的残暴与冷酷无情。这种象征手法不需要文字说明，只需借助镜头的位置结构就能将两种不相干的画面联系起来，达到类比即隐喻的作用，激起观众的联想。共时（simultaneity）又称交叉蒙太奇，表示两个动作同时快速推进，其中一个动作的进度取决于另一个动作的结果。这种剪辑营造出紧张的气氛和强烈的节奏感，产生惊心动魄的戏剧效果。例如，动作片中的打斗场面以及狙击手和被射杀者之间的动作切换。主题化（leitmotif）又称重复蒙太奇，表示为了强调某一主题而反复出现某一场景。这种蒙太奇总是在剧情发展的关键时刻出现，意在加强影片主题思想或表现不同时期的转折。比如，电影《战舰波将金号》中那面象征革命的红旗曾重复出现，使影片结构更为完整，不断强化"起义"的主题思想。上述这些手段和方法构成了现代影视剪辑的理论基础。

6.3.2　视觉叙事连接

除蒙太奇效应外，图像之间的连接还可以通过视觉叙事实现。一般来说，针对同一事件和同一参与者，可以通过多个镜头从不同的角度进行描述，如放大或缩小。尤里·季莫申科（Yuri Timoshenko）将这种方法称作"电影详述"（cinematic elaboration）。电影详述通过镜头的"扩大"和"集中"两种方法实现（详见 Arnheim，2006）。扩大（enlargement）表示后一个镜头对前一个镜头中的事物进行拍摄时，将镜头拉远，以扩大该事物的背景信息。集中（concentration）则刚好相反，表示将远景中的事物拉近以便更清晰地刻画该事物。范·勒文（van Leeuwen，1991）借鉴季莫申科的"扩大"与"集中"概念，将同一事物的两组镜头因远近差异而形成的相似性和差异性表述为"概略"和"细节"。所谓概略（overall），表示两个镜头/图像之间第二个是对第一个的远景拍摄，以便将第一个镜头中参与者的所处环境纳入其中，建立该参与者的背景信息。细节（detail）刚好与概略相反，它表示第二个镜头/图像是对第一个镜头的近景或特写拍摄，以便能够凸显图像画面中参与者的细微部分的信息。

在克里斯蒂安·梅茨（Christian Metz，1974）看来，影视叙事的结构主要属于符号的组合关系，即各种符号尤其视觉符号如何通过排列组合来产生意义。这种方式实际上类似于文字信息中的"在……前面/后面"等连接方式。梅茨提出了电影的"叙事组合链"（la grande syntagmatique，即 the great syntagm chain）并将其分解成八个相互交织的序列结构（见图 6-1）。以下我们按照梅茨的编号对八个序列一一加以说明。

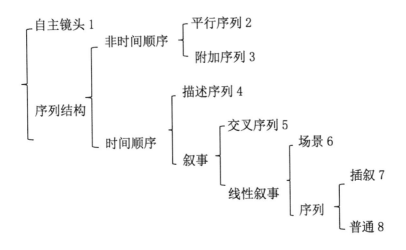

图 6-1　梅茨的电影叙事"组合链"（改编自 Bateman，2007：21）

自主镜头（autonomous shot）表示服务于叙事的自主的独立镜头，比如表示心理活动的回忆镜头。一些插入镜头也相当于自主镜头。自主镜头不属于句法序列，但它是构成句法的必不可少的元素。比如，将两个叙事镜头串起来的过渡性镜头。例如：镜头 1：男人从房间走出，镜头 2：街上飞驰着犯罪团伙的车队，镜头 3：男人在门口被枪杀。镜头 2 为插入镜头，同时相对于镜头 1 和镜头 2，属于自主镜头。平行序列（parallel syntagm）对应于平行蒙太奇序列。平行推进的两组图像，它们彼此之间没有明显的交集。平行系列不遵循时间先后顺序，即无法从两组平行镜头中判断谁先谁后。二者甚至都没有时间的意义。附加序列（accolade syntagm）表示注解、说明的序列，即在故事推进中插入另一组镜头对当前的叙事进行注解、引申等。附加序列不遵循时间先后顺序。在叙事中，为了说明其中的某个观点或新现象，制作者插入有关这个观点的说明镜头。描述序列（descriptive syntagm）表示用于对事物或事件进行描写、刻画的一组镜头。镜头展示的信息一般是同时发生的。比如：镜头 1：脸部表情的特写；镜头 2：当事人的半身或中景镜头，镜头 3：此人所在房间全景，镜头 4：房屋外景。描述序列没有明确的时间先后顺序。交叉序列（alternating syntagm）又称交叉蒙太奇或平行蒙太奇，表示不同的事件序列交叉剪辑。交叉序列给观众的印象是：不同的事件正在不同的地点同时发生。交叉序列能够给叙事结构制造一种紧张氛围。场景（scene）是表示环境但不涉及叙事结构的一组镜头的组合。一般来说，场景是对事件发生的背景和场所的描述与刻画。插叙序列（sequence by episodes）表示插入主要叙事情节中的其他一组剪辑的镜头，用于说明、烘托主要叙事的过程，即插叙行为 1+插叙行为 2+……插叙行为 n。普通序列（ordinary sequence）表示用于串联或加速故事情节的一组镜头。普通序列一般不易察觉、不露痕迹，是事件本身先后顺序的一组镜头，比如事件 1/行为 1+事件 2/行为 2+事件 n/行为 n。

6.3.3　视觉图像连接

范·勒文（van Leeuwen，2005）基于前人有关蒙太奇的研究（如 Arnheim，2006；Eisenstein，1977[1949]；Eisenstein & Gerould，1974；Pudovkin，2015）和梅茨（Metz，1974）有关影视符号学的研究，将文字连接映射到影视视觉的连接中，针对电视纪录片这类图像信息提出了动态视觉的连接系统。该系统主要包括视觉详述（visual elaboration）和视觉延伸（visual extension）两大板块。视觉详述包括概略（overall）和细节（detail）两种类型。视觉延伸可进一步细分为三个次类别，分别为时间的（temporal）视觉延伸、空间的（spatial）视觉延伸和逻辑的（logical）视觉延伸。时间的视觉延伸由下一事件（next event）、前一事件（previous event）和共时事件（simultaneous event）组成。空间的视觉延伸包括距离性空间（proximity）和共现性空间（co-presence）两种类型。逻辑的视觉延伸包括对比（contrast）与相似（similarity）两种类型（见表 6-2）。

表 6-2　视觉连接（van Leeuwen，2005：229）

连接类型	连接手段	实现方式	适用语类
视觉详述	概略	镜头从同一事物的近景转向远景	描写
	细节	镜头从同一事物的远景转向近景	

连接类型	连接手段	实现方式	适用语类
视觉延伸：时间	下一事件	转向下一个动作或事件	叙事；程序说明
	前一事件	转向以前发生的动作或事件	
	共时事件	转向在同一时间内发生的其他动作或事件	
视觉延伸：空间	距离	以相同拍摄角度为依据的相对距离：远或近	描写
	共现	呈现同一场景的多个细节	
视觉延伸：逻辑	对比	两个镜头之间形成反差（非叙事连接）	劝说
	相似	两个事物之间相似（非叙事连接）	

约翰·贝特曼（John Bateman，2007）在梅茨电影符号学即"叙事组合链"（1974）的基础上，综合系统功能语言学和社会符号学对依赖关系、逻辑语义关系的相关论述（参见 Halliday 1978；Halliday & Matthiessen 2014；Martin 1992；van Leeuwen 2005），进一步完善了影视视觉中的连接关系。他首先将这种关系分成三大类别，即投射（projection）、结构（taxis）和界面（plane）。投射主要表现为视觉图像如何展示话语与观点（Halliday & Matthiessen，2014；Kress & van Leeuwen，2006），因此根据叙事内容可分为投射关系（projecting）和无投射关系（non-projecting）。从结构角度看，可分为组合（并列）关系（paratactic）和聚合（从属）关系（hypotactic）（黄国文、赵蕊华，2021）。组合关系可以表示多通道呈现（如图像、文字、声音等）的事物之间的差异或单通道呈现的事物之间的相似性，包括序列内部和序列之间的差异关系（如图像信息不同于文字信息），或单一通道中的相似关系（如图像通道中镜头 1 相似于镜头 2）。聚合关系表示序列的层级（选择）关系，包括镶嵌关系（embedding）（如回忆镜头镶嵌于情节序列中）和延伸关系（extending）（如建立故事背景的一系列由远及近的镜头）。从界面看，可分为剧情（diegetic）关系和非剧情

（nondiegetic）关系。剧情关系包括事件关系（event）和分类关系（classification）两类。分类关系表示将事物按属性关系过程的方式呈现（Kress & van Leeuwen，2006），如将桌上的事物分镜头呈现为书本、照片和纸条。事件关系可按时间顺序进一步划分为省略（ellipsis）——如回述（flashback）或前述（flash-forward）——和连续（continuity）。事件也可按空间关系进一步划分为相邻（contiguity）或相离（non-contiguity）。如果相邻，则有地位平等或不平等之别。如果相离，则有远近之分。

约翰·贝特曼的框架不仅涉及图像的相互连接，还涉及声音、文字、图像等不同通道之间的连接关系。关于这方面的研究主要涉及符际互补（Royce，1998，2007）、语义连接（van Leeuwen，1991，2005）、语义衔接（Liu & O'Halloran，2009；Tseng & Bateman，2012）、图文的逻辑语义和地位（Martinec & Salway，2005）、图文指称（D. Feng，2016b），等等。由于篇幅所限，这里仅介绍图文连接相关研究，主要包括马丁内克和索尔维（Martinec & Salway，2005）的图文语义逻辑和地位关系、范·勒文（van Leeuwen，1991，2005）的图文语义连接关系、冯德兵（2016b）的图文指称关系和佩因特等人（Painter et al.，2013）的图文组篇关系。这些研究为我们对连环话新闻中的图文连接关系的分析提供了理论依据。

6.4　图文之间的连接

对于多模态语篇来说，意义连贯不仅关乎单一模态的连接关系，还涉及不同模态之间的互动关系。一般来说，文字和图像是大多数多模态语篇两种主要的符号模态。它们是否自然地连接在一起必然影响连环话新闻等多模态语篇的连贯性。有关图文连接的研究主要包括罗兰·巴特（Barthes，1977）的锚定、示例和接力，马丁内克领衔的图文语义关系（Martinec，2013；Martinec & Salway，2005），曾巧仪（音译）领衔的图文衔接理论（Tseng，2013；Tseng et al.，2021），理查德·詹尼（Richard Janney，2010）和冯德兵（2016b）的图文指称关系，以及冈瑟尔·克瑞斯等学者提出的页面布局理论（Kress & van Leeuwen，

1998，2006；Painter et al.，2013）。

6.4.1 锚定、示例与接力

罗兰·巴特是早期符号学领域的领军人物之一。他曾在其著作《图像—音乐—文本》（Image – Music –Text）（Barthes，1977）一书中明确指出，图像与文本之间存在三种主要的符号语义关系，即锚定、示例和接力。锚定（anchorage）表示"文本对图像的说明"（Barthes，1977：40）。锚定类似于前文中论述的"详述"（Halliday，1978，1985；van Leeuwen，2005），或更确切说，与"详解"（specification）相似。示例（illustration）表示图像对文本中的信息作为具体的例子进行举例说明，引导读者理解文本中抽象或晦涩难懂的信息。在巴特看来，除了文本对图片的详述外，图片也可以对文本进行详述。这样读者就可以更加清楚地理解文本中传递的信息。不过，图片不只有详述这一功能，它还可以通过"示例"来对文本中的意义进行延伸（extension）。正如他所言，"以前是图像说明文本（使其更清晰）；现在却是文本加载图像，[在此过程中图像]使文本产生[新的意义如]文化、道德、想象力。以前，从文本到图像是信息量的减少，如今，从文本到图片却是信息的扩展"（Barthes，1977：26）。范·勒文也持类似观点，认为图像不仅是对文本的示例与说明，更是对文本信息的延伸，使其产生新的意义。如果说文字锚定是文字向图像的单向传播，即文字对图像的延伸，图像示例则是图像向文字的单向传播，即图像向文字的延伸（van Leeuwen，2005：229-230）。

接力（relay）表示"文本和图像形成互补的关系"。在这种关系中，图像和文本都是"构成整体的一部分"，各自在这一整体中发挥自己独特的作用（Barthes，1977：41），因此也属于延伸的一部分。但接力属于双向的延伸，既可以说是文字对图像的延伸，也可以说是图像对文字的延伸。从部分与整体的关系看，图文接力关系与克瑞斯和范·勒文（Kress & van Leeuwen，2006）论述的"分析结构"比较接近，即图像和文字分别作为属性（attributes）来构成"页面"这个整体即载体（carrier）。范·勒文指出，原则上图文之间的每一个连接都是不可逆的，即连接意义只能从一种符号指向另一种符号。但他同时认为，部分连接具有双向性和对称性。例如，解释关系：如果 b 是 a 的解释，那么 a 也应该是 b 的解释。但详解关系则是单向的：如果 b 是 a 的更具体的阐释，那么 a 的信息就更加笼统、抽象，而 b 的信息则更加详细、具体，而不是相反（van Leeuwen，2005：230）。

6.4.2　详述与延伸

范·勒文（van Leeuwen，1991，2005）基于巴特的图文理论，结合文字连接关系和比尔·尼科尔斯（Bill Nichols，1976，1981）针对纪录片中图文关系的论述①，将图文连接关系概括为两大类别，即详述（elaboration）和延伸（extension）。详述包括详解（specification）和解释（explanation）。其中，详解可进一步细分为示例（illustration，表示图像使文字更详细）和锚定（anchorage，表示文字使图像更详细）。解释关系意味着文字对图像的重述或图像对文字的重述。第二类（即延伸）可进一步分为相似（similarity）、对照（contrast）和互补（complement）。相似表示文字信息与图像信息类似；对照表示文字信息与图像信息相反或相异；互补表示文字信息与图像信息相互补充，共同构成一个"整体"含义，类似于巴特（Barthes，1977）的图文"接力"关系（van Leeuwen，2005：230）。我们可以将范·勒文的图文连接关系以表 6-3 的方式概括如下：

表 6-3　van Leeuwen 的图文连接关系（2005：230）

详述	详解	图像信息使文字信息更具体(示例)
		文字信息使图像信息更具体(锚定)
	解释	文字信息对图像信息解释，反之亦然
延伸	相似	文字信息与图像信息类似
	对照	文字信息与图像信息对照
	互补	图像信息与文字信息相互补充(接力)

---

① 比尔·尼科尔斯(Bill Nichols)(1976，1981)认为，纪录片中的图像对画外音具有确认(confirm)、对比(contrast)、对位(counterpoint)、延伸(extension)和暗讽(ironic shading)的功能。范·勒文将这些功能归纳为图文之间的相似连接(similarity links，如确认)和对比连接(contrast links，如对比、对位、延伸与暗讽)。

6.4.3　图文扩展与投射

马丁内克和索尔维（Martinec & Salway，2005）借鉴巴特的图文关系、范·勒文（van Leeuwen，1991，2005）的图文连接、韩礼德（Halliday，1985）的逻辑语义关系与克瑞斯和范·勒文（Kress & van Leeuwen，2006）的视觉语法，进一步拓展了新旧媒体话语中的图文关系系统。在他们看来，图文关系主要涉及两个方面。一是图文地位关系，二是图文的逻辑语义关系。从地位关系看，图文之间或平等或不平等。平等关系表示图文各自独立，互不从属于对方。这种关系包括图文互补和图文平行。不平等关系表示图文之间为从属关系，即图像从属于文字或者文字从属于图像。图文的逻辑语义关系以韩礼德（Halliday，1985；Halliday & Matthiessen，2014）提出的复杂小句间的逻辑语义关系为基础，将图文之间的关系看作扩展与投射两种情况。扩展（expansion）表示图像或文字意义的扩充，包括详述（elaboration）、延伸（extension）和提升（enhancement）。详述表示图文之间的解释关系，包括重述（exposition）和示例（exemplification）两类。重述表示图文信息处在相同的语义层级，图文之间相互进行说明，示例表示当文字信息更笼统时，图像充当对文字的示例，或者当图像信息更笼统时，文字充当对图像的示例。延伸表示图像或文字进一步说明文字或图像表达的含义。尽管马丁内克和索尔维（Martinec & Salway，2005）没有进一步说明延伸的表达方式，但我们可以借鉴范·勒文的图文延伸关系加以补充。具体而言，延伸关系可包括图文的相似（similarity）——即文字信息与图像信息类似——和图文的差异，包括图文对比（contrast）和图文互补（complement）（van Leeuwen，2005：230）。提升关系类似于语言文字中及物小句的环境成分，一般包括时间、空间、因果、伴随等意义的表征。投射（projection）表示文字信息对图像信息（一般为说话者或思想者）的言语和想法的呈现或表征，所投射内容体现在视觉图像中一般为泡泡语或思想云。马丁内克和索尔维（Martinec & Salway，2005）的图文连接关系可通过图 6-2 表示出来。

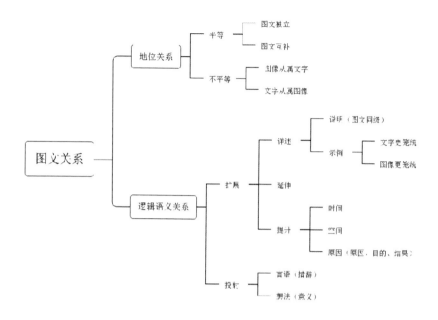

图 6-2　图文关系（改编自 Martinec and Salway，2005）

6.4.4　图文指称关系

詹尼（Janney，2010）和冯德兵（D. Feng，2016b）分别就电影和电视中的图文指称关系进行了探讨。詹尼认为，电影中的图像衔接可以通过文字中的人称、指示和比较指称关系获得相应的图像指称关系。他将图像中的人称关系看作人物的再现，把图像中的指称关系看作图像指示，将图像中的比较关系看作图像的相似或相反。冯德兵（2016b）在詹尼的基础上进一步探讨了电视新闻中图像和文字之间的指称关系。冯德兵认为，图像指称关系类似于文字指称，同样具有人称、指示和比较三种指称关系。人称指称一般体现为视觉符号的复现或重现（reappearance）。指示指称主要通过方向和距离体现出来，方向意义主要通过相机的位置和参与者的位置实现，距离意义则通过颜色和大小的运用体现出来（如黑白色表示"过去"；彩色表示"现在"）。图像大小表示参与者在图像框架中所占比例的大小，主要通过范·勒文（van Leeuwen，2005：230）所说的"概略"与"细节"实现。比较指称相当于范·勒文（van Leeuwen，2005：230）所说的相似与对比/差异。除了图像内部的指称关系外，冯德兵还在巴特（Barthes，1977）、马丁内克和索尔维（Martinec & Salway，2005）、范•勒文（van Leeuwen，1991，2005）等研究的基础上，将图文之间的指称归纳为图文共指、图像为桥、图文平行三种类型。图文共指（visual-verbal co-reference）表示图像和文字信息共同指向同一事物。图像为桥（visual-as-bridge reference）表示图像通过其象似性特征在能指（即文字信息）和所指（即语篇外被指称事物）之间充当桥梁的作用。图文平行类似于马丁内克和索尔维（Martinec & Salway，2005）的图文相互独立的关系，表示图像信息和文字信息各自独立推进，二者之间的联系需要通过象征意义体现出来（见表6-4）。

表6-4　图文指称关系（改编自 D. Feng，2016b）

模态	指称方式	解释与示例
文字指称	人称指称	通过人称表达式实现，如"我""他们的"
	指示指称	通过指示表达式实现，如"这个""现在"
	比较指称	通过比较表达式实现，如"与……一样""与此相反"
视觉指称	视觉重现	全部重复：前后两个画面几乎完全一致
		部分复现：前后两个画面部分重复
	视觉指示	距离：相机位置/参与者位置
		大小：概略/细节
	视觉比较	相似：前后两个画面传递的信息相似
		对比：前后两个画面传递的信息相反
图文指称	图文共指	图像信息与文字信息共同指向同一事物
	图像为桥	图像充当文字能指和语篇外所指事物的桥梁
	图文并行	图像信息与文字信息彼此独立，需通过象征意义连接

6.4.5　图文融合与互补

佩因特等人（Painter et al.，2013）以叙事连环画为研究对象，进一步完善了视觉叙事文本中的图文关系系统。由于篇幅所限，这里主要涉及图文之间的构图意义和推进模式。构图意义表示图文如何互动组合成一个完整的页面。推进模式表示图像和文字如何相互作用以推动叙事或论证向前发展。佩因特等人（Painter et al.，2013）将克瑞斯和范·勒文（Kress & van Leeuwen，2006）在组篇系统中论述的信息连接（information linking）修改为页面布局（layout），并结合马丁内克和索尔维（Martinec & Salway，2005）的图文关系，将页面布局分成两种类型，即融合关系和互补关系（Painter et al.，2013：93）。融合关系（integrated）表示文字信息作为图像信息的一部分融入图像之中。互补关系（complementary）表示图像信息与文字信息在页面中有各自的空间。互补关系主要体现在以下三个方面。一是图文分布的轴线（axis），一般包括纵轴分布（facing）和横轴分布（descending），纵轴分布表示图文并排面对面分布，大多数图画书属于这种分布方式。横轴分布表示图文之间以上下关系排列，许多连环话新闻属于这种分布方式。二是权重关系（weight），表示图像和文字在页面布局中的重要性即页面占有率，一般包括三种情形，一种是图像为主（image privileged），第二种是文字为主（verbiage privileged），第三种是图像和文字同等重要（equal）。这三种情形并没有绝对的界限，因此需要根据图文的具体情况加以判断。最后一个方面是位置关系（placement），表示图像和文字之间的相对位置，一般包括图文相邻（adjacent）——即图像和文字之间紧挨着——和图文相隔（interpolating）。图文相隔包括两种情况.一种为文字居中（verbiage medial），表示文字部分镶嵌于两个图片之间；另一种是图像居中（image medial），表示图像在两部分文字之间（Painter et al.，2013：93-98）。但是我们的研究发现，除上述两种情况外，还包括图像和文字之间出现空白的形式，即空白居中（empty space medial）。总体来说，佩因特等人（Painter et al.，2013）比较全面综合地论述了页面中图文之间的布局与关联。不过在我们看来，还应将范·勒文（van Leeuwen，1991，2005）的图文语义连接、马丁内克和索尔维（Martinec & Salway，2005）的图文逻辑语义关系和冯德兵（D. Feng，2016b）的图文指称关系纳入其中。从逻辑语义关系看，图文之间包括详述、延伸和提升关系（参见 Martinec & Salway，2005；van Leeuwen，1991）。从图文指称关系看，图文之间包括图文共指、图像为桥和图文平行三种情形（参见 D. Feng，2016b）。

图文融合关系涉及投射和扩展两方面（Painter et al.，2013：98-103）。投射（projected）表示文字部分的信息来自图像中人物或事物的话语或心理活动，二者一般通过语泡或思想云的形式表示。还有一种投射表示无意义的文字信息，如噪音（noise）、叹息、惊呼等。扩展（expanded）在这里体现为图文的摆放位置和方式，一般包括无文本框的融合（instated）和有文本框的融合（reinstated）。无文本框的融合包括文字浮于图像之上（subsumed），或图像和文字互不叠加，各自平行分布且共享同一背景（co-located）。有文本框的融合可进一步分成两种情形，一种表示文本框的边框是由具有经验意义的图案构成，另一种表示文本框的边框是否为彩色图案，以产生某种情感氛围。

综上所述，图文连接关系可以归纳为以下内容（见表 6-5）。

表 6-5　改进后的图文连接关系

类型		方式	
布局	互补	轴线	并排分布
			上下分布
		权重	图像为主
			文字为主
			图文并重
		位置	图文相邻
			图文相隔：图像居中/文字居中/空白居中
	融合	投射	话语：语泡等
			思想：思想云等
			无意义投射：如噪音
		扩展	无文本框：文字浮于图像/图文共享背景
			有文本框：是否为有图边框；是否为彩色边框
语义	详述	解释	文字对图像解释
			图像对文字解释
		详解	文字锚定
			图像示例

类型		方式
语义	延伸	相似：图文内容趋同
		对比：图文内容对照
		互补：图文相互接力
	提升	时间
		空间
		因果：原因/结果/目的
	指称	图文共指
		图像为桥
		图文并行

连环话新闻类似连环画或绘本中的视觉叙事结构，其图像信息和文字信息之间是相互补充、相互融合的。因此，我们在研究连环话新闻的连接关系时，需将图像信息与文字信息看作一个整体进行分析。比较恰当的做法是：先针对每一页的文字信息进行文字连接分析，接着针对图像信息进行图像连接分析，最后将各个页面连接起来针对整个连环话叙事或论证进行图文连接分析。上述分析步骤可以总结为以下三种分析路径，即"文——文"连接分析、"图——图"连接分析、"图——文"连接分析。以下我们将首先根据图文表征的方式把连环话新闻分成两种类型，即图表类连环话新闻和漫画类连环话新闻。然后以本小节中论述的分析框架（见表 6-4）为基础，对上述两类新闻中的图文连接关系进行分析。

6.5　图表类新闻中的图文连接

图表类连环话新闻主要通过图表的形式，辅以简洁的文字信息，对某一热点新闻事件或话题展开叙述或论证。其目的在于通过简洁明了的图表和文字，将比较复杂的某个社会事件向民众讲述清楚，以达到科普的目的。这类新闻的文风相对其他连环话新闻来说，比较严肃、正式。但相对于正式的新闻报道而言，又不失风趣幽默。以下主要从语义连接角度考察此类新闻的图文关系，以及这些连接方式与图表类新闻在文风上的关联。

6.5.1　文字连接中的详述

一般而言，文字部分倾向于在连环话新闻的顶端或每个板块（小节部分）的起始位置，使用比较抽象或理想化的短语或句子作为标题性文字，类似于新闻报纸排版中将理想化、标题性的信息放在报纸的上端，同时将具体的、实用性的信息放在报纸的底部（Kress & van Leeuwen，1998，2006）。标题性文字下方的文字信息需要对标题性文字做进一步的解释和说明，以此传递具体的信息。换言之，页面顶端的文字属于概略性、理想化的信息，其目的在于引起读者的注意；页面中部或底端的文字属于具体的、真实的信息，其目的在于向读者传递他们真正想了解的、具有新闻性的信息。这样，上下文之间便形成了文字详述的连接关系。比如：

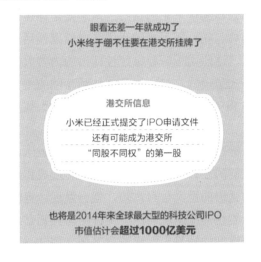

图 6-3　文字连接关系：详述（凤凰网，2018 年）

图 6-3 中，单从文字连接看，上下文之间主要存在"详述"的关系。首先，第一句话"……小米终于绷不住要在港交所挂牌了"是接下来文字内容的总起句，即"小米要上市了"。接下来的内容并非有关小米上市的原因的剖析,而是向观众进一步澄清"小米上市"的消息。

文本框中的信息和文本框下方的信息从整体看，都是对"小米上市"信息的详述。就文本框内的信息看，作者首先用小标题列出"港交所信息"，指出信息的来源。接着，用文字说明小米已经在港交所提交了IPO申请文件。该信息是对第一句话的详解，并进一步证实第一句话的真实性。文本框中接下来的文字属于对该上市行为的评价（"可能成为港交所同权不同股的第一股"），进一步强调（详述：强调）了小米在港交所上市这一信息的新闻性和重要性。该信息与接下来文本框之下的文字形成递进关系，即"也将是2014年来全球最大型的科技公司IPO"。紧随其后的语句则是对该语句的详解，即指出"最大型科技公司IPO"的规模："市值估计会超过1000亿美元"。请注意，作者为强调这一信息，还特意将"超过1000亿美元"加粗显示。从以上分析看，句与句之间也许存在其他语义连接关系，比如"眼看还差一年就成功了"与"小米终于……挂牌了"之间属于转折关系。但是，从整体看，标题性话语与其接下来的话语之间主要是详述的连接关系，其中标题性话语为总起句，接下来的话语是对标题性话语的详细解释与说明。一般而言，这些用于解释标题性话语的内容大多数也是以"标题性话语"的方式呈现的。这也许是连环话新闻的主要特征之一，即语言呈现形式与PPT呈现方式类似，倾向用简洁、扼要的文字表达主要观点。

多数时候，标题性话语通常用提问的方式来表示，接下来的话语一般则是对该提问的回答。如果我们将提问转换成相应的陈述句，再将其和接下来的话语的意义进行比较，就会发现，提问所涉及的内容大多数都是比较笼统的概念，而回答部分的内容则是对该提问（即笼统概念）的比较详细的解答，即详解。下例（图6-4）中，小标题为"进口豪车中外价格差多少"，转换成陈述句则为"中外进口豪车价格差异"。我们看到，接下来的内容通过数字和图表列举了中国和国外在常见进口豪车价格上的主要差别。也就是说，图表中的内容既是对小标题所提问题的回答，也是对该问题（即话题）的详解。由此可见，详解部分既可以完全通过文字来表述，还可以通过图表的方式来呈现。通过图表对抽象或笼统的概念进行详细解释，既能够体现话语信息的真实可信，还能使话语的表达更加简洁明了。这正是连环话新闻的另一主要特征，也是连环话新闻之所以兴起的根源之一，即通过通俗易懂的话语（实际上是图表+文字）讲述热点事件背后复杂、深奥的社会问题和社会本质。通过这种数据可视化的呈现方式，能够有效地对受众起到科普的作用，从无形的信息传递中扩展他们的知识面尤其是财经方面的新知识和新信息，提高他们的社会文化素养。因此，当不得不针对热门事件中比较深奥的知识进行讲解时，连环话新闻便成了新闻工作者的首选方式之一。因为，连环话新闻（而非严肃的、正式的新闻报道），能够更加有效地帮助普通民众理解深奥晦涩的新闻信息，而不至于感到枯燥乏味。

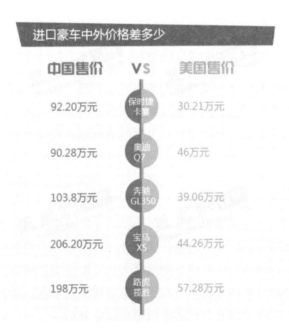

图 6-4　图表作为详述（凤凰网，2014 年）

图 6-5 中的小标题不再是提问形式，而是言简意赅的短语短句，即"寺庙那些雷人的捞钱手段"。

图 6-5　图像+文字作为详述（凤凰网，2015 年）

该小标题意味着，接下来的内容应为寺庙各种"捞钱"的手段。从该图看，作者通过五张错落叠置的纸张，分别列出了五种"捞钱"的方法。每张纸上都以具体的"捞钱"方法为标题，标题下方则是空白的笔记本样式，似乎在告诉人们，只要想到寺庙观看或祈福，都必须选择相应的"捞钱"项目（比如参观、供养佛像、功德簿捐赠等）并支付相应的费用。之所以称这些项目为"捞钱"项目，是因为要求旅客为这些项目支付费用本身就很不合规，[①]别说每个项目要求支付的费用还高得离谱。比如，功德碑需要花钱留名抽签，供养佛像需要花费上千万元，等等。这些信息的呈现方式（即图文详解）比单纯通过文字表述更加能够体现这种做法的"荒唐可笑"，从而给读者更留下深刻的印象，以便更容易将核心的信息传递给他们。

6.5.2　理想化图像与真实性文字

总体上，文字前后的连接从分布看，具有如下特征：文字自上而下由大及小，由略至详，由"理想"到"真实"（Kress & van Leeuwen，

---

① 一般来说，寺庙的参观、祈福等属于公益性活动，不应涉及金钱交易。

2006）。从语义连接看，这种连接体现为："详述：详解或例证"的形式①。图 6-6 中，最上方的文字为标题性话语，信息比较概略、笼统，属于理想化的信息，如"……规格高……影响广泛"。下方的文字位于图片中间偏下的位置，属于真实信息（real）。从文字内容看，具体描述了参加这次展会的外国国家领导人，如"法国总统马克龙、牙买加总理霍尔尼斯、希腊总理米佐塔基斯"等。从图片最下方的信息看，相对中间部分的文字而言，在"真实信息"（即详述）上则更进一步。作者通过具体的数字，说明这次展会的"规格高""影响广泛"，比如："126 个外国政府组团参会""境外副部级以上嘉宾 200 人以上"。这些信息清楚明白地说明了图片上方有关标题性话语的内容，是对该信息的具体说明，或详述。除此之外，记者还通过选用不同的文本颜色、字体颜色、数字重复（如："126 个"和"200 人"）等，突出参会的国家数量和副部级以上境外嘉宾数量。这种"凸显关键信息"的手法，是对原信息的"详述：重述：强调"，能够有效引起读者的注意。同样，从字体大小和颜色看，顶端的字体更大，色彩为深蓝色，中间的字体和底部的字体偏小，颜色为浅蓝色。相对来说，位于顶端的标题性话语比较醒目。这进一步说明了，连环话新闻与 PPT 页面或者广告页面类似，倾向于通过凸显标题性话语，先引起读者的注意，一旦吸引了读者的注意力，接下来的信息就会通过更加具体的文字或图片描述，向读者传递更多、更真实的信息，从而达到信息的有效传递或传播。

从分布看，上图中的图片信息居于页面的中间，即上下文字之间。或者说，在标题性话语之后，首先为图片，之后才是文字。这种分布方式除了使整个页面看起来更加协调外，其主要目的在于：通过向读者展示图片，能够使传递的信息更加醒目，从而吸引读者的注意。这也是大多数图片置于页面顶端或中上位置的原因（除了部分插图需要根据话语内容来确定图片的摆放位置外）。从图文距离看，图片几乎与文字紧挨着，且二者共享白底的背景，属于"图文融合：共现（co-located）"关系。这种关系表明，图片和文本的放置方式与信息

① 冒号表示"由……实现"，比如，"详述：详解"即为"详述关系，由详解实现"。

是什么以及如何传输之间存在密切的相关性，它们并非任意堆砌、随意摆放。正因为如此，读者在对图片进行解读时，需要根据上下文中的文字信息来理解图片传递的信息，反之亦然。如果我们将上图中的图片信息单独拿出来，就很难将图片信息与文字中提及的展会信息联系起来。但是，当我们知道了文字部分的信息，就会潜意识地将中间部分的文字内容（即很多国家的元首或总理"在展会的开幕式上致辞"）和图片描述的信息关联起来，解读出如下信息：图片中有一个演讲台，旁边是参与演讲的嘉宾、主持人等。他们或在面对大众讲话，或在彼此握手。这些信息虽然不够清晰，但大致传递了公共演讲这样一个背景。如果说图片信息不够清晰的话，文字部分的信息则清晰地锚定了这一信息，从而达到图文信息的一致。总之，图片在这里的主要功能是通过"示例化"的视觉图像吸引读者的注意力，文字的功能是对图片信息的详解，即锚定（Barthes，1977），二者相互补充，在读者的头脑中形成一个完整的"外国元首参加会展并发表演说"的画面。

图 6-6　图文分布（文汇网，2019 年）

6.5.3 图片概略与文字详解

在图表类连环话新闻中，图片一般为简略的图形或表格，一般属于线条式的刻画，表达的信息比较抽象、笼统。这就需要通过文字信息对图片进行解释说明。这样，图片信息与文字信息就会相互衬托，达到准确传递新闻信息的目的。图 6-7 是有关"第二届中国国际进口博览会成果"的主体部分。该部分主要由居于上方的图片和底部的文字构成。从总体上看，图片和文字之间属于"图片概略、文字详解"的关系。图片居于文字之上，属于理想化的信息。图片的中心位置是微缩版的进博会场馆的外部轮廓，通过视觉转喻的方式指代这次进博会展会活动。在图片的四个角落方向，是以语泡和语泡中文字表达的方式呈现这次进博会的展会成果。语泡的呈现方式为：语泡外的数字+语泡内的单位词，如 3800+多家。每个语泡和数字都采用醒目的橙色色调表示。因此，从图片看，可以清晰地解读出这次进博会的展会成果。尽管如此，单凭图片中进博会场馆的轮廓，并不能清晰有效地传递"这里就是进博会"或"这就是进博会展会成果"的信息。何况，语泡展示的成果也仅仅是比较笼统、模糊的信息。这就需要通过文字信息，进一步确定图片中呈现的内容。

图 6-7 文字详解（文汇网，2019 年）

从位于底部的文字看，文字部分补全了图片部分没有说出来的信息，即图片中的"181 个"表示"181 个参展的国家、地区和国际组织"。"3800 多家"表示"3800 多家企业参展"，"超过 50 万名"表示"超过 50 万名境内外专业采购商到会洽谈采购"，"36 万平方米"表示"展览面积"。另外，文字开始部分"第二届进博会"与图片中的场馆轮廓形成图文共指关系（D. Feng，2016b），通过视觉转喻和文字的人称指称，共同指向进博会展会活动。上述分析表明，图片信息主要通过文字信息来锚定（Barthes，1977；van Leeuwen，1991），对图片中比较笼统的信息进行详述（van Leeuwen，2005）。

6.5.4 新闻中的图文互补关系

综上所述，连环话新闻中的图文信息是相互联系、相互补充的。正是因为这种关系，使整个页面的信息具有较高的信息可读性和可视性。以图 6-8 为例。该图可以大体分成三个部分，一部分是标题话语，即提问；一部分是统计图表；最后一部分是文本框信息（包括文字与漫画头像）。标题话语属于总起句，囊括第二、三部分的内容。从信息内容看，统计图表呈现出图文互补的关系：图片和文字共同回答标题话语中的提问。文本框信息是对第二部分的进一步分解，起到信息的"延伸"作用。

我们先看第二部分，即统计图表。从该图可知，统计图表由柱状图和柱状图旁边的文字信息构成。柱状图由三个不同高度和颜色的柱状图和横纵轴构成。柱状图下方为文字标示的年份，即 2004 年、2010 年、2012 年，上方是用数字表示的债务金额，即 4 千亿元、约 11 万亿元、约 15 万亿元，左边是用天蓝色粗体宋体字表示的图表标题，即"中国地方政府性债务"。柱状图和文字信息各自独立又相互依存（即相互被解释），共同形成对总体信息即"地方政府债务有多少"的回答。这种图表式的呈现方式，使信息简洁明了，清晰易懂，能够让读者很快了解新闻传递的关键内容。

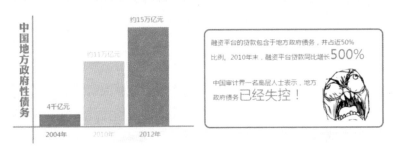

图 6-8　图文互补关系（凤凰网，2013 年）

第三部分即文本框信息因为出现了漫画头像，带有一定漫画新闻的色彩（详见本章第 6.6 小节）。从整体看，文本框信息是对第二部分信息的"延伸"，即进一步解释、说明，因此可看作图表新闻的一部分。从文本框信息看，文字和漫画之间也属于互补关系。其中，文字信息主要表达了"融资平台"是地方政府债务的主要构成部分，即"占近50%"，到 2010 年末"融资平台贷款同比增长 500%"，有官员表示政府债务"已经失控"。同时指出因融资平台造成的债务"近年来"增长很快。漫画人物的面部呈现出"惶恐"的表情，表示该人物对文本框中的文字展示的内容感到震惊。为了凸显这一信息，作者还特意将"500%"和"已经失控"用比周围字体大近三倍的字体表示。而漫画头像的"惶恐"表情刚好与此形成相互呼应的关系，进一步突出了"融资平台是地方政府债务激增的主因"这一观点。

总之，图表类连环话新闻主要通过图表的方式，在文字信息的配合下，将需要量化的信息通过图文互动的方式，传递给读者或受众，使他们能够在较短的时间内，解读出一些实际上比较复杂的新闻信息，如统计结果和量化数据等。但是，图表类信息一般是比较严肃、正式的科学化数据，容易给观众呆板、乏味的印象。为了克服这方面的缺陷，连环话新闻充分利用不同颜色、线条勾勒、字体大小、页面布局、信息阅读路径等多模态资源，通过文字详述、图文布局、图文互补等方式设计、建构新闻话语，使其在数据可靠、准确的前提下变得更加清晰、简明、扼要，从而使普通受众能够轻松、便捷地获取那些看起来比较抽象、复杂的新闻资讯。当然，在图表类新闻中穿插一些比较幽默的漫画图片，会产生更加具有吸引力的效果。

6.6　漫画类新闻中的图文连接

连环话新闻中，紧随图表类新闻之后是漫画类新闻。而且多数情况下，图表表述和漫画呈现被同时应用到同一则连环话新闻中（如图6-7），会形成一种既有科学性信息又比较风趣幽默的新闻播报文风（详见本书第4章连环话新闻的语体风格）。在漫画类新闻中，图文之间仍然保持了相互融合，相互补充的本色。但在表现形式上与图表类新闻略有不同，主要表现为图文详述和延伸（类似图表类新闻）、图文偏正、图文提升和图文投射等形式。

6.6.1　详述与延伸

漫画类新闻中的图文详述主要指文字信息对图像中的信息做进一步的解释说明，而不是反之。图文延伸则表示图像信息和文字信息能够各自在对方信息的基础上增加新的含义，以扩充图像或文字原有的信息内容。以图6-9为例。其中的图像形象地说明了文字信息（标题部分）中"熔断机制"的作用。图像为"过山车"，在最高处和最低处分别有语泡表示"涨的（得）太猛"和"跌的（得）太惨"，图文之间在这里形成一种话语投射的关系。"涨"和"跌"一般都是用来形容股市的涨跌行情。因此图像本身可以独立存在，用于表示什么叫熔断机制，即涨得太猛或跌得太惨时出现的机制。配上过山车从高处往下滑落的图片，进一步说明了熔断机制的主要特征。尽管如此，仅用图像仍然未能准确地回答"什么叫熔断机制"，于是图片下方的文字便起到锚定作用，即准确地解释了"熔断机制"的概念相当于给熔断机制下定义，准确解释了什么叫股市的熔断机制。文字信息因此在这里起到对图像信息解释与说明的作用。反过来，图像信息则对文字信息起到补充作用。从语义连接关系看，图像是对文字的示例与说明，文字则是对图像的进一步解释与锚定。相互之间形成一种互补且相互延伸的关系（Barthes，1977；Martinec & Salway，2005；van Leeuwen，1991，2005）。

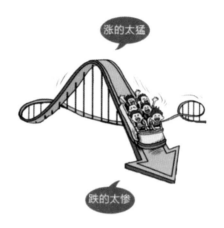

图 6-9　图文详述与延伸（凤凰网，2016 年）

另外，文字部分的"过山车"表达刚好与图像中的过山车图片形成相互映衬，形成一种图文共同指称的作用（D. Feng，2016b；Martinec & Salway，2005）。最后，从话语风格看，图像部分采用漫画+语泡的形式构成，与文字部分比较规范的科学解释形成鲜明的对比。如果说文字信息比较准确但深奥难懂，图像信息的漫画风格则比较形象、幽默而易于理解。从这个意义讲，图像信息对文字信息起到调节的作用——能够有效地调动读者的阅读兴趣。

6.6.2　偏正关系

图像和文字在连环话新闻中并不都是处于相同的地位（Martinec & Salway，2005）。这一点在漫画类新闻尤其如此。从数据可知，大多数情况下，文字在新闻中占据着主导地位，图像一般从属于文字，用于对文字信息的示例、解释。少数情况是图像位于主导地位，文字从属于图像，对图像中的信息起到锚定、解释的作用（Martinec & Salway，2005）。图 6-10 节选自凤凰网连环话"央妈要搞数字货币"（2017）中的片段，主要介绍目前在网络上比较流行的几种虚拟货币。我们先对图片中提到的几种虚拟货币作简要介绍。图中列出了 Q 币、勾玉、通宝、点券四种货币，它们都是起源于网络游戏的虚拟货币，用它们可以换取真正的人民币。Q 币是腾讯推出的起源于 QQ 游戏的一种虚拟货币，可以通过电话充值、银行卡充值、网络充值等获得，可用于支付游戏道具、QQ 会员服务等。勾玉是《阴阳师》游戏中的虚拟货币，是一款面向游戏玩家的充值产品。除充值外，还可以通过在游戏中做任务来获得。玩家可以用勾玉购买体力、交换金币等。通宝是畅唐旗下同城游游戏中的虚拟货币。它是官网直接充值的一种货币，游戏里可以用通宝换时间、做交易。点券是《王者荣耀》游戏里的虚拟货币，可以用来购买英雄、道具、皮肤等。

图 6-10　图文偏正关系（凤凰网，2017 年）

从上图看，记者通过文字和图标列举了以上四种虚拟货币。Q 币源于腾讯 QQ 游戏，因此用的是腾讯 QQ 图标。勾玉本身是一种古代的玉器配饰，状如太极图的一半；头宽而圆，有一钻孔，尾尖而细。勾玉虚拟货币采用勾玉实物作为图标。通宝俗称铜钱，是中国从唐初到清末铜币的总称。通宝虚拟货币的图标因此采用铜币形状。点券是网络游戏中创造出来的虚拟货币，记者借用美国游戏《英雄联盟》（*League of Legends*）的标题作为点券的图标。这些文字和图标构成下方图片的一部分，它们共同指称上方文字部分提到的虚拟货币和虚拟世界中的"小家庭"及其"最杀马特文艺范的名字"，因此在文字中分别充当关系小句和存在小句的"载体"（carrier）、存在物和被标识物（identified）等参与者角色。从这个意义看，图像主要起着支撑文字信息的作用，地位上从属于文字信息，充当文字信息中各种及物小句的特定构成成分。

6.6.3　提升关系

韩礼德（Halliday，1978，1985）在讨论复杂小句的逻辑语义关系时，指出复杂小句包括三种语义关系，即详述（elaboration）、延伸（extension）和提升（enhancement）。克瑞斯和范·勒文（Kress & van Leeuwen，2006）认为，这种关系同样出现在图文关系中。图像可以作为文字的详述、延伸和提升，反之亦然（Martinec & Salway，2005）。上文已经对详述和延伸现象进行了分析，下面着重就漫画类新闻中的图文提升关系进行论述。一般来说，图像信息可以作为小句的环境信息比如原因、结果、地点、伴随等，来提升小句的意义。同样，小句也可以充当环境信息，对图像中的局部信息进行说明（Kress & van Leeuwen，2006；Martinec & Salway，2005）。图 6-11 节选自凤凰网连环话新闻"垃圾围城"（2017）中的一个片段。该图主要描述了北上广三个主要大城市的垃圾泛滥情况。

图 6-11　图文提升关系（凤凰网，2017 年）

从该图看，文本意义主要通过文字部分展示，图像信息充当了文字部分的环境成分，即"地点"意义。具体而言，该图首先总起概述了北上广是垃圾泛滥的重灾区（均为文字陈述），接着依次通过图文呈现了北京、上海和广州的垃圾泛滥情况。逻辑上为总分关系，或更确切讲属于分类结构，即总起句为上义成分（superordinate），其他三个分述部分为并列的下义成分（subordinates）。每个下义成分均由文字+图像的方式构成。其中文字成分可以单独完整地传递意义，比如"北京日产垃圾 1.84 万吨"，尽管"北京"作为主语和其他成分相隔很远。这里需要特别强调的，一是文字部分的构成，二是图像部分的构成。从文字看，首先分成了两个部分，一个是主语，另一个是剩余部分。主语并没有和剩余部分放在一起，而是放在图片的下方作为图片的标题（caption）。另外，文字部分还涉及文本框内外的问题。文本框之外的信息为概述信息，文本框内则为详述信息。以北京为例。"北京日产垃圾 1.84 万吨"属于文本框外的信息，是对北京垃圾泛滥的概述。文本框内的信息由虚线边框包围着，属于具体的信息，是对概述信息的详述或详解（Martinec & Salway，2005；van Leeuwen，2005）。

从图像看，每个图片展示的都是相关城市的标志性建筑。例如：图6-11-1展示了北京的标志性建筑如天坛、故宫、天安门等，表明该图象征北京城市；图6-11-2呈现的是上海的标志性建筑，如东方明珠广播电视塔、上海圆应塔、上海科技馆等，表明该图象征上海城市；图6-11-3呈现的是广州的标志性建筑，如广州塔、广州国际金融中心（广州西塔）、中山纪念堂等，表明该图象征广州城市。不仅如此，每个图片的下方都用文字注明了图片的含义，即分别标注为"北京""上海""广州"。最后，我们来看图片与文字之间的关系。总体上，我们可以从两个角度进行解读。一是将地点作为小句的主语，这样图像在其中就充当了文字信息的局部信息，即物质小句的施动者，因此图片从属于文字（见上文分析的图文偏正关系）。二是将地点看作环境成分，成为存在小句中存在物发生的地点，比如"在北京有……垃圾"。这样，图片对文字部分的信息便起到提升的作用。

除此之外，图像信息还可以被用作表示文字信息的结果。图6-12主要展示了垃圾对人类带来的主要危害。从文字信息可知，垃圾造成的危害主要包括侵占土地、污染环境、危及人类健康、损失资源价值。

图6-12　图像信息作为文字信息中事件的结果（凤凰网，2017年）

为了强化上述观点，记者分别用四幅带文本框的图加以说明。图6-12-1 中圆形文本框内是一小块土地，土地上长出来一棵小小的幼苗。幼苗表明这是适合植物生长的土壤。但是从土地在文本框内所占的比例看，大约仅为五分之一，其他地方全是空白。我们姑且将其看作是被占领的垃圾，说明土壤之所以变得稀少，是因为都被垃圾侵蚀了。这就和文字中的信息"侵占了稀缺的土地"形成呼应。图6-12-2 为世界地图的一部分。从图中可知，地球上绝大部分变成了蓝色的海洋，陆地面积仅占一小部分。同时整个地球上似乎被狂风暴雨笼罩着，象征着地球由于环境污染，导致气候恶劣，给人类的生存带来了巨大的挑战。这与文字信息中的"污染环境"形成呼应。图6-12-3 是一幅医生问诊的图片。从图中可知，一位医生正戴着听诊器，旁边疑似写满文字的病历记录本，记录本被一只手拿着，另一只手正在指着里面的内容，疑似医生正在对病历记录进行分析。这与文字信息中"严重危及人类的健康"形成呼应。图6-12-4 为堆在一起的钱币。后边是堆得高高的金色硬币，前面是一叠厚厚的纸币和零散的硬币。这些钱币似乎在表明，垃圾泛滥浪费了大量的资源和金钱。这与文字信息中的"中国城市每年因垃圾造成的资源损失价值就超过200 亿元"形成呼应。从分析可知，四幅图都是对垃圾泛滥带来的危害的展示，是对文字部分"垃圾危害"结果的强化和进一步说明，因此起着提升文字信息的作用。

6.6.4 投射关系

除了扩展关系外，漫画类新闻还擅长通过投射方式表示图文之间的连接关系。投射表示将说话人与其话语内容或思想者与其内心想法之间的关系通过图像或/和文字（共同）表征的方式连接起来。如前所述，图文投射一般包括话语投射和思想投射。这种投射关系不但发生在语言层面，还经常出现在图文之间。一般来说。图文之间的投射由文本框（一般为语泡或思想云）内的文字信息（话语或思想）与表达文字信息的文本源（一般为代表某种角色的人或拟人化的事物）构成（冯德正，2015；Martinec & Salway，2005；Painter et al.，2013；van Leeuwen，2005）。绘本类的文体如此，连环话新闻也不例外。

图 6-13　图文投射关系（凤凰网，2017 年）

图 6-13 节选自凤凰网连环话新闻"辉山事件"（2017 年）。该新闻分析一家名为辉山乳业的上市公司如何在美国浑水公司的调查与披露下，面临股价暴跌、企业破产的危机。这条新闻主要分析了辉山事件的来龙去脉。图 6-13 是其中浑水公司初创时的情景，主要包括浑水公司发现商机、并创立公司的想法与行动。图片可以简单分成两个部分，一个是黑底白字的旁白部分。它主要起着串联上下文的作用，使文本能够连贯一致。另一个是通过图文投射方式形成的对话推进或思想发展轨迹。首先是美国浑水公司的老总卡森发现东方纸业公司有欺诈、作假行为，认为商机来了。第一幅图是卡森的想法。图片中，卡森作为思想者正右手扶着下巴冥思苦想。他的左手边是一个指向他的思想云文本框，文本框内是他思考的内容"我们可以抓住它研究它然后做空它啊"，右手边是他发出的笑声"嘿嘿"，或根据佩因特等人（Painter et al.，2013）的说法，可称为"噪音"，表示他对自己完美想法的赞赏。第二幅图是卡森与他的下属之间的对话。首先是下属对卡森提出的问题。看图可知，下属被描述成正在对着卡森问话，在他上

方是一个语泡文本框，里面的文字为："老大咱们公司叫啥名啊？"右边是卡森正对着下属说话，话语内容通过语泡表示出来，即"咱们不是专门调查那些浑水摸鱼的公司吗？就叫'浑水'吧！"通过思想云和语泡的方式，构建出一种图文投射关系，将浑水公司初创时的情景惟妙惟肖地表达了出来，且带着几分诙谐的意味，让读者看了忍俊不禁，因此具有较强的吸引力。

6.7 小结

本章以图像连接、文字连接和图文连接为出发点，梳理总结了现有图文关系研究的相关理论（如图文连接、图文关系、图文衔接、图文指称等)，在此基础上探讨了连环话新闻的图文连接关系和此类新闻语篇中的意义连贯问题。分析发现，连环话新闻中的连贯性主要通过图文连接关系实现。这主要体现在图表类新闻和漫画类新闻，以及二者结合形成的连环话新闻中。图表类新闻的连接关系主要体现为：（1）以文字为主的新闻页面中，文字之间的关系主要为文字详述，即居于上方或前方的文字为概略信息，居于下方或随后的文字起着解释、说明的作用。（2）页面构图体现为理想化的图像与真实性的文字相结合，即图表或图标以可视化、理想化的信息吸引观众，文字部分则以真实性、实用性信息对图像进行详述，以锚定图像信息。（3）或者，图像呈现为概略性的信息，文字则对图像信息详细说明。总之，图表类新闻主要通过合理的页面布局，形成图文之间相互融合、相互补充的关系，最终达到新闻页面连贯的目的。漫画类新闻与图表类新闻类似，也有"文字详述"的连接关系。在漫画中，图像一般表现为抽象信息，文字则对其进行详述和延伸。从地位看，图文之间大体上属于图像为辅、文字为主的偏正关系。从逻辑语义看，图文之间表现为：（1）图像对文字信息的提升关系，如图像作为文字信息中事件的时间、环境、结果等；（2）图文投射关系，其中图像为投射源，文字（一般为语泡和思想云等文本框）为被投射的话语或心理活动。通过上述实现手段，连环话新闻形成了一种视觉文本连贯体系，一方面使新闻信息更具有可视化效果，另一方面使新闻话语呈现出语篇的整体连贯。

第7章

构图、布局与视觉化

7.1 引言

一般来说，图像的意义是图像中相关视觉元素排列和组合的结果，例如颜色、形状、光影等在画面中所占的比例。为了表达图像的主题概念和造型艺术，设计者会有意识地在一定空间内安排图像中人、物、背景等的位置关系，将多个局部图像组合成一个有机的整体。这个过程就是构图过程。构图是设计者利用点、线、面、形状、光影、明暗、色彩等视觉元素，根据空间位置，将画面进行合理组合、排列、配置的结果，其目的在于使画面能够传达设计者试图表达的意义或艺术效果。

就艺术效果而言，构图表示艺术家在一定空间中安排和处理人与物的关系和位置，以表达作品的主题思想和审美效果，并使个体或部分图像融入整个画面，形成完整的意义表达。话语分析学者主要从社会符号学的角度，考察构图对符号意义表征和建构的作用。例如，克瑞斯和范·勒文（Kress & van Leeuwen，2006：177）从图像整体出发，以空间上的布局（layout）和时间上的节奏（rhythm）为焦点，讨论了图像中的信息值、显著性、框架等构图意义。节奏表示视觉元素随着时间的推移而展开的组织结构，例如演讲、音乐、舞蹈、电影、电视节目等。由于本书的研究对象以静态的网络文本为主，对时间构成即节奏的涉及不多，因此本章将重点考察空间上的布局，即连环话新闻的构图设计和图文布局。

7.2　画面构图

就图片和画面而言，常见的构图方式一般包括中心对称、引导线、黄金分割比例和黄金螺旋线等。本节主要梳理以上四种构图方法，以期为后续连环话新闻中的图片构图分析奠定理论基础。

7.2.1　中心对称构图

中心对称（central symmetry）表示二维画面中的图形呈对称分布。换句话说，如果一个图形围绕一个点旋转 180°后与另一个图形完全重合，则表示两个图形围绕该点形成了中心对称，该点即为对称中心点。中心对称的画面形成完全左右平衡或上下平衡的状态，如灯笼、足球场、摆钟，等等。当然，在现实生活中，看上去中心对称的图形很多时候不可能完全达到左右或上下对称。例如，图 7-1 中摄像者显然希望通过中心对称的方式,将东方明珠广播电视塔置于照片的中心位置。尽管拍摄者有意识地将东方明珠置于画面的中心，使画面保持左右比例均衡，但是，我们发现左右两边的事物并不能完全重合。尽管如此，我们仍然认为，作者采取了中心对称的拍摄方式。其中，东方明珠为画面的中心，是被聚焦的事物。围绕东方明珠，其他事物的排列大体上注意了左右对称。清晰度也随着与东方明珠的距离逐渐增大而呈现出逐渐递减的趋势。这种方法反映了作者将东方明珠视为上海地标的交际意图。通过突出该标志性建筑，图像传达了"这就是上海"的含义。

图 7-1　中心对称构图（图片选自昵图网）

7.2.2　引导线构图

引导线构图（leading lines composition）是指利用画面中的线条吸引观众的注意力，让视线随着线条的方向移动，最后汇聚在画面的焦点上，从而突出主题，同时连接和整合画面中与主题相关的其他元素。引导线构图的原理在于：我们的眼睛有一种本能的反应，会不由自主地跟随画面中的线条，去追寻线条尽头的事物。引导线构图能够将观众的注意力引导到摄影者或设计者想要表达的主题上。一般来说，引导线构图包括汇聚线、对角线、水平线、垂直线、交叉线、曲线等。这些线条可能来自人造线条如栅栏、道路、桥梁、电线杆、建筑物、窗玻璃、走廊、天井等，也可能来自自然的线条如河流、起伏的山脉边缘、海岸线、树林、沙丘、太阳光线、天际线等。

汇聚线（converging lines）构图是引导线构图中最典型、最常见的一种。它主要借用"近大远小"的透视原理，用广角或超广角镜头拍摄或绘制平行向前延伸的道路、建筑物、走廊、桥梁，或向上生长的树木，使它们向中心汇聚点靠拢。例如，利用近大远小的透视效果仰拍屋顶，可以形成经屋顶为中心的汇聚线。或者，将焦点对准走廊的尽头，使走廊上下左右的边缘和轮廓汇聚成一点，犹如黑洞一般。汇聚线会引导人们的目光落在汇聚点的事物上，从而增强画面空间的纵深度和立体感。汇聚点落在画面什么位置显然会传递出特别的含义。如果汇聚点位于画面的中心，则给人一种凝视黑洞的感受。当汇聚点位于画面靠上三分之一的位置时，则能使地面的景物更加凸显；当汇聚中心位于画面靠下三分之一的位置时，则能将远景纳入视野之中。同时，汇聚点也可以在对角线偏上或偏下的位置，形成一种动态的画面。

以斜线的方式构图能够使图片产生动感。因为斜线构图打破了线条平行于画框的均衡，与之产生势能差，使斜线部分的物体在画面中得到突出和强调。在斜线构图中，对角线构图（diagonal composition）是一种比较常见的方式。当图片中的线条沿对角线方向展开时，就会形成对角线构图。沿对角线分布的线条可以是直线、曲线、褶皱或物体的边缘。只要整体延伸方向接近画面的对角线方向，就可以看成是对角线构图。对角线是一个非常特殊的斜线，也是最稳定的斜线。许多画家在绘画时都是从对角线开始的。因为对角线将画面（一般为矩形）一分为二。被分开的这两个空间的面积完全相同，因此画面在大小和重量上是均等的，平衡感不会因对角线的出现而被打破。当然，我们不能为了对角线去制造对角线构图。虽然对角线是最稳定的斜线，但应用不当仍会使画面失衡。例如，当我们为一位正常站立的老人拍照，如果我们改变角度以达到对角线构图的意图，我们就会发现照片缺乏稳定性。因为这个角度的站立姿势有违地心引力——除非你有特殊的设计意图，以此形成视觉冲击。对角线构图的好处在于：使画面产生动态感，同时能够聚焦主体。因为对角线的两端和中心点是画面布局的重点，观众观看此页面时，视线将牢牢锁定在这三个点上，从左上角到右下角，然后从右下角到左上角，反复回到中心点的位置。比如，我们一般会将标题放在中心点附近，在左上角放置图片，在右下角展示具有导向性的文字。此外，当布局中的元素较少时，对角线构图可以给布局带来相对饱满的视觉感观。因为对角线是整个矩形布局中最长的直线，可以引导观众非常自然地看到整个画面。由于我们的阅读习惯是从左到右，当我们进行对角线构图时，可以优先考虑从左上角延伸到右下角。当然，我们也可以从右上角到左下角进行构图，并能产生相同的效果。

对角线构图一般通过物体本身或物体边缘形成贯穿全图的对角线。图 7-2 是一幅通过对角线进行构图的典型代表。这是何藩的作品 *Hong Kong Yesterday* 节选之一。对角线在照片中表现得非常明显，建筑物在墙上的阴影几乎与图片的对角线完全一致。当然，因为图片的左侧还有一点空间，这个图看上去不是那样太充盈饱满，给观者留下了想象的空间。也正因为如此，该图的构图就显得更加恰到好处。

图 7-2　对角线构图（图片选自 *Hong Kong Yesterday*，Ho，2020）

　　对角线是矩形相框中最长的直线。呈对角分布，沿着对角线移动，我们的目光将从画面的一角移动到另一角，就会自然而然地将整个画面扫视一遍。对角线构图强调方向的沟通方式，不仅能给人一种画面的力量感和方向感，更重要的是，对角线构图能够增强画面的动态感，给人一种动能，形成运动的冲击力。这是与平行构图和垂直构图最大的区别。但是由于客观条件的限制，很多图片并非标准的对角线构图，只是采用了近对角线的构图手法。比如根据山路拍摄的曲线对角线构图图片（图 7-3）。

图 7-3　非标准对角线构图（图片选自新华社，2022 年）

就图文而言，有三种常见的对角线构图方式。第一种是将文字编排在对角线的两端处，图片放在中间，我们称之为文字对角。第二种是将图片放在两个端点附近，中间用文字（一般为标题）表示。我们称之为主体对角，第三种就是文字和图片各在一个端点附近，形成文字与主体对角。文字对角的构图方式有利于突出主体信息，因为主体放在画面的最中心，具有最凸显的地位。主体对角能够使主体间形成某种呼应和连接，形成一个完整的叙事。文字与主体对角则在保持画面平衡的同时，凸显设计者试图传递的信息。比如，文字在上，主体在下，则文字一般为放大的粗体字体，表示比较理想的、抽象的信息。图像主体则表示比较实际的具体信息，反之亦然（Kress & van Leeuwen，1998，2006；Painter et al.，2013）。

水平线（horizontal lines）构图表示以海平面或地平面为基准进行的构图。水平线可以增强照片在构图中的稳定性和开放性，观众在欣赏此类照片时会感到平静和稳定。水平线通常放置在图片上方的三分之一或图片下方的三分之一处。水平线构图需要特别强调水平，不能有细微的倾斜。但同时，水平线不能成为上下部分之间的分界线，导致上下部分彼此分离。为此，我们在设计画面时，往往需要找到贯穿两个部分的元素，使画面整体上连贯一致。如图 7-4 中，水平线以水平面为界形成天然的分界线，使湖水和群山彼此分成两个部分。但是我们发现，湖水在这里成了一面天然的镜子，将岸上的事物尤其塔楼和远处的群山倒映在水里。于是，远处的白云、群山和近处的塔楼、波光、电线杆、树木等自然地组合在一起，呈现出一幅浑然一体的山水自然风光。同时，地平线和湖水的边际线又给人以宁静、肃穆的氛围。

图 7-4　水平线构图（图片选自人民网，吴长荣摄，2022 年）

水平线构图可以使画面在左右方向上形成一种视觉上的横向延伸感，从而增加画面的视觉张力，同时给人以宽广、宁静、稳定的感受。

与水平线构图类似，垂直线（vertical lines）构图可以赋予画面上下视觉延伸感，强化画面中垂直线的强度和形态，给人一种高大威严的视觉感受。垂直线常被用来拍摄或描绘建筑物、树木等。我们在构图时，可以通过截取所描述事物的主要部分，获得由简洁的垂直线条构成的画面效果，使画面呈现出强烈的形式美感（如图 7-5）。

图 7-5　垂直线构图（图片选自新华网，毕尚宏摄，2022 年）

还有一种引导线构图方式，我们称之为曲线构图。曲线（curve lines）构图表示以图像中的事物本身形成的弯曲的线条为引导线而形成的画面。在照片中，除了用直线作为引导线外，我们还可以用曲线进行拍摄或绘制。曲线比直线更自然，能够反映场景的流动性。图7-6中，莫日格勒河在草原上形成蜿蜒屈曲向前的线条，观众的目光随着河流的曲线，由近及远，自然地与周围的环境融为一体。画面呈现出一种蜿蜒、青翠的效果，再配合天空的蓝色、草原的青绿色，将河流由近及远从靛蓝色到淡蓝色的画面烘托出来，很好地突出了"玉带"式的河流这一主体角色。

图 7-6　曲线构图（图片选自人民网，李昊洋摄，2022 年）

在反映现实生活的图形中，画面很少呈现出以上提及的单一线条，它总是以不同类型的线条交织在一起，形成一种交叉构图。以图 7-7 为例。画中的所有元素都不是孤立存在的，而是相互支撑着组合在一起，形成一个相互交叉的整体。图中至少有四条主线形成交叉。一是从左上至右下的线条，二是从右上至左下的线条，二者形成对角线交叉。三是自上而下的竖线，四是自左而右的横线（画中呈圆弧状）。二者形成横纵轴交叉。同时，它们通过汇聚线的方式，形成左上到右下的对角线与右上到左下的对角线交叉的画面。

图 7-7　交叉线构图（图片选自新华网，毕尚宏摄，2022 年）

当然，如果在汇聚点附近放置图片主体，如人物，则能使画面变得更加有趣。这是因为，对角线构图往往会将观众的视线引导到画面的中心，即交叉点附近，从而形成一种视觉焦点。将主体放在这个焦点上，有利于引导观众的注意力从周围环境转向中心，从而起到突出主体的作用。总之，交叉构图不但能够使画面更加稳定、平衡，还能够突出画面的主体对象和主题思想。

7.2.3　三分法构图

三分法构图（the rule of thirds）又称九宫格法，是黄金分割构图形式的简化版，表示图像主体位于图片中任何黄金分割点的位置。黄金分割点是指将画面从水平方向和竖直方向三等分而形成的水平线和垂直线的交汇点，即画面中左下、左上、右下、右上三分之一的位置。将主体置于黄金分割点上，能使画面中其他三分之二显得更加开阔，且保持整个画面的平衡。黄金分割构图主要体现在以下三个方面。一是框架的比例。通常，黄金分割线的垂直框架高度和宽度的比例为 8：5，水平框架的高度和宽度比例为 5：8。二是画面的分割按照 5：8 或 8：5 的比例分布。比如，针对水平拍摄的风景画而言，黄金分割表示将地面与天空的画面占比设置为 5：8，或反之。三是以"井"字格确定物体或人物在图片中的视觉位置。"井"字格表示将画面横竖分为三个相等的部分，构图时将景物布置在上下左右三等分线的交汇点上。

三分法构图几乎适用于任何事物的拍摄或绘画中，例如人物、动物、建筑、自然风光等。比如：在拍摄或描绘人物时，可以将主体放在左上角的黄金分割点上，使该点与人物的眼睛大致重叠；拍摄空中的飞鸟或栖息在树上的小鸟时，可将小鸟放在左上角或右上角分割点上；拍摄大树时，可以将大树放在九宫格左下角的交汇点周围；拍摄或绘制建筑群时，可将建筑群放置在图片中九宫格右边的两个黄金分割点周围。总之，通过三分法构图形成的画面能够在视觉上给人愉悦的感受，使画面显得简洁、主体突出，且保持平衡，同时能够避免把主体放在中心位置而带来沉闷之感。例如，图 7-8 中在空中飞翔的白鹭正好处于从下往上及从右往左第 3 条等分线的交会处。就黄金分割构图看，最好的交会点在左上角，其次是左下角和右上角的"井"字格的交会处。这是因为，人们一般遵从从左到右、从上到下的阅读顺序，第一时间跃入眼帘的信息宜为最重要的信息。图 7-8 严格遵守了这一规则。比如，飞翔的白鹭在左上角黄金分割点上，同时，在画面的下方则是一排站着的白鹭。这样，飞翔的白鹭与并排站的白鹭形成动与静、中心与边缘的强烈对照，使画面形成一种力量上的平衡和张力，同时突出空中飞翔的白鹭。

图 7-8　黄金分割构图（图片选自人民网，李志军摄，2022 年）

当然，也有许多图像将物体或人物放在左下或右下黄金分割点的位置。这一点与物体和人物需要脚踏大地有一定关系。飞翔或飘浮在空中的事物则比较适合放在左上或右上黄金分割点的位置。将物体或人物放在该位置则会给人以空中楼阁的印象，即如浮萍般失去了根基。由于图 7-8 中是飞翔的白鹭，因此将其置于左上方位置是比较合适的，其优点在于，能使画面形成某种"动"的、充满生机的倾向（比如，白鹭在空中飞翔）。这种动感使观众对画面正在发生的事件或即将发生的事件充满期待，因此具有更好的视觉效果。

7.2.4 黄金螺旋线

黄金螺旋线（golden spiral）也称斐波那契螺旋线，表示根据斐波那契数列画出来的螺旋曲线。换言之，黄金螺旋线表示在一个黄金矩形（宽度除以长度等于 0.618 矩形）中，做一个以宽度为边长的正方形，然后在剩下的矩形中做一个以该剩下矩形宽度为边长的正方形，如此循环往复。最后在每个正方形中以正方形的边长为半径、以圆心向内的方式画出 1/4 个圆，并将这些 1/4 圆依次连接起来，得到的弧线就是"黄金螺旋线"（见图 7-9）。位于黄金螺旋线中心点的信息是图像着重强调的信息。根据黄金矩形的摆放方向，形成各种不同的横图或竖图。从横图看，黄金螺旋线的中心点可以在画面的左上、左下、右上或右下位置；从竖图看，黄金螺旋线的中心点同样可以在画面的左上、左下、右上或右下位置。

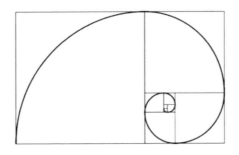

图 7-9　黄金螺旋线的形成

黄金螺旋线构图为图片的画面布局创造了完美的平衡，使画面从整体看更加美观。黄金螺旋线源于 1.618∶1 的黄金比例数学原理。自然中充满各种类似的黄金比例螺旋图，如波浪、花朵，以及植物中的螺旋形状。这种黄金比例的构图，能够保持形状的视觉均衡、美观、自然，因此经常被应用于建筑、绘画、服装设计等领域。许多著名的艺术作品，如《蒙娜丽莎》，都遵循了黄金螺旋线构图的原理。在《蒙娜丽莎》中，画家达·芬奇将蒙娜丽莎的眼睛视作画面的焦点，因此在构图中将蒙娜丽莎的眼睛放置在黄金螺旋线的中心点位置，再以眼睛为中心绘制人物的其他部位和设计整个画面的布局。不过需要注意的是，黄金螺旋线构图是针对整幅图而言的。我们不能仅针对图片中的某个局部来判断图像是否为黄金螺旋线构图，那样就会落入任何一点都能画出黄金螺旋线的陷阱，从而怀疑黄金螺旋线构图的价值。

7.3　页面布局

页面布局（layout）是构图的重要组成部分。我们在本书第 6 章图文的连接关系中论述了布局对图文连接和图文意义连贯的影响。在本节中我们主要从构图的角度对图文空间布局进行梳理，探析页面布局如何影响连环话新闻的意义表达和受众对新闻的阅读感受。

布局的概念在绘画界和电影艺术领域早已有之。之所以有布局的概念，是因为视觉图像在传递信息时与视觉在页面中的权重（visual weight）或显著性（salience）紧密相关。只有视觉上显著的信息才能第一时间吸引受众的注意力，给他们留下更深的印象。显著性是由图片中各种视觉元素的相互作用形成的。克瑞斯和范·勒文（Kress & van Leeuwen，2006）认为，这些因素主要包括：图像在画面中的相对大小（relative size，比如不同大小的镜头）、对焦锐度（sharpness of focus，比如中心与边缘的关系）、细节和纹理（detail and texture，比如脸上的皱纹和眼影的深浅）、色调对比（tonal contrast，比如冷、暖色调）、颜色对比（color contrast，比如颜色暗淡或明亮、黑白对照）、主体在页面中的位置（placement，如上、下、左、右、中心、边缘等）、透视（perspective，如前景、背景）、文化因素（cultural factors，如图像中的人物或文化符号），等等。

构图是否能够保持视觉上的平衡（balance），是图像能够成功传递的主要因素之一。这主要取决于设计者的交际意图（Arnheim，1982）。一般来说，在中心对称构图中，左右是均匀平衡的。但是，当一侧在视觉上比另一侧更重时，感知上的平衡就会被打破。于是，平衡的中心点就需要从空间的几何中心移到恰当的位置。平衡感体现在人们的各类活动中。它构成了人们产生和接收空间信息不可或缺的原始模型，即认知本能。挑战平衡本身就是一种对显著性的表达。例如，下图是一则"脉动"饮料的广告。

图 7-10　视觉平衡（脉动广告）

画面主要由文字构成。但文字的布局和大小传递出了不同的显著性含义。在画面中间的广告词为：生命太短，等车太长。设计者有意识地将等车太长中的"长"字放大、拉长，以凸显等车时间太长、太浪费生命的感觉。同时将"生命太短"和"等车太"上下并排放在一起，与"长"字即等车太长形成强烈的视觉反差，凸显出了"生命太短""等车太长"的含义，形象地表达了人们在各种场合（如公交车站、火车站、出租车站等）等车时的烦躁与焦虑。从画面的平衡感来看，设计者故意将"长"字放大拉长，并在画面中占据了从中间偏左到右边的几乎整个空间，但这种空间失衡感被"生命太短、等车太"七个挤在一起的字拉了回来，使整个画面保持了一种感知上的平衡。更重要的是，设计者这样设计的目的是销售脉动饮料这个产品。于是当我们被上面夸张的"等车太长"的字体吸引后，会将目光自然移动到这个广告，并同时注意到画面右下角较小的字体和图片。图片显示的是一瓶脉动饮料，而饮料下方是洒出来的几滴清澈的饮料水滴。试想下，当我们在焦躁不安地等车，如果还口干舌燥时，当看到清澈可口的脉动饮料时会是怎样的心情呢？一定是很想喝上一口。不仅如此，设计者还用文字，表达了脉动饮料的主要功能，即"随时脉动回来"。这里设计者巧妙地将饮料瓶上作为品牌名的"脉动"二字嵌入"随时……回来"中，形成脉动饮料的广告词"随时脉动回来"，表达了"人们喝了脉动饮料后就会马上精神焕发、活力重现"的含义。从以上分析可知，设计者为了引起受众的注意，可以通过打破几何学上的平衡来制造一种感知上的显著性，以引起人们的注意。一旦人们的注意力被吸引过来，设计者就会将试图表达的信息传递给受众，达到其交际目的。

克瑞斯和范·勒文（Kress & van Leeuwen，1998，2006）以系统功能语言学的语篇功能为基础，将上述用于拍摄或绘画的构图理念引入多模态话语分析，进一步发展了视觉图像中的布局概念。他们认为，页面布局可从三个方向进行考察，即水平方向、垂直方向和向心结构。从水平方向看，可以按照信息在页面从左往右的布局方式，将信息看作已知（旧）信息和新信息（Halliday，1978，1985）。从垂直方向看，可以按照信息从上往下的布局方式，将信息看作理想信息和真实信息。从向心结构看，可以按照信息从中心往边缘的布局方式，将信息看作中心信息和边缘信息。

7.3.1 水平布局

从水平方向看，句子以及更大的语段一般从"已知信息"（given information）开始，然后逐渐转向"新信息"（new information），即说话者想要传递的信息（Halliday，1985：277）。将事物放在左侧或右侧是传达信息价值的一种方式，表明信息在特定上下文中与特定观众的相关性（van Leeuwen，2005）。同样地，"前"和"后"不仅在书面语中具有左右之分，在所有基于空间的符号学模式中亦如此。比如

图 7-11 已知信息与新信息（图片来源：淘宝网）

图 7-11 为减肥广告，设计者按照新旧信息，巧妙地将减肥前的形象和

194

减肥后的形象按照左右的方式摆放在一起，并用箭头引导人们解读减肥前后的差异。

如果两个元素在页面上以极化的方式出现，其中一个代表一种含义，另一个代表另一种含义，那么放置在左侧的元素就是旧信息，一般为交际双方都知道的信息。右侧的元素为新信息，一般为页面中的重要信息，用于表达新的行为，如拒绝、确认或对左侧行为的跟进。请注意，并非旧信息永远就是已知信息，新信息也不会总是新的信息。之所以被视为已知信息或新信息，这是特定文化语境下社会认知的结果（van Leeuwen，2005）。其实，很多古文书籍的排版仍然遵循了古人的阅读习惯（如中华书局出版的许多著作的排版），即从上至下，从右向左。就此而言，其左边的信息为新信息，右边的信息为已知信息。

7.3.2 垂直布局

一般而言，位于上方的信息属于理想信息。这是由人类的普遍认知决定的。在上方的事物如天堂、上帝都是永恒不变的，和地上世俗的事物存在巨大的鸿沟。地上的事物总体而言是与人们息息相关的、真实可见的事物。类似地，有权力的人一般是"高贵的""强大的"阶级，因此经常位于社会阶层的上端，没有权力的普通人则是"低级的""弱势的"阶级，因此处于社会等级制度的底层。这种等级结构同样反映在视觉页面的布局之中。在页面中，"高处"的信息（如页面顶端）意味着高不可及的、理想化的元素，给人以抽象、"空灵"的感觉，属于理想信息（ideal information）。"低处"的信息（如页面底端）意味着接地气的、真实的元素，给人以具体、实用的感受，属于真实信息（real information）。理想信息通常意味着意识形态中最突出的部分，是信息提供者希望影响受众的信息。真实信息则与此相反，它提供更具体的信息（例如地图、统计数据）和/或更实用的信息（例如实际后果、行动方向等），对受众起着指导或指示的作用。

图 7-12 理想信息与真实信息（图片来源：摄图网）

图 7-12 是"关爱青少年"的公益广告，主要由文字和图片构成。在页面的顶端，是竖着写的"让爱回家"四个大字，字体加粗，比其他文字大几倍。其中，"爱"使用了红色彩体，表示强调"关心""关爱""问题青少年"的含义。相对下方的信息，四个字传递的信息更加抽象、理想化，即表达的是一种口号、理念，而不是具体的如何"让爱回家"。当然，中心部分的信息即心形的手势图案也传递着"爱心"的作用，与上端的文字部分相互辉映，从而彰显了"爱心""关爱"这一核心主题。从页面的下部看，文字信息更具体，"如关注青少年健康成长，关爱留守儿童，携手让爱回家"。这些信息是对"让爱回家"的具体解释，从而使受众明白这则广告的具体含义。不仅如此，设计者

还在下方标注了这则广告的设计者和相关单位及来源，这些都是实用或真实信息，比如版权信息、作者信息等。相对上端的"让爱回家"，这些信息明显更加具体、真实。

7.3.3 向心布局

向心布局表示将主体安排在画面的中心，依靠光、影、色等技术提高主体的视觉冲击力。这种构图方法可以很好地集中观众的注意力，使其更关注画面的主体。向心布局以"中心—边缘"为表现形式，即所有元素都围绕中心分布，并在中心和边缘之间形成固定的关系。页面离中心越近的元素越重要越神圣。反之，则不重要。中心与边缘并非完全对立。边缘的元素围绕中心进行排列，与中心等距离位置上的元素之间就重要性而言彼此相等。以藏传佛教中的坛城为例。坛城又名曼陀罗城，起源于密宗，是密宗修行者的修炼场所。坛城是梵文 Mandala 的意译，即"圆"的含义，藏语表示中心和边缘。坛城的分布完全遵循了"中心—边缘"的布局。中心象征宇宙和人体的中心，四周象征围绕中心点而形成的城堡要塞、宫殿、城堡，或相当于人体的各个部位。在藏传佛教中，冈仁波齐神山被视为宇宙的中心，神山周围则是边缘地带，能量因此从边缘向神山中心聚集。北京天坛亦是如此（见图 7-13）。天坛是古代天子祭祀的场所，预示此处最接近神明，是宇宙的中心，表示天子是上天之子，是臣民们拥戴的君王。

图 7-13　向心结构（北京天坛）

向心结构适用于多种多模态符号构图。比如，建筑物在城市和村庄中的排列，家具物品在房间中的摆放，人们在大厅里就座时的尊卑次序，人们在跳舞、歌唱、演讲等活动中的位置布局，物品在展览或桌子上的陈列方式，以及事物在页面、画布或屏幕上的布局，等等，都一定程度上体现了"中心—边缘"的布局原则，其目的在于强调中心的事物，淡化边缘的事物。

边缘的排列也有等级之分。等级的高低取决于边缘相对于中心的距离及其显著性。离中心越近或其显著性越强，则该元素的等级就越高。与此相反，中心则没有等级之分。中心就是中心，是唯一的。即使中心是空缺的，也会以缺席的方式存在，作为一种无形的中心枢纽。在多数情况下，边缘是相同的，或者至少彼此非常相似，因此不存在两极分化，没有已知信息与新信息或理想信息与真实信息的区分（van Leeuwen，2005）。

向心布局和极化结构相结合，可以形成现实生活中最常见的三联画构图（triptych composition）。在三联画中，不同的构图顺序形成不同的含义。如祖孙三代的构图中，中年爸爸居中表示按辈分自然排列的祖孙三代。小孩位于中间表示小孩被视为掌上明珠，是家庭的中心，一家人围着小孩转。如果爷爷被置于中心的位置，则意味着家人对老人的尊重或孝道。

7.3.4 第三维度

除此之外，克瑞斯和范·勒文（Kress & van Leeuwen，1998，2006）还对平面图的立体构图进行了研究，提出了第三维度的概念。所谓第三维度，表示立体事物的侧面、前后或上下六个面向。第三维度为我们考察视觉图像的纵深度特征提供了进一步的选择。我们首先来看前后两面，即正面和背面。根据克瑞斯和范·勒文（Kress & van Leeuwen，1998，2006）的看法，自然界中的事物本身不存在正面或背面的概念。如果它们被赋予了正面和背面的信息，则是设计者主观上站在观看者角度，以观看者的视角为基准制造出来的正面/背面概念。之所以有前后，与人类以自身为出发点而形成的前后方位观念密不可分。一般来说，我们身体的正面体现的是我们的身份信息，是我们与世界进行公开接触、互动的一面，也是我们用于感知图像、声音、气味、食物等的一面。背面则属于非公开性的、私下的面向，属于我们个人的、非显示身份信息的一面，但背面比正面更具有功能性，是支撑我们正面活动的基础和实际面向。以此类推，每个事物的正面和背面都体现了上述"公开—隐私"的关系。正面是对事物身份的确认，背面是支撑事物的基础，但不体现事物的身份。以书籍为例。我们一般在网上书店只能看到书的正面，而正面显示的是书的题目、作者与出版社等信息。这是它的身份信息，即"门面信息"。但背面却很少出现在网上书店的介绍中。实际上，书的背面一般包括了书的条形码、书刊号、价格或书的推荐语和主要内容。这些信息不是书的身份信息，主要是书的实用性信息，即"家底信息"。

事物的侧面信息一般为左右两侧。事物本身不存在"左"或"右"的概念。如果以百分之百的正面或背面呈现，事物的侧面实际上是看不到的，例如梯田、房屋（见图 7-14）。左和右的概念并不像正面和背面那样具有完全对立的含义。事实上，左右两侧也存在不同的变体和例外，因此我们很难像判断信息价值（如已知信息/新信息）那样，来判断事物左右两侧的信息。也正因为如此，侧面的含义往往被忽略。

图 7-14　房屋的正面

事物的上下两侧主要体现为顶部和底部。底部是通常不可见的一面，因此就对外展示或与外界接触而言并不重要。但是，底部是事物的基石，对事物本身而言具有最实际的功用价值。如果没有底部，事物就没有根基。例如，桌子或汽车的底部起着支撑桌面或车身的作用。与之相反，几乎所有事物的顶部都会与外界接触，是事物的最表层的特征，蕴含了事物的身份特征。顶部通常是事物的盖子，可以揭示事物的内部结构和内容。顶部也是我们用于沟通的一部分。当物体的大小等于或比我们高大时，我们将不得不与正面可以看到的部分进行沟通。这时，我们就需要以仰视的方式与其接触，从而显示出该事物的高大、雄伟。电影《金刚》中女主人公与金刚进行对话的场景便是如此。但是，当我们站在高处时，我们就可以采用俯视的方式与事物的顶部进行沟通，从而显示该事物的渺小，比如俯拍火车站的候车楼。

这充分表明，事物的第三维度所呈现出来的各个面向的信息价值的大小，取决于被阅读事物与观看者之间的关系，比如被阅读事物的相对大小、观看者的视角等。总之，对于任何两极化的物体而言，总会同时存在正面和背面两个面向，它们会不同程度地向两侧外溢。左边可能是正面的附属品，右边则是正面的支撑面；或者左边是正面的已知信息，右边是正面的新信息。如果说顶部能够体现一定符号意义的话，底部则很少用来传递符号信息。

7.3.5　视觉叙事中的页面布局

在克瑞斯和范·勒文（Kress & van Leeuwen，1998，2006）页面构图的基础上，佩因特等人（Painter et al.，2013）以叙事连环画为研究对象，进一步完善了视觉叙事文本中的页面布局系统。佩因特等人（Painter et al.，2013）将克瑞斯和范·勒文（Kress & van Leeuwen，2006）的信息连接（information link）修改为页面布局（layout），并结合马丁内克和索尔维（Martinec & Salway，2005）的图文关系，将页面布局分成两种类型，即融合关系和互补关系（2013：93）。融合关系（integrated）表示文字信息作为图像信息的一部分融入到图像之中。互补关系（complementary）表示图像信息与文字信息在页面中各自占有的空间。

佩因特等人（Painter et al.，2013）主要从三个维度考察视觉叙事页面中的互补关系。一个是图文分布的轴线（axis）关系，主要包括纵轴分布和横轴分布。纵轴分布（facing）表示图像部分和文字部分以纵轴为基准，面对面平排出现在页面之中。部分现代和当代的绘本或图画书属于该类型，即文字部分和图像部分同时出现在一个页面，图像和文字部分分别占据页面的左侧或右侧。横轴分布（descending）表示图像部分和文字部分以横轴为基准，呈现为上下排列的关系。传统的图画书属于这种分布方式，即图像通常出现在页面的上方，页面底部一般为文字部分。我们的研究对象——连环话新闻——大体属于这种类型。但多数情况下，连环话新闻呈现为上、中、下分布的格局。中间一般为图像部分，上部为比较抽象的文字信息（比如小标题），下部为比较具体的文字信息（比如，文字信息对小标题和图像部分的进一步说明）。

互补关系的第二个纬度是图文分布的权重。分布的权重（weight）表示图像和文字在页面中的空间占有率，一般包括以下三种情形：以图像为主（image privileged）、以文字为主（verbiage privileged）、图文并重（equal）。不过，这三种情形并不是非此即彼的关系，而是根据图像和文字在页面中所占的比例形成的图文相对性关系。根据阿恩海姆（Arnheim，1982）的说法，页面的上半部分总是比下半部分具有更大的权重。这在克瑞斯和范·勒文（Kress & van Leeuwen，1998，2006）的论述中得到了进一步的证明。他们认为，从纵轴布局看，上端的信息具有"理想化"的功能，从语义上更加凸显，因此权重更大。相对而言，下端的信息倾向于"真实性"特征，其作用在于对页面信息作更详细的解释与说明，因此凸显性更低，语义权重更小（Kress & van Leeuwen，2006：186-187）。从横轴看，图文之间也存在上述三种情形，即图像为主、文字为主或图文并重。不过从语义权重看，根据人们的阅读习惯和信息结构理论（Halliday，1978，1985；Halliday & Matthiessen，2014；Kress & van Leeuwen，1998，2006），左边的信息一般为已知信息，右边的信息则为新信息即焦点信息，因此权重更大。

互补关系的最后一个方面是位置关系（placement）。位置关系表示图像和文字之间的相对位置，一般包括图文相邻（adjacent）——即图像和文字之间紧挨着——和图文相隔（interpolating）。图文相隔可进一步分为两种情形。一种为文字居中（verbiage medial），表示文字部分镶嵌在两个图片之间；另一种为图像居中（image medial），表示图像在两部分文字之间（Painter et al.，2013：93-98）。但是，我们的研究发现，除上述两种情况外，页面布局中还存在第三种情形，即图像和文字之间以空白的形式隔开，我们称之为"空白居中"（empty space medial）。图文相隔与克瑞斯和范·勒文（Kress & van Leeuwen，2006）的三联画构图有一定的相似性，即可以将居中的图像、文字看作中心元素或关注的焦点，将上下或左右两端的图像或文字视为边缘。同时，居中的信息作为桥梁对两端的元素进行连接（亦见 6.3.3 节）。但是，克瑞斯和范·勒文（Kress & van Leeuwen，2006）的三联画构图主要针对图像而言，而这里的图文相隔则涉及图像和文字两种符号的互补关系。此外，三联画的形式在连环话新闻中也不常见。相反，图文相隔的构图方式——尤其以纵轴方式排列的图文相隔——在连环话新闻中则比比皆是。图文相隔主要起到信息的分隔作用，将视觉信息与文字信息分隔开来，使文本叙事更加清晰且具有节奏感（Painter et al.，2013：97）。

视觉叙事即绘本页面的图文融合关系主要包括投射和扩展两类（Painter et al.，2013：98-103）。投射（projected）表示文字部分的信息来自图像中人物或事物的话语或心理活动，当然，除话语和心理活动外，还包括一些无实质语义意义的噪音（noise），如风声、水流声、嘶吼、叹息、惊呼等。一般情况下，投射者（包括人物、动物等）通过图片展示出来，被投射内容如话语、思想、噪音等通过语泡或思想云体现出来。二者的投射关系通过一定的连接方式如箭头等实现。图文的扩展（expanded）关系主要体现为图像和文字信息在页面中的摆放位置和方式，一般包括不带文本框的扩展（instated）和带文本框的扩展（reinstated）。不带文本框的扩展包括文字浮于图像之上，图像包含文字（subsumed），或图像和文字互不包含，各自平行分布，共享同一背景，即图文并行（co-located）。带文本框的扩展可进一步分成两种情形，一种表示文本框的边框由具有经验意义的图案构成，即经验型文本框，另一种表示文本框的边框是否为彩色图案，以产生某种情感意义，即氛围型文本框。

综上所述，多模态文本中的构图主要包括图片本身的画面构图和页面的布局两个方面。从画面构图看，一般包括中心对称构图、引导线构图、三分法构图和黄金螺旋线构图。从页面布局看，主要包括水平方向和垂直方向的图文布局，以及向心结构和第三维度。此外，就视觉叙事而言，页面布局包括图文互补关系和图文融合关系两类。上述构图方式为我们研究连环话新闻中的构图、布局及意义表达提供了理论依据和分析框架。接下来，我们将主要从图片的构图、图文互补和图文融合三个方面，对连环话新闻中的构图意义进行考察。

7.4 新闻中的图片构图

连环话新闻的图片大多数不是来自拍摄的照片，而是适用于绘本式叙事的漫画式、图标式和图表式构图。因此，几乎很少有图片遵循摄影照片的构图规则，比如汇聚线、黄金分割线等。但是，这些图片仍然遵循了绘画艺术的一些基本特征，即平衡、凸显等。

7.4.1 图标式构图

连环话新闻中很多图片都是点到为止，其目的在于为文字信息提供一定的视觉参照，从而使文字阅读不至于枯燥无味。一般来说，构成图标的基本元素可以推断为点、线和表面，以测试它们各自的特征和彼此的效用。作为最基本的组成部分，"点线面"在图标的设计构图上有自己的特点。图标是显示事物特征的标志，它使用简单、重要且易于识别的对象、图形或文本符号作为直观的语言，其作用在于标记、替换、指示某事物，还具有情感表达和象征的含义。从构图看，连环话新闻中的图标具有以下特征：形象生动，易于识别，构思巧妙，形式简洁。多数图标采用日常生活中比较常见且生动形象的造型和图形，借助夸张、象征、重复、节奏等手法，形成易于识别和记忆的视觉语言。同时，图标的构图倾向使用简洁的表达形式，比如大块的色彩，简单的线条、规范的平面。简洁并不等于简单，简洁背后往往蕴含着丰富的内涵。最后，图标好比简笔画，表达的是事物最凸显、最独一无二的特征，因此能够快速引起读者的注意并被识别。例如：

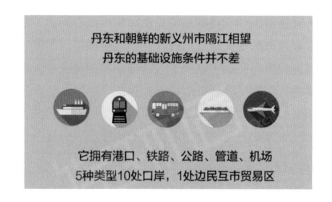

图 7-15　图标式构图（凤凰网，2018 年）

图 7-15 中，作者通过五个不同的图标，表达了五种不同的交通运输领域，即图标 1 采用线与面的结合方式，抓住水运的主要事物——轮船——特征，勾勒出港口的形象。其中，大红的背景好似海平面，船身、货物、烟囱代表满载而归的货轮。这些信息与文字部分的"港口"含义遥相呼应。图标 2 则是黑色火车头与铁轨相结合的画面，与文字中的"铁路"含义形成关联。值得一提的是，设计者为了突出火车的信息，特意在黑褐色的火车头上嵌入三个黄色的圆点，以此代表车灯，用蓝绿色方块表示驾驶舱前面的挡风玻璃，用黑色线条表示铁轨，等等。这些事物均为火车运输的主要特征，能够第一时间获得受众的关注并被识别。类似的图片还包括图标 3 和图标 5。前者设计成一辆红色的行驶中的公交巴士，车轮、车门与车身上的窗玻璃是其被识别的主要特征，与文字部分的"公路"形成呼应。后者勾勒出一架正在飞行的飞机，机翼、机身、驾驶舱和深邃的天空是它的标识。这些信息与文字中的"机场"形成互补的关系。图标 4 的意义理解起来比较晦涩一些，因为该图看上去像一艘轮船，但与文字中对应的"管道"很难形成映衬。尽管如此。大多数图标的设计都是通过我们比较熟悉的事物，以简单的色调和线条勾勒出来的，我们只需扫上一眼，便能识别出这些图标指代的含义。

　　就连环话新闻而言，图标式构图体现了该新闻类型追求信息简洁明了、通俗易懂的特征。一方面，连环话新闻希望通过最少的文字和最亮眼的视觉效果向观众传递信息，而图标式的画面不但能够比较准确地表达意义，还能够第一时间抓住受众的眼球，促使他们关注相关信息，从而起到辅助文字部分传递信息的作用；另一方面，图标式构图在页面中所占的空间一般都比较小，它们既能吸引读者的注意力，又能为文字部分节约大面积的空间，为进一步通过文字深入阐释信息奠定基础。

7.4.2　图表式构图

一般来说，图表包括三部分内容，即具象元素、抽象元素和数字（文字）。具象元素包括图形和符号，它为图表设计提供了丰富而直观的信息，并具有独特的图解功能。连环话新闻充分利用各种图形和符号，使一些枯燥的数据和复杂的内容更加生动、直观、有趣，拓宽了单调的文本交流功能，克服了不同语言和文本之间的沟通障碍。抽象元素主要通过点、线、面实现。点、线和面与造型艺术中的点、线和面不同。图表设计的点、线和这里的面完全是几何意义上的点、线、面，用于表示位置、重量、长度、面积等的变化。点在图表的形状中用来指代某物及其位置。线是图表建模的重要手段，具有界限和框架的作用。面主要用于清除和限制事物的范围，指示事物之间的比率，例如面积大小、数量多少等。文本和数字是图表的重要组成部分。它们主要记录和描述事物的内容，同时弥补图形符号无法表达的含义，进一步阐释事物内容。文字和数字信息必须简明扼要，易于理解和阅读。除此之外，色彩在图表中也具有重要意义。图表中的色块可用于表示不易表达的概念。具有不同含义的事物也可以通过不同的颜色进行区分，从而减轻文本和图形对图表信息传输的负载。

连环话新闻中的图表一般来说都不是四平八稳的、规规矩矩的图表，而是修饰过的、有时甚至和漫画风格相结合的图表。这种将科学技术取向的图表与娱乐取向的漫画相结合的风格，使作为公共话语的新闻更加娱乐化（Postman，1987）、会话化（Fairclough，1992，1995；Scannell，1988，1989，1996）。

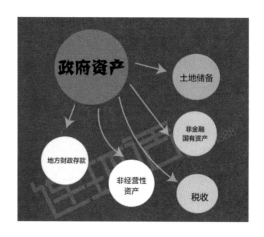

图 7-16   流程图构图（凤凰网，2017 年）

图 7-16 是对中国地方政府资产的分类式视觉表达。根据克瑞斯和范·勒文（Kress & van Leeuwen，2006）的论述，分类关系属于分析结构的表征形式，类似于语言中及物性结构的属性关系过程（attritive relational process）（Halliday & Matthiessen，2014）。其中，整体为被表征的对象，即载体（carrier），各个部分为表征的特征即属性（attributes）。上图中，整个关系过程通过箭头、圆形文本框及文字信息构成。最大的文本框即"政府资产"位居上端较显眼的位置，文字字体也比其他字体更大，属于该关系过程的载体，其他较小的文本框则分别表示不同的政府资产即属性，如"地方财政存款""非经营性资产""税收"等。这些分支通过箭头与载体部分连接起来，从而构成完整的关系过程或分类结构。不仅如此，每个文本框均通过不同的颜色区隔开来，从而简单明了地表达了地方政府资产的构成情况。

图 7-17 来自凤凰网连环话 334 期"日本制造业怎么了"（2016年 8 月），该新闻中大部分内容按照统一的模板——即外框+柱状图的方式——讲述了日本制造业面临的困境，涉及内容包括"日本工业竞争力""人均制造业出口值""工业化程度""出口质量""对国际制造业的影响力""对世界贸易的影响力"等。其中除外框和柱状图的形式类似外，图表中的内容各不相同。

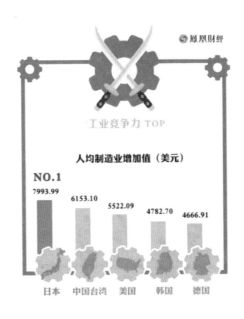

图 7-17　柱状图构图（凤凰网，2016 年）

由于篇幅所限，这里仅对"日本工业竞争力"柱状图的构图作详细分析。如前所述，图表的构图单元一般包括具象元素、抽象元素、文字和数字。从本图看，具象元素包括地图、日本军刀、齿轮。这些元素分别指代具体的信息。比如，齿轮代表工业竞争力，两把日本军刀交叉表示"竞争"，与本图的标题"日本工业竞争力"相吻合，每个柱状图下方的齿轮及国家地图指代地图所代表国家或地区的经济发展，如日本地图和齿轮表示日本的工业竞争力。这些元素简洁、明了、易懂，生动形象地传递了图表中的核心内容，与文字部分形成相互呼应的关系。从抽象元素看，每个柱状的高矮和不同颜色的运用传递了特别的含义。例如，代表日本的柱状图最高，表示日本的工业竞争力最强。并且在本新闻中，日本的经济是讨论的焦点，因此用红色表示，以区别于其他国家或地区的经济（用绿色表示国家或地区，用黄色表示各自的工业竞争力）。文字和数字主要起到澄清的作用。因为，具体的文字能够进一步锚定图像传递的信息（Barthes，1977；van Leeuwen，1991）。比如，我们可以通过这里的地图猜测它们可能代表不同的国家。

但是，如果没有文字信息的明示，这种猜测就不能得到有效的证实，从而影响图表的解读。何况，并非所有的受众都能一眼识别不同国家或地区的地图，比如韩国和德国地图，对部分受众而言就很难识别。图表中的数字除了起到证实柱状图的高矮外，还对具体的数量具有证实的作用。毕竟，数字或数据是信息可靠性的有力保证（van Dijk，1988）。值得一提的是，设计者还特意在代表日本工业竞争力的柱状图上面用红色字体标注"NO. 1"，以醒目的颜色和字体向读者传递了日本工业竞争力的强劲，给读者留下深刻的印象。

7.4.3　漫画式构图

漫画与摄影和绘画一样，需要通过构图使画面布局合理、平衡、美观。因此，摄影和绘画中适用的构图方式如前面讨论的引导线构图、三分法、中心对称、黄金螺旋线等，同样适用于漫画的构图。连环话新闻也不例外。比如：

图 7-18　对角线构图（凤凰网，2016 年）

图 7-18 采用日本的一些标志性传统元素如武士道军刀、古典建筑、红日、大雁等，比喻日本企业遵循传统，因而守旧僵化，缺乏创新。作者在设计该图时，采用了对角线构图的方式，使上述各种元素按照一定的顺序分布在对角线的周围，使整个画面呈现出一种动态的平衡感。

　　以上是单纯来自图片本身的构图方式。但是，就漫画而言，图片总是和文字信息相互依存的，这一点可以说是漫画与照片或绘画作品最大不同。连环话新闻主要采用图文融合的方式。其中，大多数漫画式图片体现了图文的投射关系，比如文字部分的信息作为图片中人物的话语（语泡）和想法（思想云）等出现（详见 7.6.1 小节）。当然，也有部分是以图文扩展的方式呈现的，比如文字浮于图片上方或文字部分带有边框。

图 7-19　图文投射（凤凰网，2015 年）

上图中呈现出两种图文融合方式，一种为投射，即图片中的人物为说话者，语泡为被投射的内容。比如本图中代表中国的男孩和代表日本的男孩为说话者即话语信息的投射者，语泡中的具体内容如"求带飞"为被投射的内容，二者通过文本框的箭头连接起来。第二类是图文扩展关系。这里主要体现为浮于图片之上的文字与图片之间的构图关系。比如图片中的"中国"和"日本"文字被直接放在图片之上，与图片完全融为一体。这种漫画式的构图使画面更加生动形象，容易引起读者的注意，产生一种娱乐化的氛围，激发读者愉悦的阅读感受。本例中，俏皮的图片和文字不但间接表达了中国经济突飞猛进和日本经济停滞不前的现状，还能给读者带来诙谐的感受，读后会心一笑。

7.5 新闻页面中的图文互补

以视觉叙事绘本的方式讲述新闻故事或对新闻事件进行分析、评论，是连环话新闻的主要特征。在几乎每一条连环话新闻中，我们都能找到不同的图文共存布局方式，如图文上下结合、图文交叉、图文互补或者图文融合等。不仅如此，连环话新闻还借助网页上下滚动的翻页规则，将新闻页面设计成自上而下的阅读路径，使读者在阅读新闻时能够迅速浏览页面，快速获取其中的关键信息。这一特征使连环话新闻具有独特的自上而下的展开路径，形成包括文上图下、图上文下、图片居中、图文交叉、中心环绕等各种页面布局。这种图文共同推进的新闻呈现方式不但使信息一目了然、通俗易读，还能避免出现单调乏味的大片大片的文字信息或空洞无物的、大片大片的图像信息。

7.5.1 文上图下

由于网页页面采用上下分布、通过鼠标下拉的方式呈现，连环话新闻大多设计成了图文上下排列的方式，一般由文字开头，出现在页面的顶端，图片紧随其后出现在页面的下方。其中图像出现在文字之下，起到烘托文字意义的作用。当然，大多数的图片并非具体的、包含大量细节刻画的画面，而是粗线条勾勒的抽象图片。这些图片一般不包含实质性的内容，主要对文字信息起支撑、补充的作用，使文字内容更加生动形象，增加新闻的可读性。

成都目前只开通了4条地铁线路
2017可能将有4号线二期工程、7号线和10号线
投入运营

图 7-20　文上图下（凤凰网，2017 年）

图 7-20 主要从图文两方面讲述成都在交通建设方面还存在的问题。图文的分布呈现为文上图下的格局。首先，通过文字的描述，新

闻记者向读者展示了新闻的核心内容，即成都的地铁建设现状：开通4 条，即将开通额外的 3 条。图像部分居于页面的下端。图像部分只是两节地铁火车的大致模型，因此传递的信息比较模糊、抽象、概括，只能对文字部分的信息起到共指的作用，即共同指向地铁交通。实际上，连环话新闻中的多数图片都是比较抽象的图标式图案，往往根据图案的显著特征来传递某种转喻或隐喻意义（冯德正、邢春燕，2011；D. Feng & Wu，2022；W. D. Feng，2017；W. D. Feng & O'Halloran，2013）。

图 7-21 中的图文分布大体上可以看作"文上图下"的布局。其差别在于，文字信息不仅出现在页面的顶端，即这里的标题"先看土豪的房子"，还有大量的文字出现在左上角的位置，与底部尤其右下角的"房子"图片形成对角线分布的格局。

图 7-21　文上图下（凤凰网，2017 年）

因此，总体上保持了页面权重的平衡。从图文空间布局看，本图大体沿着横轴呈上下分布，文字靠上，图片在下。先从图片看，作者通过房子的高度、窗户和墙壁及屋顶的色彩差异，凸显了房子在本图中的焦点作用。房屋前面为一排树木，将房屋放在图片的右下角，将房前的树木一字排开，整体上呈左低右高的分布格局，使画面呈现出一定的张力，保持了动态的平衡。从文字部分看，左上角的文字和标题一起对图片部分以对角线为基准，形成一种平均分布的格局，因此保证了图文之间对等的权重（Painter et al.，2013）。不仅如此，标题部分的字体（特别是"土豪"二字）采用放大、加粗的方式，使标题更加凸显，与图片中凸显的"房屋"形成呼应之势。上述分析表明，连环话新闻不仅关注信息的可接受度和娱乐性特征，也十分注重图文中的布局与构图，使图片在传递信息的同时，给读者带来阅读上愉悦、美的感受，比如本例中体现出的动态、平衡之美，即一种张力之美。

7.5.2 图上文下

所谓"图上文下"，表示图像居上，文字出现在图像的下面。大多数"图上文下"的构图表现为以下结构：图片+标题文字。其中图片为抽象的、图标式图案，文字为标题式话语，语言言简意赅。图7-22意在说明银行向消费者提供的一些理财产品：

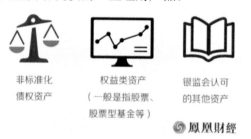

图 7-22　局部页面中的"图上文下"（凤凰网，2016 年）

从该图可知，这些图像主要起到指示的作用，指引读者对文字中提到的信息产生相应的联想，从而解读新闻传递的信息。比如，第一幅图中作者勾勒了一架倾斜的天平，这与下方文字中的说明性信息形成某种关联，即"非标准化债权资产"。非标准化债权资产一般指不通过银行间市场和证券交易市场交易的债权性资产，包括信贷资产、信托贷款、委托债权、承兑汇票等。这款理财产品具有较大的风险，但收益也高。倾斜的天平是对这种风险——收益关系的隐喻性表达。同样地，第二幅图中带有统计曲线图的电脑与下方文字标题"股票、股票型基金"等形成共指关系，因为统计曲线是股票涨跌最常用的表达方式。第三幅图中的"书本"图标与下方文字标题中的"银监会（2018 年 4月与保监会职责融合，改为银保监会——编者注）认可的其他资产"

具有一定互补关系。根据图文就近性原则，"书本"图标在这里可解读为"银监会的官方文件"，因此可以和标题中的"银监会认可的……"信息形成同一关系。

　　和上述内嵌于页面中的图像不同（即这些图片只是页面的一部分），图 7-23 则是整个页面视角下的"图上文下"布局。

图 7-23　完整页面中的"图上文下"（凤凰网，2017 年）

　　该图由一个虚线圆圈环绕，其中图片在上，文字在下。从图片看，作者通过一些标志性的图案表达了北京的政治功能定位，即中国首都、国家政治文化中心。这些标志性图案包括北京天安门、天坛、现代建筑和祥云。这些图标融合在一起，与下方的文字信息形成呼应，如"北京的政治功能定位"。将图片放在页面的顶部，展现的是比较抽象的、理想化的信息，具有凸显信息，引起读者注意的作用（Kress & van Leeuwen，2006）。如果说图像部分呈现的是比较抽象的、概略性的信息，文字部分则更加详细，对图片试图传递的信息进行了锚定（冯丙奇、王媛，2009；冯德兵，2015；Barthes，1977；van Leeuwen，1991）。不仅如此，文字信息还对图片信息进行了延伸（van Leeuwen，1991，2005），提出了需要进一步讨论的话题，如"北京的政治功能站稳了，其他功能也想发展，可是没地儿了怎么办？"这便自然地引出了接下来要讨论的话题，即该新闻的主题：开发雄安新区，为在北京的其他功能区拓展发展空间。如此一来，文字信息放在图片之下，不但对图片本身的信息进行了锚定，还对接下来的内容起到承上启下的作用，促进了整个新闻文本的衔接与连贯。

7.5.3　图片居中

实际上，在连环话新闻中，如果页面与页面之间没有明显的分界线，我们很难根据页面滚动来区分图片和文字。毕竟，网页不像书本和笔记本中的页面那样能够各自分离并独立存在，因为网页没有明显的分页线。正因为如此，记者在设计连环话新闻时，为了追求文本的流畅性和连贯性，往往忽略页面与页面之间的边界，导致上下排列的图片和文字无法明确分开。这就使许多页面存在佩因特等人（Painter et al.，2013）描述的"上、中、下分布"格局，即顶端和底部分别被文字信息占据，中间为图片信息。① 请看图 7-24。

图 7-24　图片居中（凤凰网，2018 年）

① 当然，不排除存在文字居中的个别现象。有少数连环话新闻的标题会设计成跟开场白连成一片：新闻以"理想化的"图片开始，接着出现新闻标题即文字部分。然后在标题之后（之下）再次出现图片。比如"连环话 618 期：共享经济"（凤凰网，2017 年 7 月 14 日，https://finance.ifeng.com/picture/special/picture618/）。

从该图可知，上端和下端的文字实际上是个完整的文本。它们之间完全是衔接、连贯的。因为，下端的文字是这样开头的："这个消息一下子……"。"这个消息"明显属于前指表达，用于指称上端文字部分提到的"朝鲜宣布中止核试验与洲际导弹发射试验，集中力量发展经济"的信息。因此，上下文之间尽管隔着一个"火箭"的图片，但它们仍是自主连贯的（Halliday & Hasan，2014）。既然如此，中间的"火箭"图片在这里起着什么作用呢？我们先来看看这个图片试图传递的信息。从外观及背景看（比如"白色云朵"），这是一支正在腾空而起的"火箭"；或者更确切地讲，也许是一枚被发射的"洲际弹道导弹"。这就可以很好地跟上端文字中的"导弹"信息连接起来。但是，这个图片并没有明确地告诉我们 这就是"导弹"。实际上，根据图片下方的文字，我们还可以将该图片理解成朝鲜经济的开放可能带动东北经济如"火箭"般腾飞，即一枚"经济腾飞的火箭"。这样，就可与图片下方的文字产生联系。

从上述分析看，将"火箭"图片置于文字之间，不但能够起到衔接前文的作用，还能够凸显接下来的文字信息，从而在读者心目中留下更深刻的印象。这也许就是作者在文字之间插入图片的初衷吧。当然，图片本身具有使文字信息更加生动形象的功效。在新闻中使用一定数量的图像，能有效增加新闻的视觉化和可读性。实际上，本图最下方的图片就具有这方面的作用。这是三张代表我国东北三省的地图。在每张地图上叠加了一个问号。它们传递的信息实际上完全和它们之上的文字信息相吻合。即，"和朝鲜只隔一条江的东北当然是个不可小觑的重要位置 那么到底会有哪些机遇等着东北呢？"文字中的"东北"和图片中的东北三省的地图形成图文共指关系。同时，文字中的问题与图片中的"问号"形成复现关系（D. Feng，2016b）。

7.5.4　图文交叉

所谓图文交叉，表示文字信息和图像信息不完全遵守上下或左右的分布规则，而是将文字部分与图像部分进行适当的结合，将文字信息填补到图像信息在页面留下的空白之处。图文交叉并非表明图文信息在页面上的分布杂乱无章，实际上，它们仍然遵循了人们自上而下、自左而右的阅读习惯或阅读路径（reading path）（Kress & van Leeuwen，1998，2006）。以图 7-25 为例。该图介绍了中国政府在 2016 年发布的针对银行理财的监管政策文件。该文件对银行理财产品和行为提出了更严格的规范。这样的文件对老百姓而言显然太专业了，理解起来比较费劲。凤凰网因此制作了这期"连环话新闻"，以期为读者就该政策提供生动、形象、易懂的解读。

图 7-25　图文交叉（凤凰网，2016 年）

从图中的文字可知，该图对商业银行应当提取理财产品风险准备金的规定进行了解读，主要涉及以理财产品余额的 1%为基准提取风险准备金的内容。左边文字表示低于余额 1%时商业银行应当继续提取风险准备金，右边文字表示当提取额达到余额的 1%时，可以不再提取。从上述文字信息看，其中涉及与金融相关的专业知识，对普通的民众而言，比较晦涩难懂。因此，记者在使用文字进行解读的同时，插入了一张图片。图片的下方是整齐堆放的硬币和纸钞，和文字信息联系起来，这些硬币和纸钞表示商业银行提取的风险准备金。该含义从货币图片上方的"提取硬币"的手势可以得到进一步的证实。作者勾勒了一只用指尖拿着一枚硬币的手，这只手打破页面的框架，从页面的边框伸入页面中央，指尖拿着的硬币对着下方的硬币/纸钞，表示将手中硬币放入下方硬币/纸钞库。更确切说，该动作表示银行提取资金，将其放入风险准备金"池"的过程。同时，作者用红色的短线和圆点作为指示符号，一左一右，分别指向左、右两边的文字部分，即提取风险准备金的两种情况，即不到1%时应该如何，以及达到1%时应当如何。从文字和图片的分布看，文字信息分别占据了页面偏上的左边和右边部分，图像则占据了页面底部、页面中间和页面右上角的空间。整个页面的图文布局疏密有致，既保持了页面信息的平衡，也不失页面的灵动。比如，将硬币放入"风险准备金池"的动作和分别指向左右文字的线段，都形象地刻画了风险准备金的提取过程，有助于促进读者对该信息的理解。

7.5.5 中心环绕

中心环绕表示图像或/和文字信息以"中心—边缘"的分布方式进行页面布局（Kress & van Leeuwen，2006）。中心环绕具有将各个部分串联在一起的作用，使各部分信息围绕一个中心展开，并相互联系。图7-26解析了成都市在农业生产方面的区位优势。

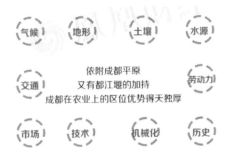

图7-26 中心环绕（凤凰网，2017年）

从上图可知，文字信息居中，是页面的中心。这与文字部分的主要信息密不可分，即"成都的农业区位优势"。外围文本框里面的内容分别指代某一方面的优势，比如"气候""地形""土壤"等，是对中心信息的具体说明，因此均呈卫星状围绕在中心文字的周围。这种布局不仅能够凸显中心信息，还将各种支撑因素（具体优势）清晰地呈现出来，既有助于读者对文本信息的理解，又能加深他们对相关知识的印象。

7.5.6　网状结构

网络结构表示页面以网络或流程图的形式，通过图文结合，将各部分或各阶段的信息串联起来，形成完整的信息解读。网络结构的好处在于，能够将比较复杂的理论或新的知识分门别类、条理清晰地展现出来。知识树或思维导图便是很好的例子。以思维导图为例。我们可以通过画思维导图的方式，将一个知识节点按照不同的方面，以分类结构的方式向外不断扩展，以达到我们对该知识节点上各方面知识的理解，从而扩大我们的理解广度和深度。

连环话新闻也广泛地采用了类似思维导图的呈现方式。连环话新闻的目的之一就是通过通俗易懂的表达，为广大读者解读当前的社会热点。如何将比较深奥晦涩的知识难点有效地传递给读者就成为记者首先需要考虑的问题。采用网状结构或流程图的方式便成为这类新闻的首选。图 7-27 是对人民币跨境支付系统的简要说明。

首先，作者采用提问的方式引出本页将要讨论的话题，即"CIPS怎么玩？"其诙谐的语言使原本正式的金融专业新闻增添了几分活力，能够有效地吸引读者的阅读兴趣。接着，作者使用接近两个页面，以类似思维导图的网状结构，将 CIPS（Cross-border Interbank Payment System）——即人民币跨境支付系统——的运作过程呈现出来。几乎每一个节点都用图像和文字共同进行表达。以中心节点"CIPS 资金账户"为例，作者主要通过标志性图案来指代这一节点，比如用带有"￥"符号的黄色圆圈来指代人民币，用带有"＄"符号的白色圆圈来指代美元，将两个圆圈并排放置，并在它们外围用两个曲线箭头来表示两个货币之间的兑换。同时，作者还使用简洁的文字（即"CIPS 资金账户"）对该节点进行了说明。另外，作者还用两幅不同的人物肖像指代不同的参与者。参与者的具体角色则用图标的形式在右下角注明。各个节点之间用绿色粗线条连接起来，同时通过宽阔的白色界线将境内交易和境外交易区分开来。尽管我们不能仅凭这个网络结构图就弄明白人民币跨境支付系统的全过程，但通过该图，读者对复杂的人民币跨境支付系统能够形成一个大致比较清晰的认知。

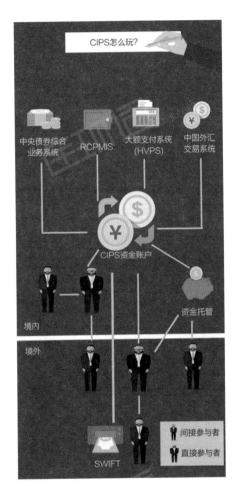

图 7-27　网状结构（凤凰网，2017 年）

7.6　新闻页面中的图文融合

以上的图文布局均属于图像和文字信息各自独立分布的情形。实际上，很多时候图文是相互融合的，即佩因特等人（Painter et al., 2013）所论述的"图文融合"。图文融合表示图像和文字信息完全融为一体，文字信息属于图像信息的一部分。如前所述，佩因特等人（Painter et al., 2013）将图文融合分成投射和扩展两大类型。

7.6.1　话语投射

根据投射内容，这类融合包括对话语、思想和"噪音"的投射。连环话新闻主要以各种类型的"话语"投射现象为特色。图 7-28 中包括一个话语投射。其中人物图像为被投射内容的发出者，即说话人。文本框中的内容（即"太！麻！烦！了!"）是被投射的内容。有趣的是，本例中被投射的话语被设计成正好与上方的文字部分自然连接起来的形式，即"……实在是<u>太！麻！烦！了</u>"（带下画线的部分是文本框中的内容，其余部分包括省略的内容是上方的文字），从而形成一个完整的句子。这种做法既使文本前后连贯，也一定程度上迎合了大多数读者的心态，使新闻内容看起来更加易于被接受。

图 7-28　话语投射（凤凰网，2017 年）

有时，发出"话语"的主体并非说话者本人。比如，图 7-29（a）中说话者被描述为一碗饭菜。将其与话语内容联系起来，这里的饭菜属于视觉转喻（W. D. Feng，2017；W. D. Feng & O'Halloran，2013），表示通过一碗饭菜来指代"主题餐厅、小资饭店"。有时，图像中根本不出现说话者，读者只能根据上下文推测被投射内容的发出者。比如，图 7-29（b）中我们只能看到文本框中被投射的内容，话语内容的发出者只能根据上下文推测。

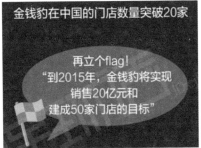

a   b

图 7-29　被转喻或未明示的说话者（凤凰网，2017 年）

有时，连环话新闻还将多个"话语投射"放在一起，形成一种对话形式，并以这种对话作为主要"节奏"，推动新闻话语向前发展（van Leeuwen，2005：248-267）。比如：

图 7-30　"准对话"结构（凤凰网，2015 年）

221

图 7-30 展示了"新股民"与巴菲特之间进行互动交流的情景。记者通过"一问一答"的方式，将各个被投射的话语连接起来，形成一种"准对话"结构（quasi-dialogue），推动叙事向前发展。本例采用图文投射（image-text projection）的方式，将两位说话者和他们的话语连接起来，使新闻叙事产生一种天然的互动效应和会话化特征（Fairclough，1992；Montgomery，2007；Scannell，1988，1996），有效吸引了读者的注意和兴趣。

图 7-31 模拟对话（凤凰网，2018 年）

连环话新闻最常用的"对话"形式是将不同的观点或信息以互动的方式组合在一起，形成一种模拟对话（simulated dialogue）的文本叙事。通过模拟对话，可以将不同的信息组合在一起，以话语投射和会话化的方式对其进行呈现。以图 7-31 为例，从该图看，话语内容的发出者是两只小狗，它们分别代表"回调"（咧嘴欢笑的小狗）和"泡沫"（愁眉苦脸的小狗）两种股票动荡现象。两只小狗面对面站着，身体前倾，神情和姿态仿佛正在进行交流。话语内容（实际上是记者意图传递的信息）则通过文本框呈现，分别为"回调"和"泡沫"的自我解释。该内容形象地传递了股市"回调"和股市"泡沫"可能带来的后果，如："回调"好比"跳床"，下跌后还会"弹上来"，而"泡沫"则好比"跳崖"，下跌后就会"摔在地上"，意味着"粉身碎骨"。这种呈现方式既贴近读者的日常交流习惯，又在轻松愉快的氛围中传递了新闻所意图传达的严肃信息，易于给读者留下深刻印象。

7.6.2 图文扩展

佩因特等人（Painter et al.，2013：100-103）认为，图文扩展表示图像和文字在逻辑语义上形成相互扩充、相互延展的关系，是图文融合的一部分。图文扩展可进一步区分为内置和重置两种方式。前者分为两种情形：一是文字浮于图像之上即图像包含文字（consumed）；二是图像和文字共享同一个背景，彼此平行排列，即图文并行（co-located）。重置表示文字出现在文本框内，图像与文字之间通过文本框分割开来。重置也可分成两种情形：一是文本框的边框由图案而非单纯的线条构成，图案边框因此传递一定的经验意义。二是文本框是否为彩色边框。如果为不同的颜色，则赋予文本框某种特定的氛围意义。比如，红色可能预示温馨、蓝色可能表示清冷。图 7-32 主要包含两种扩展现象，即带文本框的"重置"和无文本框的"图文融合"。重置现象主要体现在图片的中部，即"如果道指在一天内跌破 1000 点……"这段文字被放置在一个橙色背景的长方形文本框内。这个颜色与周围的白色背景形成鲜明对比，清晰地划分出推文截图和叠加其上的文本框之间的界限，表明文本框并非截图的一部分。其文字信息实际为推文内容的中文译文，这也是图片希望读者关注的信息，因此该文字被置于文本框内，并被放大聚焦，形成比较凸显的信息（Painter et al.，2013）。图文融合则体现在推文截图上面。首先，截图中包含部分文字信息，如推文用户名"Donald J. Trump"、账号"@realDonaldTrump"以及中文字样，如"关注"、推文发表时间、"转推"次数、"喜欢"次数等。这些文字信息，无论从字体大小还是色彩对比来看，都能够非常自然地融入截图之中，成为截图本身的一部分。此外，截图中还包含特朗普的头像以及其他粉丝们的头像等图像信息，它们与文字信息共同构成推文截图的内容，形成图文一体的多模态推文文本。这种图文融合的呈现方式确保了截图信息的真实性，避免了人为篡改的嫌疑，进一步支撑了文本中被重置的文字信息，从而间接强化了该信息的真实性和可信度。

图 7-32　图文重置与图文融合（凤凰网，2018 年）

图 7-33 属于文字浮于图像之上的情形。从图片看，画面上端展示的是堆积如山的黄澄澄、颗粒饱满的大豆，这一视觉元素凸显了大豆在本则新闻中的核心地位。画面下方是一艘正在大海上行驶的远洋轮船（轮船下方的水波意指"大海"），象征海运是大豆贸易中不可或缺的环节。画面左下角，一幢标有"TRADE"字样的大楼赫然矗立，代表着参与大豆贸易的国家实体，即美国和中国。画面中间部分留有大片蓝色空白，既可解读为大豆在贸易运输中穿越的广阔大海或天际，也可寓意中美大豆贸易的无限广阔空间。这些图像信息共同构成了新闻的背景，为文字信息提供了必要的衬托，强化了文字标题的背景氛围。文字部分主要包括新闻标题"为什么贸易战中大豆可以站 C 位"。该内容占据画面中间偏上的显著位置，采用粗体和大号字体，与蓝色背景形成鲜明对比，属于置于图像之上的"内置"信息，也是前景信

息。这种图文结合的方式，一方面通过将标题置于中美贸易的宏大语境中，为其接下来的叙事提供了坚实的支点；另一方面，通过将标题文字浮于图像之上，进一步凸显了新闻主题，有效吸引了读者的注意力，达到了彰显新闻主旨的目的。

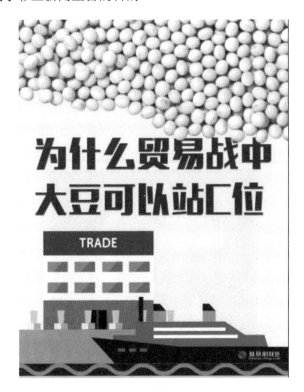

图 7-33　图片作为背景的文字内置（凤凰网，2018 年）

　　针对连环话新闻而言，另一种比较常见的图文扩展是不带文本框的文字与图片（特别是图标式的图片）共享一个背景，各自没有明显的边界，二者以共现的方式同时出现在页面之中。这样，图片和文字都参与文本叙事的进程，成为叙事性话语或论证性话语向前推进不可或缺的一部分。以图 7-34 为例，图片和文字尽管相互分离，但又协同推进，共同完成了信息的呈现。整体上，记者采用分类结构（classificational structure）（Kress & van Leeuwen，2006：87）对画面中的信息进行呈现。其中，页面上方的文字（"多家共享雨伞公司都……"）和图片（"两朵白云"）是上义项，下方的文字和雨滴是三个并列的下义项。上义项中的文字部分为整个页面的信息定了基调，即多家公司获得融资资金。上义项中的图片——即两朵白云——则被用来象征"天气"，表示雨天来自云雾，与下方出现的雨点形成指称关系（D. Feng，2016b），也与讨论的主题"共享雨伞"形成关联。下义项中包含三条类似的信息，即某共享雨伞品牌获得天使轮融资。每一条信息均通过图片（即雨滴）和文字（即公司名+"获得多少人民币的融资"）以图上文下的方式成对呈现。三条信息根据雨滴下落时的高低大小，分别分布在页面不同的位置，使整个页面既看起来合理、均衡，又能够图文一体，相互映衬。

图 7-34　图文共享同一背景（凤凰网，2017 年）

连环话新闻中还有一种佩因特等人（Painter et al.，2013）未曾提及的图文融合方式，我们称其为"文本框图片"。所谓文本框图片，表示页面中的部分图片通过文本框的方式呈现。文本框既可能是空白背景，也可能被文字信息或其他图片信息环绕。这与带文本框的文字不同。前者被文本框承载的是图像，后者则是文字内容。这一现象也可以通过佩因特等人（Painter et al.，2013：103）的"框架"系统加以解释。也就是说，有的图像是无边界的（unbound frame），有的图像是有边界的（bound frame）。无边界的图像通常作为背景信息出现在页面，有边界的图像则往往是被凸显或强调的信息（Painter et al.，2013）。对有边界的信息，当信息被边框包围时，则被包围的意义就会被重新聚焦（Painter et al.，2013：105-107）。比如图 7-35 中被圆圈文本框圈起来的新冠病毒。

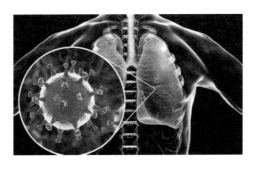

图 7-35　文本框中的"新冠病毒"

通过文本框的形式将肺部感染的新冠病毒特别放大后"圈起来"，给人一种强烈的视觉冲击力。被聚焦的新冠病毒图片不仅暗示了新冠病毒对人体组织具有极大的破坏力，还警示人们必须高度重视，加强对新冠病毒的防范。从这个意义上讲，该图片还具有引导舆论、教育公众的作用（D. Feng & Wu，2022）。图 7-36 表示企业破产后如何从法律上走清算程序。

这时候有抵押物的

比如：

房产　　车产　　土地

有担保人的，就要找担保人要钱

担保人还上钱之后就变成了普通债权人
参与公司的债务清算

图 7-36　图片再聚焦（凤凰网，2017 年）

图 7-36 选自连环话新闻"破产还不起贷款怎么办"，为该新闻中"债务清算程序"的一部分，即如何通过担保人和抵押物参与公司的债务清算。作者主要通过文字和图片共同呈现的方式对该信息进行阐释。其中图片通过圆圈文本框的方式呈现，并随着文字内容的发展插入到适当的位置，以形成连贯的语篇。从图中可知，作者首先通过文字，解释进入清算程序后，需要先审查抵押物。为告知读者何为抵押物，作者以"比如+冒号"引出。接下来就是以图片和文字共同呈现的各种抵押物，如"房产""车产""土地"等。这里的图片明显属于图标式的。以"房产"为例，图片被圆圈围了起来，这样背景和文字部分就区分开来。图中主要勾勒了一栋楼房和楼房周围的环境。我们知道，楼房是"房产"的最主要特征。因此，这些图片都是象征性地以图标的方式呈现的。

尽管这些图片都带有文本框，但它们通过位置的排列和文字中的衔接手段，又与文字信息连成了一片，从而形成图文融合的页面。比如，通过专有名词"房产""车产""土地"与图像中的象似性视觉信息如房屋、货车、山丘等建立起图文共指的指称关系，从而建立图文之间的衔接与连贯（冯德兵，2015；D. Feng，2016b）。这种图文共指现象显然增强了文本的视觉化效果，使文本看起来更加通俗易懂。

7.7 小结

本章依托视觉语法（如 Kress & van Leeuwen，1998，2006）、视觉叙事语法（Painter et al.，2013）和图文关系等理论（如 D. Feng，2016b；Martinec & Salway，2005；van Leeuwen，1991，2005），考察了连环话新闻中的构图、布局及其意义的表达。首先，我们从绘画和拍摄的角度探讨了图片的构图原理及构图方法，内容主要包括中心对称构图、引导线构图、三分法构图、黄金螺旋线等。接着，我们借助视觉语法、视觉叙事语法和图文关系等理论，从多模态角度探讨了多模态文本页面中的布局方式，主要涉及水平方向的图文布局、垂直方向的图文布局、向心结构布局和第三维度构图，以及视觉叙事文本中的页面布局，如图文互补和图文融合。基于上述分析，我们从新闻中的图片构图、页面的图文互补和图文融合三个方面，详细考察了连环话新闻的构图、布局及其视觉符号意义的表达方式。分析表明，连环话新闻中的图像构图主要包括图标、图表和漫画三种构图范式。图标式构图体现了连环话新闻追求信息简洁明了的特点。图表式构图体现了连环话新闻在追求信息简洁明了的同时对客观信息的重视，以体现新闻的客观性。漫画式构图则体现了连环话新闻追求新闻娱乐化的特点。图文互补关系主要涉及文上图下、图上文下、图片居中、图文交叉、中心环绕和网状结构等类型。图文融合关系主要包括话语投射和图文扩展两种类型。从话语投射看，呈现出投射者和被投射内容共现、投射者转喻或投射者隐形等情况。同时，还存在大量准对话或模拟对话的话语投射现象。从图文扩展看，主要涉及不同类型的图文重置或图文内置关系，如文字浮于图片之上、图文共享背景、图片再聚焦等。上述构图方式和图文布局方式不仅使新闻内容看上去通俗易懂，还使新闻文本充满了视觉化效果，使读者在阅读新闻的同时感受到视觉化的愉悦享受。

第 8 章

结　论

8.1　回顾与总结

本书以视觉语法（Kress & van Leeuwen，2006）和视觉叙事语法（Painter et al.，2013）为依托，结合社会符号学中的符号资源、规则、语类、构图、风格等（van Leeuwen，2005），以及图文关系（Bateman，2007；Martinec & Salway，2005；Tseng，2013）、图文指称（D. Feng，2016b；Janney，2010）、图文连接（van Leeuwen，1991，2005）等理论，从文体风格、图文情态、图文连接和图文布局等方面对连环话新闻中的话语结构和话语实践进行了考察。第 1 章介绍了本研究的研究问题、对象、目的、意义、方法、结构和数据等。第 2 章回顾了多模态话语分析的理论起源即社会符号学，涉及学界对社会符号学学科的界定以及符号资源等相关概念的论述，比如符号资源的属性、功能和语境因素等，并在此基础上探讨了本研究与社会符号学理论之间的关系，为本书主体部分的数据分析奠定了理论基础。第 3 章勾勒了本研究的分析框架，即以图像和文字为主的多模态话语分析理论和分析工具。具体而言，该章围绕克瑞斯和范·勒文（Kress & van Leeuwen，2006）的视觉语法和佩因特等人（Painter et al.，2013）的视觉叙事语法理论，以系统功能语言学的三大元功能为基础，分别从表征、互动和构图三方面论述了多模态符号的意义实现系统，为本书中的数据分析绘制了详细的框架。

本书的主体部分包括第 4 章至第 7 章，主要从文体风格、情态表达、图文连接和构图与布局等方面，对连环话新闻话语的结构和实践进行了探析。第 4 章主要考察了连环话新闻的文体风格。该章以多模态话语的个人风格、社会风格和生活方式为基础，从广告语风格、专家话语、时尚标题风格、街头风格和公共话语的会话化特征等方面，对连环话新闻话语中的文体风格进行了分析。分析结果表明，连环话新闻话语具有以下特征：内容叙事化、观点专家化、语言时髦化、表达会话化。这些特征构成了连环话新闻以"快餐文化"话语为特征的网络评论新闻话语风格。第 5 章讨论了连环话新闻的情态表达。该章首先对语言情态和视觉情态进行了界定与区分，着重讨论了图像情态的符号资源及其实现手段。接着，以克瑞斯和范·勒文（Kress & van Leeuwen，2006）的话语情态取向为基础，分别从自然取向的照片、抽象取向的图片、科学技术取向的图表、感官取向的画面等角度，对连环话新闻中的情态意义进行了分析，揭示了连环话新闻话语为了彰显新闻的真实性而采用的有针对性的情态表达方式，主要包括：（1）采用自然取向的照片来强调新闻事件的客观性和事实性，即新闻对事件事实性的再现（杨保军，2006，2016）。（2）采用抽象取向的图片来建构一种"抽象的"真实，即新闻事件背后的社会本质属性或社会现实。（3）采用科学技术取向的图表使话语叙述更具条理性和逻辑性，以此增强话语的可接受性和可信度。分析发现，科学技术取向的图表并非严格意义上严谨、规范的科学图表，而是为了迎合受众的"快餐式阅读"习惯而采取的顺应手段。一方面，通过科技图表展示比较客观、科学的数据；另一方面，针对图表的形状、色彩进行"娱乐化"设计，使图表更加通俗易懂且诙谐幽默。据此，严肃话语充满了娱乐属性，从而促进了普通民众对复杂抽象新闻信息的理解和接受，达到对民众"科普"的目的。（4）感官取向的画面虽然不是自然、真实的图片，但可以通过色彩的选择、协调、处理，引起读者的情感共鸣，以激发读者对连环话新闻的兴趣。第 6 章主要探讨了连环话新闻的图文连接关系，主要涉及文字的连接关系、图像的连接关系和图文之间的连接关系。我们从上述三个方面出发，探讨了连环话新闻中的图文连接和意义连贯问题，主要包括图表类和漫画类的连环话新闻中的图文连接。结果表明，图表类新闻的图文连接关系主要体现为文字为真实性、实用性信息，对图像信息进行详述，图像则体现为概略性或理想化的信息，起到吸引受众的作用。二者通过合理的页面构图，形成图文之间相互融合、相互补充的关系，最终达到新闻页面连贯的目的。漫画类新闻的图文连接关系涉及图文详述和延伸、图文偏正、图文提升和图文投射等类型。上述连接关系辅助连环话新闻形成视觉上和语义上的连接网络，促使连环话新闻形成类似连环画或绘本的连贯话语。第 7 章考察了连环话新闻的构图意义。该章首先描述了图像的构图方式，包括中心对称构图、导线构图、三分法构图、黄金螺旋线等。接着讨论了画面的空间布局方式，包括水平布局、垂直布局、向心布局、第三维度和视觉叙事文本中的页面布局。基于上述理论，我们从图像的构图、画面布局、图文融合三个方面考察了连环话新闻的构图特征。总体而言，连环话新闻中的图像构图包括图标式构图、图表式构图和漫画式构图。画面布局主要涉及文上图下、图上文下、图片居中、图文交叉、中心环绕和网络结构。图文融合主要包括画面中的话语投射和图文扩展。上述构图方式体现了连环话新闻的"视觉化"特征，即将信息和观点通过每个页面的图像信息和文字信息的排版、分布和结合，使画面形成视觉上意义连贯的整体，以此促进受众解读、获取页面中呈现的信息。第 8 章为结论部分，主要包括本书内容的总结、研究发现及其社会文化因素。此外，还讨论了本研究的意义和局限性，为今后的研究指明了方向。

8.2　主要研究发现

本书借助视觉语法、视觉叙事语法和其他相关的多模态话语分析方法，对连环话新闻话语中的图文表征、文体风格、图文布局、图文连接、图像结构、页面构图、情态表达等进行了考察。从分析可知，连环话新闻不同于一般的新闻话语语类，在话语结构、话语实践和话语功能上有着自身鲜明的特征。这些特征主要体现为：（1）连环话新闻以"快餐文化"式的文体风格为主，辅以新闻专业主义的新闻评论风格，属于新型的网络评论新闻话语语类。（2）连环话新闻融合了自然取向的照片、科学技术取向的图表、抽象取向的图片（比如漫画）

和感官取向的画面等不同取向的视觉情态表达。其中，自然取向的照片体现了新闻"再现真实"；科学技术取向的图表反映了新闻话语的"科学真实"；抽象取向的图片或漫画代表了社会现象背后的本质属性，即一种"抽象真实"；感官取向的画面体现了一种"感官真实"，主要起到引起读者或受众情感共鸣的作用。上述情态取向的运用体现了连环话新闻的"娱乐化"和"视觉化"现象。一方面，连环话新闻作为一种评论新闻，试图体现其话语的客观性和新闻的专业性。另一方面，随着互联网信息的快速更新，连环话新闻试图突破新闻的传统边界，迎合消费者的"快餐文化"阅读习惯，利用卡通、图表等具有娱乐性、情感化的视觉画面来吸引读者或观众的注意与阅读兴趣。（3）连环话新闻倾向借助图像和文字的互动与连接关系促进新闻话语的连贯。这种连贯不同于纸媒新闻（如报刊）中单纯的文字连贯、广播电视新闻中的叙事性连贯。连环话新闻虽然具有连环画或绘本的"叙事"形式，但并不具备叙事文本的叙事结构（即"讲故事"的结构）（Labov，1972；Labov & Waletzky，1967）。仅凭新闻中的文字信息并不能形成连贯的话语，它需要借助图像信息来填补文本中未提及的信息。反之，图像信息也不能实现自身的连贯，它需要借助文字信息来补全图像无法表达的含义。总之，连环话新闻的连贯体现在图像、文字和其他模态的有机结合，比如，图像对文字的详述、文字对图像的延伸、图像和文字之间的投射等。（4）连环话新闻的构图方式促进了新闻页面的意义连贯和视觉化效果。连环话新闻属于图文合一、图文并进的新闻语篇。每个页面都是文本信息和图像信息的相互排列和组合，以产生意义。这种排列组合包括图像自身的构图、图文之间的布局和图文融合。它们的布局和组合不仅促进了页面信息的完整性，还使每个页面变得简洁而通俗易懂，促使复杂的信息变得形象化、简单化。

连环话新闻的上述特征与互联网文化和现代社会的生活快节奏息息相关。随着互联网技术的兴起，基于新媒体技术的网络新闻不断涌入我们的日常生活。结果，人们不再满足于报纸和广播电视提供的信息，而是转向互联网和电子设备获取各种资讯。同时，新媒体技术和数字媒体的兴起，极大地挤压了传统新闻媒体的生存空间，促使他们尝试新的话语传播方式，以最大限度地扩大受众。正是在上述因素的影响下，报纸、广播、电视等传统媒体开始改进传播模式和话语的呈现方式。连环话新闻作为一种网络新闻话语，以其娱乐化、会话化、视觉化等特点，成为这一趋势的标志性注解。

8.3　新闻的娱乐化

新闻的娱乐化是指新闻在内容上以"软新闻"的形式出现，或尽力使严肃新闻"软化"的新闻表达方式（黄和节、陈荣美，2002；汤铭明，2010；赵悦，2007）。新闻是否具有娱乐化特征，可以从以下三个方面加以判断，即是否注重软新闻、是否强调娱乐因素、是否关注新闻的吸引力。

新闻的娱乐化现象可以追溯到 19 世纪中叶。当时，民间开始出现一些政治上和经济上相对比较独立的廉价报纸。这些报纸主要报道非政治的、人性化而有趣的社会生活故事，其中不乏耸人听闻的故事情节。到了 19 世纪末，这种耸人听闻的报道风气达到了顶峰，随之而来的是黄色新闻报道的泛滥。20 世纪 90 年代中后期，辛普森谋杀案、英国前王妃戴安娜之死、美国前总统克林顿丑闻成为新闻娱乐化的三大标志性事件。中国的新闻娱乐现象大致可追溯至 20 世纪 80 年代。当时，部分新闻报道开始引入讲故事等"软技术"的叙事方法，试图通过娱乐性的语言传播严肃新闻。此后，以民间新闻为主的都市报开始兴起，并迅速形成一股全国性的浪潮，将中国的娱乐化现象推向高潮，并不断向各种新闻栏目和互联网平台蔓延。

正如尼尔·波兹曼（Neil Postman，1987）在《娱乐至死》一书中指出的那样，新闻经历了从口口相传到印刷媒体到广播电视到互联网的演进历程。在口口相传阶段，公众能够接收到的新闻信息少得可怜。由于没有纸张，人们只能通过诗歌、童谣、歇后语等朗朗上口的语言形式来传递或记忆新闻信息。到了印刷媒体时代，人们可以通过书本、报刊等传输信息，信息量开始快速增加，内容也变得复杂、多样化起来。借助印刷媒介，人们得以完整地讲述、论证、记录一些数据、观点和信息，这极大地推动了严肃新闻的发展。到了广播电视阶段，新闻开始向着戏剧化、娱乐化的方向发展。人们不再追求信息的完整性，而是对碎片化、会话化且具有强烈感官冲击力的信息感兴趣（Fairclough，1992；Postman，1987）。互联网时代的到来进一步加剧了这一趋势的演进。新闻不再以纸媒、广播、电视为主，而是转向以互联网为媒介的社交媒体或新媒体平台。人们不再是信息的被动接受者，而是新闻的积极生产者和传播者。信息获取的门槛从媒体机构降低至几乎人人都是媒体人的普通网民。每天的信息呈指数级增长，迅速传播又迅速消失。许多消息甚至还没来得及被观众阅读就已经消失得无影无踪。为此，主流媒体不得不改变以往"权威"和"傲慢"的姿态，主动与自媒体、社交媒体等争夺信息的流通渠道和信息的阅读量。于是，大量来自主流媒体的新媒体新闻开始涌现。这些新闻极大地改变了新闻的播出风格。它们不再像传统新闻那样正式、严肃或高高在上，而是尽量放低姿态，以娱乐化、民俗化的方式迎合观众，获得他们的认可和接受。不仅如此，这种严肃新闻娱乐化的现象不再是标新立异、哗众取宠的行为，而是成为几乎人人都能接受、默认的常态化现象。这类似于网上购物的发展。淘宝网刚刚出现时，很多人都表示反对而不接受，认为这种购物方式容易上当受骗，助长假货的蔓延。这种担忧的确存在。但是，淘宝网购从起步至今不过十几年的光景，再也不见人们将淘宝网购看作洪水猛兽，而是成为了人们日常生活中必不可少的一部分。媒体新闻娱乐化何尝不是如此！正是在这样的背景下，连环话新闻应运而生，并很快成为各大中文媒体网站最具活力的新闻报道形式之一。例如，《人民日报》、新华网、光明网等主流媒体网站纷纷转载连环话新闻或利用连环话新闻，报道或解读国内外重大新闻事件或政治热点。特别是，每当遇到中国的两会、国庆、人民代表大会等重要政治活动时，《人民日报》或新华网都会采用连环话新闻的形式，将复杂、抽象、正式的政策文件通过简洁、明了的图文形式向普通民众播报，从而使严肃的新闻多了几分诙谐、幽默的娱乐化的色彩。

就连环话新闻而言，其娱乐性主要体现在使用诙谐幽默的网络流行语和生动的图片上。一方面，网络流行语由于言简意赅和充满趣味性，广受公众的喜爱。在互联网飞速发展的背景下，网络流行语融入新闻内容，可以看作是新闻内容与时俱进的一种表现。网络流行语如"躺平""破防""内卷"等能够颠覆传统新闻的刻板风格，使新闻内容更加通俗易懂、形象直观。这是一种受众喜闻乐见的形式，不仅不会影响到新闻内容的正常表达，反而会使新闻内容更加逼真、形象，充满戏剧化色彩。一般来说，网络流行语具有较强的可视性和画面感特征，能够带给受众形象直观的印象；另一方面，生动形象的图片也能带给人们愉悦的感受。对于一篇好的新闻报道或评论来说，只有文字描述远远不够。它还需要在报道中穿插相应的图片，以激发读者的阅读兴趣并帮助他们理解新闻信息。连环话新闻充分利用了图片的这一特点。从分析可知，连环话新闻中不仅充斥着各种体现新闻事实性的照片，还选用了大量的诙谐幽默的图表、图标和漫画。一般来说，图表的主要目的是呈现数据或事物之间的关系，以反映信息的科学客观性和视觉直观性，因此给人一种沉闷、乏味的感受。然而，连环话新闻中的大多数图表都被设计成了幽默的形状，而且使用了各种鲜艳的颜色，因此从视觉上能够给人"有趣"的印象而被认可和接受。漫画和图标本身则带有较强的幽默、诙谐特征，能够在"嬉笑怒骂"中传递深刻的道理。漫画类的图片在连环话新闻中几乎无处不在。当我们阅读和欣赏这些漫画以及与漫画相配的幽默、风趣的文字时，一种轻松、愉悦的感受便会油然而生。不仅如此，连环话新闻的几乎每一个页面都使用各种亮丽颜色来修饰文字、图像、背景等各种信息，使整个画面呈现出某种情感氛围，因而能够激发读者的情感共鸣。

8.4　新闻的会话化

正如笔者在其他地方所论述的那样，新闻话语已经逐渐从单一的、独白式的信息传递转变为对话式的表达形式（冯德兵，2023；D. Feng，2015）。在大众传媒发展的初期，由于缺乏沟通渠道，人与人之间的交流主要依靠正式的书面文体或公共话语，如信件、公文、报纸、公告、演讲、电视新闻等。但是，随着互联网时代的到来，人们的交流方式发生了翻天覆地的变化，以前倡导的优雅、正式、庄重的语言风格，逐渐被世俗、娱乐、接地气的话语风格所取代，新闻也越来越重视话语的口语化和互动性（陈江华，2009；秦小建，2005；汤铭明，2010；赵悦，2007；Fairclough，1995；Scannell，1996）。虽然大多数新闻在内容上仍然遵循了传统的做法（即以严肃新闻为主），但是，新闻的呈现方式、传播形式、话语风格和话语结构都发生了重大变化。费尔克劳（Fairclough，1992，1995）将这种现象视为公共话语的"会话化"（conversationalization）趋势。以电视新闻为例。新闻报道不再是演播室主持人的独白式播送，而是由新闻采访、出镜报道、原声摘录、画外音、同期声、现场直播等多种播报形式共同形成的不同声音和话语的融合（冯德兵，2023；冯德兵、高萍，2014；D. Feng，2016a）。就报纸新闻而言，新闻报道不再是大篇幅的文字报道，而是口语化的表达和直观形象的图表、漫画或图片。这些话语形式不但没有削弱新闻的严肃性和庄重性，反而使新闻变得更加接地气且真实可信。费尔克劳（1995）还指出，公共话语会话化并非话语本身属于真正的会话或对话，而是指说话人在公共场合中为了使自己的话语能够被听众接受而采取的一种"合成性的个人化"表达（synthetic personalization），即"模仿人与人之间面对面交流的话语行为"。他认为，会话化是当代公共话语变迁的典型例证，它既是个人话语对公共话语精英化和排他性的排斥与否定，也是公共话语顺应个人话语的现实反映。因为在正式场合，人们的确需要借助会话化的表达来缓和或软化与人互动时所产生的陌生感和身份与角色变化。费尔克劳（1992）倾向以怀疑的眼光看待这一现象，将会话化看作一种话语的伪装，即以"会话化"的表达来掩饰互动双方存在的权力等级差异。派迪·斯坎内尔（Paddy Scannell，1996）则倾向于从广播话语发展的历史角度审视这一现象，认为会话化是媒体话语日益趋向平等交流的一种反映。正如他指出的，会话化可能是大众媒体传播理念不断更新的结果，即传播者和受众之间的关系正从过去有距离感的层级关系转向易接近的平等互动关系（Scannell，1996：20）。

连环话新闻中的会话化现象大体上体现在以下几个方面。一是流行语的使用。从分析可知，连环话新闻在正文中倾向使用大量的流行语表达，如"大佬们""躺平""内卷"追剧"等。不仅如此，标题中也使用了大量网络流行语，比如"高流动性""低通胀""日本的资本外汇市场体量巨大""日本发生政变、骚乱和恐怖袭击的可能性小"（凤凰网，2018 年 4 月 11 日）。这些流行语不仅反映了话语的会话化，也体现了话语的娱乐化趋势。二是使用口语化的表达。口语化表达几乎是连环话新闻的标配，在正文和标题中比比皆是。这里略举几例："他已经混得这么厉害了""让我来扒一扒""TikTok 是怎么在海外打出一片天的""四大招搞定"（凤凰网，2020 年 8 月 4 日）。三是采用图文投射的呈现方式，即通过漫画图片表示说话者，通过泡泡语表示说话内容，形成一种诙谐的话语表达风格。例如：

图 8-1　图文的投射表达（凤凰网，2015 年）

图 8-1 中的说话者都是以暗色的卡通人物头像表示，暗色具有隐秘的意思，表示他们不是事件的直接参与者，只是在私下里窃窃私语罢了。泡泡语中则是他们"窃窃私语"的具体内容，如"哎呦""强势围观"等。从这些表达看，都是民间日常交流的一些口头禅，因此带有浓厚的民俗化特征。

8.5　新闻的视觉化

新闻的视觉化表示新闻话语主要通过视觉符号的形式传递新闻信息，以优化传播效果，提高新闻价值，从而达到吸引受众、辅助他们解读新闻的目的。

新闻视觉化的兴起与以下因素密不可分。一是媒体技术发展的结果。随着信息时代的到来，大量新媒体技术不断涌现。网络技术的飞速发展大幅提升了观众的视觉体验。大量网络媒体利用信息科技、大数据、网络通信等手段，促进了文字和图像的有机结合，创造出了丰富多彩的视觉新闻样态。其中连环话新闻就是最好的例子。连环话新闻不但选用了自然取向的照片来传递新闻（类似纸媒新闻或图片新闻的做法），还借助了信息网络技术和构图技巧，设计出各种科学技术取向的图表、图片，以增强数据的科学性和客观性。而且，为了吸引受众的注意力，连环话新闻还通过颜色的调用，创造出各种具有感官刺激的画面，形成能够产生受众共鸣或共情的氛围意义，从而大大提升了观众的视觉体验。

二是受众阅读习惯的改变。在传统媒体时代，人们主要通过广播、电视和报纸获取信息。广播和电视主要通过声音和图像传播，报纸则主要通过文字符号传播。如今，随着新媒体技术的飞速发展，互联网已成为当今最重要的媒体传播渠道，其传播的广度和速度是传统媒体无法比拟的。通过互联网传播的具有视觉和听觉效果的信息给观众带来了不可抗拒的感官体验。连环话新闻虽然没有声音渠道，但其充满视觉效果的画面能够给人们带来新的视觉享受。传统的文字信息比如报纸和杂志上的新闻太过呆板，且字体单一、色彩暗淡。相比之下，基于互联网的连环话等网络新闻往往形式多样、色彩亮丽、语言俏皮，且充满了街头时尚风格（van Leeuwen，2005）。

三是传统媒体新闻受到"信息爆炸"的冲击。传统的媒体新闻由于缺乏使用视觉语言的意识，倾向于用单一的、整齐划一的方块字呈现新闻信息，形式上相对比较单调、乏味，无法给受众留下生动、形象的视觉印象。这种新闻在资源匮乏的年代属于比较稀缺的信息，因此，人们会为了阅读一份权威的报纸而费时费力地去搜寻。然而，在当今信息爆炸的年代，新媒体平台以及通过新媒体平台传播的信息几乎无处不在，知识和信息不再是昂贵的资源，而是变成人们随处可以得到的廉价商品。面临这样的窘境，传统媒体人不得不进行转型，从语言表达（如会话化、媚俗化、标题党等）（程乐、陈程，2019；黄楚新、任芳言，2015；林纲，2006；Fairclough，1992；Montgomery，2007）、传播途径（如社交平台、新媒体、数字化平台等）（彭兰，2012；王敏，2016）、受众效果（如分众化传播、视觉化传播、共情等）（曾祥敏，2010；陈喆、薛国林，2011；方兴东、胡泳，2003）等各个层面适应新形态下的受众需求，力求扩大新闻的传播广度和信息的可接受度。新闻视觉化就是打破自身禁锢，主动融入这一变化的主要策略之一。

就连环话新闻而言，视觉化特征主要体现在如下几个方面。一是凸显标题以吸引关注。一般而言，新闻标题是受众首先关注的信息，为了引起他们的兴趣，连环话新闻十分注重标题（包括文内的小标题）的设计。首先是字体的大小。比如，标题字体一般使用粗体，且字体较大。有时，为了突出某些信息，设计者还会将相关的字体特别加粗、放大，并用不同的颜色凸显出来。比如在标题中突出最重要的字眼，让受众一看到标题就能根据字体产生强烈的画面感，从而突出新闻标题的可视化效果。二是形式或内容上的标新立异。连环话新闻倾向于采用四字成语或提问的方式来设计标题，以制造悬念，激发读者的阅读兴趣，或者通过街头风格的流行语表达来设计标题，增强新闻标题的时尚感（van Leeuwen，2005：154）。最后是通过图片加艺术字的方式设计新闻标题，以吸引读者的注意。艺术字不仅给人以美的享受，还能通过优美的字体形状和颜色吸引观众的注意力，从而凸显相关信息的重要性。

除新闻文字外，连环话新闻的视觉化还表现在图表和图片的运用上。连环话新闻在编辑时政新闻时，倾向通过图表、流程图等呈现或勾勒新闻事件中的具体数据、组织架构，以及事件的来龙去脉，比如人民网、新华社对党的二十大报告的解读，凤凰网对中美贸易战的报道与分析。通过图表或流程的方式，能够促使人们对相关信息形成更清晰的认知和更直观的感受（Kress & van Leeuwen，2006：98-100），并能够根据自己的需要选择图表中的数据，寻找答案、获取资讯。而且，这些图表不是单调的线条与方块，而是制作得比较生动形象、动感十足的彩色柱形图、折线图、流程图等，不但能够凸显新闻的科学客观性（比如数据）（Kress & van Leeuwen，2006：100-101），还能够从动态的图表中感知事件的发展变化，或从彩色的图表中体会到作者的态度和情感表达（Painter et al.，2013：34-39）。此外，连环话新闻中的漫画、图标以及字体的大小、形状、颜色等，均能使读者产生较强的直观感知。读者通过直观形象的图片，不但能够高效地解读新闻信息，还能获得一种视觉上的愉悦感受，使新闻阅读变得更加怡然自得。

连环话新闻的视觉化还体现在新闻的页面布局上。连环话新闻作为一种平面媒体新闻，页面布局是吸引受众的重要环节之一。好的页面布局可以给读者带来强烈的视觉冲击和不可抗拒的心理感受，不但能够吸引读者的注意力，还能激发他们的阅读兴趣。根据佩因特等人（Painter et al.，2013：93）的页面布局理论，绘本的页面布局包括图文互补和图文融合。连环话新闻也不例外。从分析可知，连环话新闻的图文互补主要包括文上图下、图上文下、图片居中、图文交叉、中心环绕和网络环绕。图文融合主要有话语投射和图文扩展。这些布局方式一般围绕页面的主要信息和排版的需要展开，形成各种不同的视觉冲击，促使读者在阅读新闻的同时能够抓住重点、有的放矢。而且，大多数页面布局都结合了颜色和框架的运用，以增强画面的可视化效果。好的颜色运用能够从整体上营造一种阅读氛围，以激发读者的情感共鸣。框架资源的选择则能定位读者的立场和视角，引导读者沿着编辑设定的思路阅读新闻，获得某种预定的阅读体验。

8.6　社会变迁中的新闻

连环话新闻体现出来的娱乐化、会话化和视觉化特征是时代变迁和受众需求双重交织下的时代产物。首先，随着网络媒体技术的兴起，新闻受众群体正呈现出从大众化媒介向媒介融合和小众化媒介转移的趋势。以前，人们习惯于守在电视机前观看新闻或通过翻阅报刊来了解当天发生的天下大事，如今，人们——尤其年轻人——想了解世界各地的资讯时，他们可以随时随地拿出手机等便携式电子产品进行查阅。随着数字化传输的出现，人们已经从"频道稀缺"的时代进入"平台泛滥"的时代。人们不再满足于通过天线或电缆接收信号和信息，而是通过网络了解天下资讯，因此对新闻信息的选择变得越来越广泛、越来越个性化。新的资讯、新的平台和新的形式不断涌现。新闻平台或频道的激增加剧了新闻栏目对观众的竞争，促使传统媒体不断评估和尝试新的传播形式和话语呈现方式，以最大限度地提高对观众的吸引力。

其次，老龄化问题导致了新闻消费群体的分化。现代工业文明使人们的生活方式发生了根本性的变化。物质的富足和生活条件的改善促进了人类平均寿命的延长，而不断延长的寿命和不断下降的出生率则导致了人口的老龄化。因此，观看电视新闻或翻阅报刊的受众占比在人口结构中变得越来越偏向老年人群体。年轻人则更多地追求个人生活方式的自由化，更愿意通过互联网了解个人定制的新闻资讯。他们越来越多地通过在线或社交媒体平台获取新闻，而不是依赖印刷媒体或广播电视。为了争夺年轻人受众，广播公司不得不改变传播策略，从传统的一对多的大众传播转向多对多乃至一对一的网络平台，将传统媒体（如电视、广播）融入网络平台，为不同的受众设置个性化的新闻板块，以满足不同人群的信息消费需求。

再次，工作方式和消费方式的变化改变了人们获取新闻的习惯。如今，人们的生活方式和消费方式发生了巨大的变化。以衣、食、住、行为基础的传统消费模式正在向教育、医疗、旅游、娱乐等新型消费模式转变。比起电视、广播、报纸、杂志等传统媒体，人们越来越多地通过社交媒体和新闻聚合类应用获取新闻。传统新闻媒体不再被认为是唯一的权威新闻来源。吸引年轻人的新闻大多是娱乐、文化、生活、草根、博客、短片以及其他边缘的、新兴的信息板块。纸质媒体、广播电视等传播的严肃新闻则成为了上述信息的"背景"或"间接信息"。对于年轻人来说，个人定制的实用、有趣、轻松的内容才是他们喜欢的好新闻。

最后，媒体融合日益增强的趋势给传统新闻业带来了巨大的挑战。互联网技术大大降低了信息传输的成本。现代数字技术使网络传输系统兼容了文本、图片、声音、视频等传统媒体手段，从而促进了新旧媒体的互动与融合。比如，广播电视新闻可以通过互联网进行播放或下载，并根据事件的发展和观众的回复实时更新。报纸新闻可以利用网络博客、短视频、网络用户的评论等信息，不断丰富自身的传播内容、传播方式和传播渠道，最大化地吸引潜在观众。如果说电视新闻削弱了报纸新闻的传播能力和影响范围，那么互联网和社交媒体则在传播的强度、广度和深度上使得电视新闻相形见绌（D. Feng & Wu, 2018）。这些趋势无疑强化了传统媒体面临的挑战，促使它们做出新的改变，以适应人们在互联网时代的新的阅读习惯。连环话新闻就是传统媒体顺应这一变化而做出的必要的改变。它以传统媒体新闻难以想象的文体风格和话语呈现方式，满足了人们对视觉冲击的心理需求和对清晰视觉图像的渴望，形成了具有时代特色的新型的网络新闻话语。

8.7 启示、局限与展望

本研究借助社会符号学理论和多模态话语分析方法，对连环话新闻中的话语结构和话语实践进行了全面考察，主要分析了连环话新闻的文体风格、图文情态、图文连接和页面构图。结果表明，连环话新闻是在互联网时代社会变迁大背景下形成的一种独具特色的网络新闻评论话语。这种话语具有以下主要特征：（1）"快餐文化"式的文体风格，（2）多种取向相结合的视觉情态表达，（3）以图文连接为基础的语篇连贯，以及（4）以视觉化为特色的页面构图。以上特点反映了互联网时代新闻话语越来越具有娱乐化、会话化、视觉化的发展趋势。

上述研究发现在理论和实践方面均具有较强的启示意义。首先，本研究将连环话新闻这一新的话语类型引入研究范畴，为我们探讨不断出现的新兴网络新闻话语提供了新的路径和视角。众所周知，连环话新闻已经成为网络新闻中比较显著的新闻话语类型，广泛出现在新华网、人民网、光明网、凤凰网，以及微博、微信等具有极强影响力的社交媒体平台上。但是到目前为止，无论是媒体领域还是话语研究领域，很少有学者针对这一现象展开系统的研究。本书以社会符号学为理论基础，对连环话新闻话语进行考察。就研究对象而言，称得上首创性研究，为该领域的学术创新与发展注入了新的活力。

其次，本书在分析语言的同时强调非语言符号资源，为网络新闻研究引入了多模态话语分析的框架和视角。连环话新闻不同于传统的媒体新闻，它既不是电视新闻中的声画合一，也不是报刊新闻中的文字独白，而是文字和图像并重的连环画式的信息呈现。在分析中，我们不但要考虑文字信息的形式与功能，还要特别留意图像信息的描述与呈现，比如图像对文体风格、话语情态、页面构图和氛围意义的建构。如何分析和解释语言和非语言符号资源，需要研究者具备语言学的知识和理论，还需要熟悉符号学、影视学、社会学、传播学、艺术学等学科的相关知识体系。如何将这些理论和分析工具应用到连环话新闻话语的研究中去，既是本研究的难点，也是其中的一大亮点。

最后，本书聚焦连环话新闻的话语结构体系建构，将文本分析与社会文化解读相结合，为多模态话语研究向纵深发展奠定了基础。本书通过话语研究方法，揭示了连环话新闻在话语结构和话语实践方面的主要特征。但是，本书并没有止步于此，而是将这些研究发现与现实社会背景——尤其互联网时代的社会变迁——相联系，将连环话新闻的话语特征置于社会文化的时代大背景下进行审视。这种结合不但具有较强的实用价值，还给本书赋予了厚重的时代感。

就实用价值而言，本书对理解当下中国的公共话语样态具有指导作用。本书从话语研究的角度出发，探讨了连环话新闻的一些主要特征及其背后的社会文化因素，比如"快餐文化"现象、新闻的娱乐化、会话化和视觉化趋势等。无论是这些特征和趋势本身，还是发现这些特征和趋势的方法和路径，对媒体从业人员和研究人员来说都具有一定的参考价值和启示作用。其次，本书能够为网络新闻报道提供理论支撑，有利于促进网络新闻的采写与创新。众所周知，连环话新闻已经成为各大媒体重要的新闻传播形式之一。然而，如何设计、制作连环话新闻并获得观众的认可，并不是一件容易的事情。本书系统地分析了连环话新闻中图文信息的结构、形式、布局、情态、构图、氛围意义等的话语建构策略和手段，为连环话新闻的设计和制作提供了许多具有参考价值的信息。最后，本书有助于推动多模态话语研究和新媒体话语研究在我国的发展。跳出本书来看，多模态话语研究在我国已经发展得如火如荼。近年来涌现了大量具有创新意识的多模态话语分析学者，如张德禄、冯德正、赵秀凤、张艺琼、黄立鹤、陈瑜敏、潘艳艳，等等。但是，还很少有学者将多模态话语研究运用到连环话新闻的考察之中。本书的分析方法和研究发现必将成为多模态话语研究领域的典型案例之一。

尽管如此，由于笔者能力所限，本书仍然存在一些局限性和缺憾。首先，本书缺乏针对连环话新闻的制作过程的考察。由于本书以文本中的图文信息为主，较少关注连环话新闻的制作或接收过程。众所周知，新闻的制作是一个社会实践过程，包括对新闻事件的收集、撰写、设计、编辑和传播等一系列过程。记者如何收集新闻信息？如何撰写新闻报道？如何编辑新闻材料？如何选择新闻事件？有哪些规范和规则？这些都是新闻生产过程中不可回避的问题，必然会对新闻话语的生成产生重要影响。本书仅局限于文本分析，没有走进新闻制作室，也没有通过问卷、访谈等方式与新闻制作人进行调查。因此，我们在分析中提出的一些观点难免出现证据不足的嫌疑。今后的研究应当充分考虑新闻采写和编辑人员对新闻话语的影响，走进新闻制作室，对相关制作过程进行观察乃至实践。或者，可以采取问卷访谈的方式，对人民网、新华网、凤凰网等各大网站的新闻制作团队进行深度访谈，了解他们在制作连环话新闻的过程中的理念、方法和所面临的挑战。并将调查结果与文本的分析结果进行比较、归纳、总结，得出更加可靠的结论。

其次，本书缺乏针对读者或受众的调查。从很多章节都能发现，受众或读者在我们分析连环话新闻的过程中占据着非常重要的地位。这是新闻的本质属性决定的。因为所有新闻都是为广大受众而制作和传播的（Heritage，1985）。不考虑受众的新闻既没有新闻价值，也没有存在的必要（杨保军，2002；Galtung & Ruge，1965）。正是基于这一理念，我们在分析的过程中始终将受众的感知放在很重要的位置。尽管如此，本书并没有对受众展开真正的调查研究（比如通过问卷的方式调查他们对连环话新闻话语的认知和接受度），导致研究中得出的一些结论缺乏实证数据的支持。未来的研究应当走出文本考察的怪圈，在文本分析的基础适当增加来自受众效果方面的分析，或者联合受众研究方面的学者，将文本分析和受众研究有机结合，进一步验证或拓展研究中提出的观点与结论。

再次，本书缺乏一定的量化分析。由于本书的研究方法主要来自多模态话语分析，这些方法主要属于质性研究，因此研究内容主要采用了质性分析的方法。一般来说，质性分析注重文本细读，因而其结论往往缺乏统计学意义上的实证数据支撑。量化分析则能够通过大量数据的收集、整理与统计，对特定的观点和现象进行概算和评估，从而得出比较可靠的结论。但是，量化分析的缺点在于，无法明确界定或识别话语中的分析单元。比如，以连环话新闻中"冷色调"氛围意义的界定为例。我们如何在众多文本中对各种表示冷色调的氛围进行识别？各自之间是否有差异？氛围影响的程度如何？意义指向范围多大？对哪些人有影响？等等。这些都需要我们针对具体的语境进行识别和判断，而简单、整齐划一的量化分析显然无法充分有效的回答上述问题。但是，这并非说量化分析在话语分析中无用武之地。恰恰相反，大量的话语分析成果都是在量化分析的基础上做出来的，比如对日常会话中开始序列的研究（Schegloff，2002）、对医生专业知识权威话语的研究（Stivers and Timmermans，2020），以及大量基于语料库的话语研究（比如，程乐、陈程，2019；唐青叶、史晓云，2018；王珊、刘峻宇，2020；Hutchby & Tanna，2008；Kong，2013 等）。针对连环话新闻话语，今后的研究至少可以从情态表达的取向（比如自然取向的照片、科学技术取向的图表、抽象取向的漫画、感官取向的画面）、页面构图的类型（如图上文下、中心环绕、图文交叉、图片居中等）、图文连接方式的差异（如图文详述、图文偏正、图文提升、图文投射）等方面进行量化分析，再在此基础上将相关问题置于语境中进行详细的质性分析。

最后，本书缺乏针对连环话新闻的综合分析。由于本书中仅涉及连环话新闻的文体风格、图文情态、图文连接和页面构图，还不能全面覆盖连环话新闻话语的方方面面。比如，本书虽然考察了连环话新闻的表征意义，但并没有针对此类新闻中的所有表征过程进行考察，比如图表中的分析结构（Kress & van Leeuwen，2006：98-101）、漫画中的象征意义（Kress & van Leeuwen，2006：105-106）、图像中的叙事结构等。此外，在互动意义方面，本书主要考察了连环话新闻的情态意义，对态度、接触、社交距离、聚焦、情感、氛围等层面的考察还不是很充分。未来的研究可针对其中一个或多个话题进行深入系统的研究，在现有研究的基础上揭示出连环话新闻在表征、互动和构图方面的框架系统，为类似研究提供分析的路径和蓝图。

总之，本书尽管还存在诸多亟待解决的问题，但就连环话新闻而言，仍然具有一定的开创性意义。毕竟，迄今为止还没有研究针对连环话新闻进行系统全面的考察。更重要的是，本书将连续新闻话语的分析与社会文化语境相结合，从而走出文本分析的框架，将多模态话语分析引入到了更广泛的社会文化语境之中。毕竟，话语研究早已不再局限于语言本体和文本本身，而是将分析的触角延伸至话语背后更广泛的社会文化语境。话语和社会文化总是交织在一起，相辅相成的。只有把话语放在其所处的社会文化语境和时代背景下，才能真正理解话语所蕴含的意义。

参考文献

Ahlstrand, J. L. 2021. Strategies of ideological polarisation in the online news media: A social actor analysis of Megawati Soekarnoputri. *Discourse & Society, 3 2*(1): 64-80.

Allan, S. 2010. *News Culture* (Vol. 3). Maidenhead, UK: Open University Press.

Arnheim, R. 1982. *The Power of the Center: A Study of Composition in the Visual Arts*. Berkeley: University of California Press.

Arnheim, R. 2006. *Film as Art, 50th Anniversary Printing*. Berkeley and Los Angeles: University of California Press.

Barthes, R. 1977. *Image-Music-Text* (S. Heath, Trans.). London: Fontana.

Bateman, J. A. 2007. Towards a grande paradigmatique of film: Christian Metz reloaded. *Semiotica, 2007* (167): 13-64.

Bednarek, M., & Caple, H. 2017. *The Discourse of News Values: How News Organizations Create Newsworthiness*. Oxford, UK: Oxford University Press.

Bednarek, M., Caple, H., & Huan, C. 2021. Computer-Based Analysis of News Values: A Case Study on National Day Reporting. *Journalism Studies, 22* (6): 702-722.

Beers Fägersten, K. 2017. The role of swearing in creating an online persona: The case of YouTuber PewDiePie. *Discourse, Context & Media, 18*, 1-10.

Bell, A. 1991. *The Language of News Media*. Oxford, UK: Blackwell.

Bhatia, A. 2016. "Occupy Central" and the rise of discursive illusions: a discourse analytical study. *Text & Talk, 36* (6): 661-682.

Blom, J. N., & Hansen, K. R. 2015. Click bait: Forward-reference as lure in online news headlines. *Journal of Pragmatics, 76,* 87-100.

Boas, F., Yampolsky, H. B., & Harris, Z. S. 1947. Kwakiutl grammar with a glossary of the suffixes. *Transactions of The American Philosophical Society, 37* (3): 203-377.

Boeriis, M. 2021. Emotive validity and the eye in the hand – Representing visual reality with digital technology. *Discourse, Context & Media, 41,* 100498.

Boeriis, M., & Holsanova, J. 2012. Tracking visual segmentation: connecting semiotic and cognitive perspectives. *Visual Communication, 11* (3): 259-281.

Bou-Franch, P. 2013. Domestic violence and public participation in the media: The case of citizen journalism. *Gender and Language, 7* (3): 275-302.

Boyd, A.(Ed.). 2000. *Broadcast Journalism: Techniques of Radio and Television News* (5 ed.). Oxford, UK: Focal Press.

Brown, G., & Yule, G. 1983. *Discourse Analysis*. Cambridge, MA: Cambridge University Press.

Brown, P., & Levinson, S. C. 1987. *Politeness: Some Universals in Language Usage*. Cambridge, UK: Cambridge University Press.

Bucher, H.-J., & Niemann: (2012. Visualizing science: the reception of powerpoint presentations. *Visual Communication, 11* (3): 283-306.

Caple, H., Huan, C., & Bednarek, M. 2020. *Multimodal News Analysis across Cultures*. Cambridge, UK: Cambridge University Press.

Caple, H., & Knox, J. 2012. Online news galleries, photojournalism and the photo essay. *Visual Communication, 11* (2): 207-236.

Caple, H., & Knox, J. 2015. A framework for the multimodal analysis of online news galleries: What makes a "good" picture gallery? *Social*

Semiotics, 25 (3): 292-321.

Carey, J. W. 1989. *Communication as Culture: Assays on Media and Society.* Boston: Unwin Hyman.

Clayman, S. 1988. Displaying neutrality in television news interviews. *Social Problems, 35* (4): 474-492.

Clayman, S. 1992. Footing in the achievement of neutrality: The case of news interview discourse. In P. Drew & J. Heritage (Eds.), *Talk at Work: Interaction in Institutional Settings.* Cambridge, UK: Cambridge University Press, 163-198.

Clayman, S., & Heritage, J. 2002. *The News Interview: Journalists and Public Figures on the Air.* Cambridge, UK: Cambridge University Press.

Coates, J. 1983. *The Semantics of the Modal Auxiliaries.* London: Croom Helm.

Di Renzo, F. 2020. Exploring online news: What elpais.com's and eldiario.es's narratives tell about the migrant crossings of the Morocco–Spain border. *Journalism, 21* (7): 974-989.

Dixon, T. L., & Williams, C. L. 2015. The Changing Misrepresentation of Race and Crime on Network and Cable News. *Journal of Communication, 65* (1): 24-39.

Economou, D. 2009. *Photos in the News: Appraisal Analysis of Visual Semiosis and Verbal-visual Intersemiosis.* (Ph.D. Dissertation). The University of Sydney, Retrieved from http://hdl.handle.net/2123/5740 Available from The University of Sydney Sydney eScholarship database.

Eisenstein, S. 1977[1949]. *Film Form: Essays in Film Theory* (J. Leyda, Trans.). New York: Harcourt.

Eisenstein, S., & Gerould, D. 1974. Montage of attractions: For *Enough Stupidity in Every Wiseman. The Drama Review: TDR, 18* (1): 77-85.

Ekström, M. 2016. Politicians Interviewed on Television News. *Discourse*

& *Society, 12* (5): 563-584.

Ekström, M., & Patrona, M. 2011. *Talking Politics in Broadcast Media: Cross-Cultural Perspectives on Political Interviewing, Journalism and Accountability.* Amsterdam: John Benjamins.

Fairclough, N. 1992. *Discourse and Social Change.* Cambridge, UK: Polity.

Fairclough, N. 1993. Critical Discourse Analysis and the Marketization of Public Discourse: The Universities. *Discourse & Society, 4* (2): 133-168.

Fairclough, N. 1995. *Media Discourse.* London: Adward Arnold.

Feng, D. 2015. *News as Institutional Discourse: Discourse Structure and Practice in BBC TV and CCTV News Programmes.* (Ph.D. Dissertation). The University of Macau, Macao, PRC.

Feng, D. 2016a. Doing "authentic" news: Voices, forms, and strategies in presenting television news. *International Journal of Communication, 10*, 4239-4257.

Feng, D. 2016b. Identifying the participants: reference in television news. *Visual Communication, 15*(2): 167-198.

Feng, D. 2020. Audience engagement in the discourse of TV news kernels: The case of *BBC News at Ten. Discourse & Communication, 14* (2): 133-149.

Feng, D. 2022. Achieving discourse truth in doing affiliated news interviews. *Journalism, 23* (11): 2400-2416.

Feng, D., & Wu, X. 2018. Weibo interaction in the discourse of internet anti-corruption: The case of "Brother Watch" event. *Discourse, Context & Media, 24*, 99-108.

Feng, D., & Wu, X. 2022. Coronavirus, demons, and war: Visual and multimodal metaphor in Chinese public service advertisements. *SAGE Open, 12* (1): 21582440221078855.

Feng, W. D. 2017. Metonymy and visual representation: Towards a social semiotic framework of visual metonymy. *Visual Communication, 16* (4): 441-466.

Feng, W. D. 2019. Analyzing multimodal Chinese discourse: Integrating social semiotic and conceptual metaphor theories. In C. Shei (Ed.), *The Routledge Handbook of Chinese Discourse Analysis.* New York: Routledge, 65-81.

Feng, W. D., & O'Halloran, K. 2013. The visual representation of metaphor: A social semiotic approach. *Review of Cognitive Linguistics, 11* (2): 320-335.

Fish, S. E. 1980. *Is There a Text in This Class? The Authority of Interpretive Communities.* Cambridge, MA.: Harvard University Press.

Fiske, J., & Hartley, J. 2003. *Reading Television.* London: Routledge.

Forceville, C. 1994. Pictorial metaphor in advertisements. *Metaphor and Symbolic Activity, 9* (1): 1-29.

Forceville, C. 1996. *Pictorial Metaphor in Advertising.* London: Routledge.

Forceville, C. 2002. The identification of target and source in pictorial metaphors. *Journal of Pragmatics, 34* (1): 1-14.

Forceville, C. 2016. Pictorial and multimodal metaphor. In N.-M. Klug & H. Stöckl (Eds.), *Handbuch Sprache im multimodalen Kontext .* Berlin: Mouton de Gruyter, 241-260.

Fowler, R. 1991. *Language in the News: Discourse and Ideology in the Press.* London: Routledge.

Fowler, R., Hodge, B., Kress, G., & Trew, T. 1979. *Language and Control.* London: Routledge & Kegan Paul.

Galtung, J., & Ruge, M. H. 1965. The structure of foreign news: The presentation of the Congo, Cuba and Cyprus crises in four Norwegian newspapers. *Journal of Peace Research, 2* (1): 64-90.

Gibson, J. J. 1966. *The Senses Considered as Perceptual Systems.* Boston,

MA: Houghton Mifflin.

Gibson, J. J. 2015[1979]. *The Ecological Approach to Visual Perception: Classic Edition*. New York: Psychology Press.

Gidlöf, K., Holmberg, N., & Sandberg, H. 2012. The use of eye-tracking and retrospective interviews to study teenagers' exposure to online advertising. *Visual Communication, 11* (3): 329-345.

Giles, D., Stommel, W., Paulus, T., Lester, J., & Reed, D. 2015. Microanalysis of online data: The methodological development of "digital CA". *Discourse, Context & Media, 7*, 45-51.

Gleiss, M. S. 2015. Speaking up for the suffering(br)other: Weibo activism, discursive struggles, and minimal politics in China. *Media, Culture & Society, 37* (4): 513-529.

Greatbatch, D. 1986. Aspects of topical organization in news interviews: the use of agenda-shifting procedures by interviewees. *Media, Culture & Society, 8*(4): 441-455.

Hall, E. T. 1990[1966]. *The Hidden Dimension*. New York: Anchor Books.

Hall, S. 1980. Encoding/decoding. In S. Hall, D. Hobson, A. Lowe, & P. Willis (Eds.), *Culture, Media, Language*. London: Hutchinson, 128-138.

Hall, S. 1988. *The Hard Road to Renewal: Thatcherism and the Crisis of the Left*. London: Verso.

Halliday, M. A. K. 1978. *Language as Social Semiotic: The Social Interpretation of Language and Meaning*. London: Arnold.

Halliday, M. A. K. 1985. *An Introduction to Functional Grammar*. London: Edward Arnold.

Halliday, M. A. K., & Hasan, R. 2014. *Cohesion in English*. London/New York: Routledge.

Halliday, M. A. K., & Matthiessen, C. M. I. M. 2014. *An Introduction to Functional Grammar* (3 ed.). London and New York: Routledge.

Harcup, T., & O'Neill, D. 2001. What is news? Galtung and Ruge revisited. *Journalism Studies, 2* (2): 261-280.

Harcup, T., & O'Neill, D. 2017. What is News? *Journalism Studies, 18* (12): 1470-1488.

Heritage, J. 1985. Analyzing news interviews: Aspects of the production of talk for an overhearing audience. In T. A. van Dijk (Ed.), *Handbook of Discourse Analysis, Volume 3: Discourse and Dialogue*. London: Academic Press, 95-117.

Herring, S. C. 2013. Discourse in Web 2.0: Familiar, reconfigured, and emergent. In D. Tannen & A. M. Trester (Eds.), *Discourse 2.0: Language and New Media*. Washington D.C.: Georgetown University Press, 1-25.

Hiippala, T. 2014. Multimodal genre analysis. In S. Norris & C. D. Maier (Eds.), *Interactions, Images and Texts: A Reader in Multimodality*. Berlin, München, Boston: De Gruyter Mouton, 111-124.

Hiippala, T. 2015. *The Structure of Multimodal Documents: An Empirical Approach* (1 ed.). London/New York: Routledge.

Hiippala, T. 2016. Semi-automated annotation of page-based documents within the Genre and Multimodality framework. In *Proceedings of the 10th SIGHUM Workshop on Language Technology for Cultural Heritage, Social Sciences, and Humanities*. Berlin, Germany: Association for Computational Linguistics, 84-89.

Hiippala, T. 2017. The multimodality of digital longform Journalism. *Digital Journalism, 5* (4): 420-442.

Ho, F. 2020. *Hong Kong Yesterday* (7 ed.). San Francisco: Modernbook.

Hodge, B., & Kress, G. 1979. *Language as Ideology*. London: Routledge.

Holsanova, J. 2014. In the eye of the beholder: Visual communication from a recipient perspective. In M. David (Ed.), *Visual Communication*. Berlin, Boston: De Gruyter Mouton, 331-356.

Hutchby, I. 2011. Non-neutrality and argument in the hybrid political interview. *Discourse Studies, 13* (3): 349-365.

Hutchby, I., & Tanna, V. 2008. Aspects of sequential organization in text message exchange. *Discourse & Communication, 2* (2): 143-164.

Janney, R. W. 2010. Film discourse cohesion. In C. R. Hoffmann (Ed.), *Narrative Revisited: Telling a Story in the Age of New Media.* Amsterdam: John Benjamins, 245-266.

Julio, C., Parodi, G., & Loureda, Ó. 2019. Congruencia entre sistemas semióticos: estudio de palabras y gráficos con el uso de eye tracker. *Estudios filológicos*, 237-260.

Knox, J. 2016. Visual-verbal communication on online newspaper home pages. *Visual Communication, 6* (1): 19-53.

Kong, K. C. C. 2013. A corpus-based study in comparing the multimodality of Chinese- and English- language newspapers. *Visual Communication, 12* (2): 173-196.

Kress, G., & van Leeuwen, T. 1998. Front pages: (The critical) analysis of newspaper layout. In A. Bell & P. Garrett (Eds.), *Approaches to Media Discourse.* Oxford, UK: Wiley-Blackwell, 186-219.

Kress, G., & van Leeuwen, T. 2006. *Reading Images: The Grammar of Visual Design.* London: Routledge.

Labov, W. 1972. *Language in the Inner City: Studies in Black English Vernacular University of Pennsylvania.* Philadelphia: University of Pennsylvania Press.

Labov, W., & Waletzky, J. 1967. Narrative Analysis: Oral Versions of Personal Experience. In J. Helm (Ed.), *Essays on the Visual and Verbal Arts: Proceedings of the 1966 Annual Spring Meeting of the American Ethnological Society.* Seattle: University of Washington Press, 12-44.

Lemke, J. L. 1989. Social semiotics: A new model for literacy education. In D. Bloome (Ed.), *Classrooms and Literacy.* Norwood, NJ: Ablex Publishing, 289-309.

Lemke, J. L. 1999. Discourse and organizational dynamics: Website communication and institutional change. *Discourse & Society, 10* (1): 21-47.

Lemke, J. L. 2002. Travels in hypermodality. *Visual Communication, 1* (3): 299-325.

Liu, Y., & O'Halloran, K. 2009. Intersemiotic Texture: Analyzing cohesive devices between language and images. *Social Semiotics, 19* (4): 367-388.

Lobinger, K., & Brantner, C. 2015. Likable, funny or ridiculous? A Q-sort study on audience perceptions of visual portrayals of politicians. *Visual Communication, 14* (1): 15-40.

Lorenzo-Dus, N. 2009. *Television Discourse: Analysing Language in the Media*. Basingstoke, UK: Palgrave Macmillan.

Lunt, P., & Livingstone, S. 2013. Media studies' fascination with the concept of the public sphere: critical reflections and emerging debates. *Media, Culture & Society, 35* (1): 87-96.

Marsh, E. E., & Domas White, M. 2003. A taxonomy of relationships between images and text. *Journal of Documentation, 59* (6): 647-672.

Martin, J. R., & White：R. R. 2005. *The Language of Evaluation: Appraisal in English*. New York: Palgrave Macmillan.

Martinec, R. 2000a. Construction of identity in Michael Jackson's Jam. *Social Semiotics, 10* (3): 313-329.

Martinec, R. 2000b. Rhythm in multimodal texts. *Leonardo, 33* (4): 289-297.

Martinec, R. 2013. Nascent and mature uses of a semiotic system: the case of image–text relations. *Visual Communication, 1 2*(2): 147-172.

Martinec, R., & Salway, A. 2005. A system for image-text relations in new(and old) media. *Visual Communication, 4* (3): 337-371.

Matheson, D. 2016. Weblogs and the epistemology of the news: Some trends in online journalism. *New Media & Society, 6* (4): 443-468.

Meltzer, K. 2015. Journalistic concern about uncivil political talk in digital news media: Responsibility, credibility, and academic influence. *International Journal of Press/Politics, 20*(1): 85-107.

Meredith, J. 2019. Conversation analysis and online interaction. *Research on Language and Social Interaction, 52* (3): 241-256.

Metz, C. 1974. *Film Language: A Semiotics of the Cinema* (M. Taylor, Trans.). New York: Oxford University Press.

Montgomery, M. 2007. *The Discourse of Broadcast News: A Linguistic Approach*. New York: Routledge.

Montgomery, M. 1999. Speaking sincerely: Public reactions to the death of Diana. *Language and Literature: International Journal of Stylistics, 8* (1): 5-33.

Montgomery, M. 2020. Populism in performance?: Trump on the stump and his audience. *Journal of Language and Politics, 19*(5): 733-765.

Montgomery, M., & Feng, D. 2016. 'Coming up next': The discourse of television news headlines. *Discourse & Communication, 10* (5): 500-520.

Montgomery, M., Shen, J., & Chen, T. 2014. *Digital discourse and changing forms of political engagement: A case study of two separate episodes in contrasting mediaspheres-"Binders full of women" in the US and "Watchgate" in the PRC.* Paper presented at the ELECTRONIC PROCEEDINGS.

Morrow, D., D'andrea, L., Stine-Morrow, E. A. L., Shake, M., Bertel, S., Chin, J.,…Murray, M. 2012. Comprehension of multimedia health information among older adults with chronic illness. *Visual Communication, 11* (3): 347-362.

Müller, M. G., Kappas, A., & Olk, B. 2012. Perceiving press photography: A new integrative model, combining iconology with psychophysiological and eye-tracking methods. *Visual Communication, 11* (3): 307-328.

Muñoz-Torres, J. R. 2012. Truth and objectivity in journalism. *Journalism*

Studies, 13 (4): 566-582.

Nichols, B. 1976. Documentar theory and practice. *Screen, 17* (4): 34-48.

Nichols, B. 1981. *Ideology and the Image: Social Representation in the Cinema and Other Media*. Bloomington: Indiana University Press.

O'Halloran, K. 2004. *Multimodal Discourse Analysis: Systemic-Functional Perspectives*. London: Continuum.

O'Halloran, K., Marissa, K. L. E., Podlasov, A., & Tan, S. 2013. Multimodal digital semiotics: The interaction of language with other resources. *Text & Talk, 33* (4-5): 665-690.

O'Neill, J. 1998. Truth telling as constitutive of journalism. In R. Chadwick, D. Callahan, & P. Singer(Eds.), *Encyclopedia of Applied Ethics*. San Diego, CA: Academic Press, 421-426.

O'Tool, M. 2011[1994]. *The Language of Displayed Art* (2 ed.). London/New York: Routledge.

Painter, C., Martin, J. R., & Unsworth, L. 2013. *Reading Visual Narratives: Image Analysis of Children's Picture Books*. London: Equinox.

Peirce, C. S. 1958. *The Collected Papers of Charles Sanders Peirce* (C. Hartshorne Ed.   Vol. 8). Cambridge, MA: Harvard University Press.

Peirce, C. S. 1979. *Collected Papers of Charles Sanders Peirce* (Vol. 7, 8). Cambridge, MA: Belknap Press.

Pérez-Arredondo, C., & Cárdenas-Neira, C. 2019. Space and legitimation: The multimodal representation of public space in news broadcast reports on Hooded Rioters. *Discourse & Communication, 13*(3): 279-302.

Postman, N. 1987. *Amusing Ourselves to Death: Public Discourse in the Age of Show Business*. London: Penguin Books.

Propp, V. 1968. *Morphology of the Folktale* (L. Scott, Trans. 2 ed.). Austin: University of Texas Press.

Pudovkin, V. I. 2015. *Film Technique and Film Acting: The Cinema writings of V.I. Pudovskin* (I. Montagu, Trans.). London: Vision Press.

Rauchfleisch, A., & Schäfer, M. S. 2015. Multiple public spheres of Weibo: A typology of forms and potentials of online public spheres in China. *Information, Communication & Society, 18* (2): 139-155.

Royce, T. 1998. Synergy on the page: Exploring intersemiotic complementarity in page-based multimodal text. In *JASFL Occasional Papers*. Tokyo: Japan Association of Systemic Functional Linguistics (JASFL), 25–49.

Royce, T. 2007. Intersemiotic complementarity: A framework for multimodal discourse analysis. In T. Royce & W. Bowcher (Eds.), *New Directions in the Analysis of Multimodal Discourse*. New York: Routledg, 63-109.

Ruotsalainen, J., Hujanen, J., & Villi, M. 2021. A future of journalism beyond the objectivity–dialogue divide? Hybridity in the news of entrepreneurial journalists. *Journalism*, 22 (9): 2240-2258.

Saeed, J. I. 2000[1997]. *Semantics*. Beijing: Foreign Language Teaching and Research Press.

Saussure, F. d. 1974[1916]. *Course in General Linguistics* (W. Baskin, Trans. C. Bally & A. Sechehaye Eds.). New York: McGraw-Hill Book Company.

Scannell, P. 1988. *The communicative ethos of broadcasting.* Paper presented at the International Television Studies Conference, London.

Scannell, P. 1989. Public service broadcasting and modern public life. *Media, Culture & Society, 11* (2): 135-166.

Scannell, P. 1996. *Radio, Television, and Modern Life*. Oxford, UK: Blackwell.

Schegloff, E. A. 2002. Opening sequencing. In J. E. Katz & M. A. Aakhus (Eds.), *Perpetual contact: Mobile communication, private talk, public performance*. Cambridge, UK: Cambridge University Press, 326-385.

Scollon, R., & Wong Scollon, S. 2003. *Discourses in Place: Language in the Material World* (1 ed.). London: Routledge.

Shalash, D. 2020. The disaffiliative use of 'did you know' questions in Arabic news interviews: The case of Aljazeera's 'The Opposite Direction'. *Discourse Studies, 22*(5): 590-609.

Stivers, T., & Timmermans, S. 2020. Medical authority under siege: How clinicians transform patient resistance into acceptance. *Journal of Health and Social Behavior, 61*(1): 60-78.

Tasić, M., & Stamenković, D. 2015. The interplay of words and images in expressing multimodal metaphors in comics. *Procedia: Social and Behavioral Sciences, 212*, 117-122.

Thibault, J. 1991. *Social Semiotics as Praxis: Text, Social Meaning Making, and Nabokov's Ada*. Minneapolis, MN: University of Minnesota Press.

Thurlow, C. 2017. "Forget about the words"? Tracking the language, media and semiotic ideologies of digital discourse: The case of sexting. *Discourse Context & Media, 20*, 10-19.

Thurlow, C., & Mroczek, K. (Eds.). 2011. *Digital Discourse: Language in the New Media*. Oxford, UK: Oxford University Press.

Tolson, A. 2012. "You'll need a miracle to win this election" (J. Paxman 2005): Interviewer assertiveness in UK general elections 1983–2010. *Discourse, Context & Media, 1*(1): 45-53.

Tong, J., & Zuo, L. 2014. Weibo communication and government legitimacy in China: a computer-assisted analysis of Weibo messages on two 'mass incidents'. *Information, Communication & Society, 17*(1): 66-85.

Tseng, C.-I. 2013. *Cohesion in Film: Tracking Film Elements*. New York: Palgrave Macmillan.

Tseng, C.-I., & Bateman, J. A. 2012. Multimodal narrative construction in Christopher Nolan's Memento a description of analytic method. *Visual Communication, 11*(1): 91-119.

Tseng, C.-I., Laubrock, J., & Bateman, J. A. 2021. The impact of multimodal cohesion on attention and interpretation in film. *Discourse, Context & Media, 44*, 100544.

Tuchman, G. 1972. Objectivity as strategic ritual: An examination of newsmen's notions of objectivity. *American Journal of Sociology, 77*(4): 660-679.

van Dijk, T. A. 1988. *News as Discourse*. Hillsdale, NJ: Lawrence Erlbaum Associates.

van Leeuwen, T. 1991. Conjunctive structure in documentary film and television. *Continuum: Journal of Media & Cultural Studies, 5*(1): 76-114.

van Leeuwen, T. 2005. *Introducing Social Semiotics*. London: Routledge.

Von Wright, G. H. 1951. *An Essay in Modal Logic*. Amsterdam: North Holland Publishing Company.

Ward, S. J. A. 2009. Truth and objectivity. In L. Wilkins & C. G. Chritians (Eds.), *The Handbook of Mass Media Ethics*. New York and London: Routledge, 71-83.

White, T., & Barnas, F. 2010. *Broadcast News : Writing, Reporting, and Producing*(5 ed.). Oxford, UK: Focal Press.

Wong, M. 2019. *Multimodal Communication: A Social Semiotic Approach to Text and Image in Print and Digital Media*. London: Palgrave Macmillan.

艾红红. 2008.《新闻联播》研究. 北京：中国广播电视出版社.

曾祥敏. 2010. 新媒体背景下的电视分众化传播. 北京：中国广播电视出版社.

陈家根. 1987. 浅谈新闻语言的简炼朴实和清新活泼. 传媒观察，（4）：25-27.

陈江华. 2009. 娱乐时代公共话语空间的构建与消解. 新闻爱好者，（11）：24-25.

陈力丹、焦中栋. 2008. 向"以新闻为本位"渐进靠拢——论中央电视台《新闻联播》30 年来的渐进变化. 声屏世界，（11）：4-6.

陈曦、潘韩婷、潘莉. 2020. 翻译研究的多模态转向：现状与展望. 外语学刊，（2）：80-87.

陈瑜敏. 2010. 情态分析在多模态外语教材研究中的应用探析. 外语教学，31（1）：69-72.

陈喆、薛国林. 2011. 简论穆青的新闻视觉化理论. 当代传播，（2）：119-120，122.

程乐、陈程. 2019. 基于语料库的外宣新闻话语效度研究——以 People's Daily Online 体裁分析为例. 浙江大学学报（人文社会科学版），49（5）：81-96.

杜骏飞. 2001. 网络新闻学. 北京：中国广播电视出版社.

杜骏飞. 2009. 1994 年以来中国网络新闻传播理论研究进展分析. 上海师范大学学报（哲学社会科学版),（4）：63-71.

段业辉、杨娟. 2006. 论报纸、广播、电视、网络新闻语言的语境. 南京师范大学学报：社会科学版，（5）：142-145.

方格格. 2018. "一带一路"倡议国内外传播效果对比——基于语料库的媒介话语分析. 传媒，（1）：70-73.

方兴东、胡泳. 2003. 媒体变革的经济学与社会学——论博客与新媒体的逻辑. 现代传播，（6）：80-85.

冯丙奇、王媛. 2009. 平面广告图文关系分析框架："锚定-接力连续轴"的概念. 国际新闻界（9）：90-94.

冯德兵. 2015. 从符号学看电视新闻中的图文指称关系. 重庆理工大学学报（社会科学）（4）：124-129.

冯德兵. 2023. 电视新闻话语研究——以《十点新闻》为例. 北京：科学出版社.

冯德兵、高萍. 2014. 徘徊在"现场"与"演播室"之间——BBC《十点新闻》与央视《新闻联播》播报结构比较研究. 重庆理工大学学报（社会科学），28（1）：25-30.

冯德正. 2011. 多模态隐喻的构建与分类——系统功能视角. 外语研究，（1）：24-29.

冯德正. 2015. 视觉语法的新发展：基于图画书的视觉叙事分析框架. 外语教学，36（3）：23-27.

冯德正、邢春燕. 2011. 空间隐喻与多模态意义建构——以汽车广告为例. 外国语，34（3）：56-61.

冯德正、弗朗西斯·洛（Francis Low）. 2015. 多模态研究的现状与未来——第七届国际多模态会议评述. 外国语，38（4）：106-111.

冯莉. 2007. 客观报道理念与新闻真实性含义. 当代传播，（3）：12-13.

高钢、彭兰. 2007. 三极力量作用下的网络新闻传播——中国网络媒体结构特征研究. 国际新闻界，（6）：57-62.

高工. 2016. 论新闻真实性. 武汉：武汉传媒出版社.

顾曰国. 2007. 多媒体、多模态学习剖析. 外语电化教学，（2）：3-12.

郝雨. 2006. 回归本义的"新闻价值"研究. 上海大学学报（社会科学版），13（6）：69-73.

胡江. 2016. 意义单位与批评话语分析——基于语料库的西方媒体涉华军事报道意识形态分析. 解放军外国语学院学报，39（5）：73-81.

胡壮麟. 2007. 社会符号学研究中的多模态化. 语言教学与研究，（1）：1-10.

黄楚新、任芳言. 2015. 网络"标题党"：成因与对策. 新闻与写作，（12）：24-28.

黄和节、陈荣美. 2002. 新闻娱乐化：形式与功能的错位——对当前新闻娱乐化倾向的新探索. 当代传播，（5）：42-44.

黄匡宇. 2000. 电视新闻语言学. 北京：中国广播电视出版社.

黄立鹤. 2015. 近十年老年人语言衰老现象研究：回顾与前瞻. 北京第二外国语学院学报，37（10）：17-24.

黄立鹤、杨晶晶. 2020. 老年人语用话语研究现状与趋势分析. 解放军外国语学院学报，43（6）：18-25.

黄立鹤、杨晶晶. 2022a. 阿尔茨海默病老年人篇章语用障碍指标构建及测定问题. 外语教学，43（2）：16-22.

黄立鹤、杨晶晶. 2022b. 基于 Coh-Metrix 的汉语阿尔茨海默病患者语篇语用障碍分析. 语言文字应用，（1）：134-144.

黄立鹤、杨晶晶、刘卓娅. 2021. 认知障碍老年人语用补偿研究. 语言战略研究，6（6）：33-44.

江波、王小霞、刘迎春、高明. 2018. 在线测评中的学习者眼动行为分析——以浙江工业大学的眼动实验为例. 现代教育技术，28（5）：19-25.

雷茜、张春蕾. 2022. 英语课堂教学的模态调用研究——多模态教学文体学视角. 外语与外语教学，（3）：73-83+121+148-149.

雷茜、张德禄. 2014. 多模态文体学：一种文体研究新方法. 外语教学，35（5）：1-4.

冷小红. 2015. 读图时代的视觉传播特征. 西部广播电视，（15）：8-9.

李静. 2018. 语料库辅助分析英国媒体视野中的中国经济话语构建. 外语学刊，（3）：52-57.

李娜. 2017.《人民日报》社论评论中妇女形象建构的文化分析——一项基于语料库的批评话语研究. 新闻爱好者（1）：51-55.

李涛. 2011. 传播符号学视阈中的动漫传播理论建构. 当代传播（6）：37-39.

连淑能. 2010. 英汉对比研究（增订本）. 北京：高等教育出版社.

林纲. 2006. 网络新闻语言的媚俗化倾向. 传媒观察，（7）：43-44.

林纲. 2009. 网络新闻语言与话语权变迁. 社会科学家，（11）：151-154.

林纲. 2010. 网络新闻文本结构的语法特征. 社会科学家，（7）：155-157+161.

林元彪、徐嘉晨. 2020. 基于语料库的新中国成立 70 周年外媒英语报道话语分析研究. 外语教学理论与实践，（1）：41-49.

刘明. 2014. 新闻话语表征的形式、功能和意识形态. 现代外语，37（3）：340-349.

陆璐. 2021. 基于语料库的批评性话语分析——以中美媒体对"一带一路"新闻报道为例. 记者观察，（6）：118-119.

孟艳丽、李晶. 2014. 多模态语篇中语义连贯对读者加工理解的影响——一项对中国英语培训广告的眼动实验. 鲁东大学学报（哲学社会科学版），31（2）：50-56.

潘艳艳. 2011. 政治漫画中的多模态隐喻及身份构建. 外语研究，（1）：11-15.

彭兰. 2003. 网络新闻学原理与应用. 北京：新华出版社.

彭兰. 2012. 从"大众门户"到"个人门户"——网络传播模式的关键变革. 国际新闻界，（10）：6-14.

彭宣维. 2017. 系统功能语言学的学理及发展走向. 中国外语，（1）：1，10-14.

秦小建. 2005. 广播新闻语言"宜俗宜真". 视听纵横，（1）：88-89.

邵斌、回志明. 2014. 西方媒体视野里的"中国梦"——一项基于语料库的批评话语分析. 外语研究，（6）：28-33.

隋岩. 2010. 从符号学解析电视的"真实性". 现代传播，（10）：17-20.

汤铭明. 2010. 当媒介"娱乐"了政治——以《全民大闷锅》为例探析媒介政治娱乐化倾向. 青年记者，（8）：17-18.

唐青叶、史晓云. 2018. 国外媒体"一带一路"话语表征对比研究——一项基于报刊语料库的话语政治分析. 外语教学，39（5）：31-35.

滕达、苗兴伟. 2018. 视觉语法视域下绘本语篇多模态隐喻的意义建构. 外语学刊，（5）：53-59.

田海龙. 2013. 趋于质的研究的批评话语分析. 外语与外语教学，4：6-10.

田海龙. 2016. 批评话语分析精髓之再认识——从与批评话语分析相关的三个问题谈起. 外语与外语教学，2：1-9，144.

田海龙. 2023. 基于符号学的语言意识形态研究——从"指向性"到"呈符化"的进展. 当代语言学，25（2）：300-316.

童兵. 2014. 新闻传播学大辞典. 北京：中国大百科全书出版社.

王敏. 2016. 数字化驱动下新闻生产惯习的改造、嵌入与重构——基于澳大利亚互联网报纸"Brisbane Times"的考察. 新闻记者，（12）：19-25.

王珊、刘峻宇. 2020. 国际汉语词汇教学中的多模态话语分析. 汉语学习，（6）：85-96.

吴让越、赵小晶. 2022. 评价理论视域下的和谐话语体系对外传播研究.

外语学刊，（2）：36-41.

熊文新. 2022. 新闻报道主观性的语言学透视——一种结合语料库驱动和批评话语分析的方法. 现代传播，44（5）：22-32.

徐宝璜. 2016[1918]. 新闻学. 北京：中国传媒大学出版社.

严世清、赵霞. 2009. 政治语篇中的情态表达及其批评性话语分析. 苏州大学学报（哲学社会科学版），30（2）：117-120.

杨保军. 2002. 论新闻价值关系的构成. 国际新闻界，（2）：55-60.

杨保军. 2003. 新闻文本的价值属性. 当代传播，（6）：19-20.

杨保军. 2006. 新闻真实论. 北京：中国人民大学出版社.

杨保军. 2008. 事实·真相·真实——对新闻真实论中三个关键概念及其相互关系的理解. 新闻记者，（6）：61-65.

杨保军. 2016. 新闻真实需要回到"再现真实". 新闻记者，（9）：4-9.

杨季钢. 2015. 读图时代我国网络新闻漫画视觉化传播研究. 硕士论文. 西南大学.

杨娜、吴鹏. 2012. 基于语料库的媒介话语分析——以《纽约时报》对华妇女报道为例. 国际新闻界，34（9）：48-58.

杨信彰. 2009. 多模态语篇分析与系统功能语言学. 外语教学，30（4）：11-14.

尹韵公. 2006. 试论新闻的真实性原则. 现代传播，（5）：31-35，50.

张楚楚. 2007. 论英语情态动词道义情态的主观性. 外国语，（5）：23-30.

张德禄. 2009. 多模态话语分析综合理论框架探索. 中国外语，6（1）：26-32.

张德禄. 2017. 多模态论辩修辞框架探索. 当代修辞学，（1）：1-8.

张德禄、李玉香. 2012. 多模态课堂话语的模态配合研究. 外语与外语教学，（1）：39-43.

张德禄、穆志刚. 2012. 多模态功能文体学理论框架探索. 外语教学，（3）：1-6.

张德禄、王正. 2016. 多模态互动分析框架探索. 中国外语，13（2）：54-61.

张辉、展伟伟. 2011. 广告语篇中多模态转喻与隐喻的动态构建. 外语研究，（1）：16-23.

赵秀凤. 2011. 概念隐喻研究的新发展——多模态隐喻研究——兼评 Forceville & Urios-Aparisi《多模态隐喻》. 外语研究，（1）：1-10，112.

赵秀凤、李晓巍. 2016. 叙事绘本中"愤怒"情绪的多模态转—隐喻表征——认知诗学视角. 外语教学，37（1）：10-14.

赵秀凤、苏会艳. 2010. 多模态隐喻性语篇意义的认知构建——多模态转喻和隐喻互动下的整合. 北京科技大学学报（社会科学版），26（4）：18-24.

赵秀凤、田海龙. 2023. 政治实践中新话语的生成机制研究. 现代外语，46（2）：162-173.

赵悦. 2007. 审视传媒泛娱乐化倾向. 东南传播，（8）：66-67.

钟馨. 2018. 英国全国性报纸中"一带一路"话语的意义建构研究——基于语料库批评话语分析法. 现代传播，40（7）：61-69.

周俐. 2014. 儿童绘本中的图、文、音——基于系统功能多模态语篇研究及社会符号学理论的分析. 外国语文，30（3）：106-112.

周小普、黄伟. 2003. 从央视伊战和 SARS 报道看重大事件的电视报道策划. 国际新闻界，（6）：60-65.

周小普、徐福健. 2002.《新闻联播》样本分析及研究. 现代传播，（3）：23-27.

朱永生. 2007. 多模态话语分析的理论基础与研究方法. 外语学刊，（5）：82-86.

朱永生、严世清. 2001. 系统功能语言学多维思. 上海：上海外语教育出版社.

邹家福. 1990. 新闻语言的跳跃和跨度. 当代传播，（4）：24-25.

后　记

我于 2013 年从凤凰网财经栏目首次领略了连环话新闻的风采。其简练的文字、丰富的图像，以及直观易懂、紧贴时事的内容，令我深受震撼，至今仍记忆犹新。十年光阴转瞬即逝，当我完成这部关于连环话新闻的专著时，心中不禁感慨万分。既有对过去美好时光的怀念，也有对未来无限可能的期待。

连环话新闻，这一曾经新颖的报道形式，如今已经广泛渗透于各类新闻主页和社交媒体平台，成为互联网时代最受欢迎的"快餐式"新闻语类之一。其简洁明快的文字与丰富多彩的图像能够迅速吸引读者的目光，引发他们的关注，并最终赢得广大读者的喜爱与追捧。这种报道方式无疑为传统的新闻报道注入了新的活力，成为互联网时代新闻传播变革的显著标志之一。连环话新闻的崛起，实际上是互联网时代公共话语变迁的一个缩影。它摒弃了传统新闻报道的严肃与正式，采用娱乐化、会话化和民俗化的表达方式，更加贴近人们的日常生活和阅读习惯。这种转变不仅彰显了人际交往中日益增强的平等与随和，更深刻反映了当下快速消费时代人们生活方式和阅读习惯的巨大转变。这种转变不仅重塑了我们获取新闻的方式，更潜移默化地影响着我们参与公共事务、理解社会现实的角度。

本书对连环话新闻的研究为我们提供了一个观察互联网时代新兴新闻话语的全新视角。它不仅让我们得以窥见图像、布局、颜色等非语言符号在新闻意义构建中的关键作用，还进一步揭示了这些符号与文字相互交织，共同构建的多模态新闻景观，以及这一景观背后丰富的社会文化意涵。随着数智化时代的来临，这种多模态话语建构方式必将展现出更加丰富多彩的面貌。因此，未来的话语研究势必将更加注重融合语言之外的各种符号资源，以更全面、深入的视角揭示话语背后所承载的深层意义。

本书系教育部人文社科规划课题"多模态视角下网络连环话新闻话语研究"（课题编号：18YJAZH019）的系列成果之一。正是得益于该课题的资助和支持，我得以潜心钻研连环话新闻话语，进而在一定程度上揭示了这一新闻语类独特的话语结构和文体特征。本书的撰写还得到了许多师长、同事和好友的帮助与支持。在此特别感谢田海龙教授对我的悉心指导和不遗余力的支持。他不仅反复通读了书稿的全文，还为书稿提出了许多宝贵的建议。更让我倍感荣幸的是，田教授还邀请我将此书稿纳入他和丁建新教授联合主编的《南开话语研究》系列丛书出版。这不仅是对我个人的殷切关爱和提携，更是对我从事学术研究的极大鼓舞与激励。此外，赵秀凤教授、谢朝群教授、周敏教授和陈礼珍教授等专家学者也从不同角度对本书的撰写和修改提出了建设性的意见和建议。他们的支持使本书在结构、内容、理论应用、研究方法、论证逻辑等方面得到了极大的完善和提升。

在此，我要向南开大学出版社所有参与审阅的老师们表达最诚挚的感谢。在书稿的审读过程中，他们展现出极高的专业素养和敏锐的观察力，为书稿的修改提供了众多富有启发性的建议，从而极大地提升了书稿的整体质量。

本书的顺利完成，对我而言，既是过去努力的一个小结，也是个人学术之旅新征程的开启。希望该书的出版能为连环话新闻话语研究的进一步发展贡献一份绵薄之力，并期待与广大读者朋友的交流，共同探讨连环话新闻及话语研究的未来发展。最后，书中难免有疏漏之处，诚挚欢迎各位专家 同人不吝批评、指正。

冯德兵
2024 年初夏于政苑